JN409815

성경의 **문(門)**으로 들어가서
하이델베르크 요리문답의 **창(窓)**으로 보는

사도신경

역사속에 숨겨진 보물

최 영 인 지음

예사람
예수닮기를소망하는사람들

머리말

종교개혁 이후 개혁교회에서는 바른 신학, 바른 목양, 바른 신앙을 견지하기 위한 가장 중요한 초석이 교회가 신앙고백적 공동체가 되는 것이라고 보았습니다. 그래서 역사정통적인 신앙고백을 요리문답의 형태로 만들어서 가르치는 일을 교회의 가장 본질적인 사역으로 삼았습니다.

그런데 오늘날 많은 교회들이 우리에게 소중하게 전수되어온 신앙의 고백들을 너무 쉽게 버리고 더 이상 교회의 표준문서들을 가르치지 않습니다. 설교강단은 바른 교리와 성경해석을 가르치기보다 설교자 개인의 말솜씨와 지혜를 뽐내는 잔치로 전락해버렸습니다. 오늘날 교회를 굳게 세우고 강단을 회복하여 성도들의 신앙을 성숙시키려면 신앙고백의 회복부터 출발해야 합니다.

이러한 신앙고백들은 사도신경, 주기도문, 십계명을 그 중심내용으로 다룹니다. 고대로부터 이 세 문서는 교파를 초월하여 사랑을 받았습니다. 칼뱅의 『기독교 강요』, 하이델베르크 요리문답, 웨스트민스터 신앙고백 등 많은 신앙고백서가 이 세 문서를 해설하는 이유는 이 세 가지가 기독교 신앙의 핵심이라는 점을 귀띔하고 있지 않습니까?

특히 그 중에서 사도신경은 단순히 주일 공예배나 각종 모임 때마다 예배의 서두에 자리 잡은 상투적 순서가 아닙니다. 사도신경은 ① 성경말씀에 근거한 ② 믿음의 핵심적 내용이며, ③ 이단방어와 진리경계의 도구이고, ④ 성경을 해석하는 틀이며, ⑤ 설교자의 가르침의 내용이고, ⑥ 교회의 하나됨을 위한 아주 중요한 고백입니다.

우리 믿음의 선배들은 하이델베르크 요리의 제22문답에서 다음과 같이 말합니다.

문. 그러면 그리스도인들은 무엇을 믿어야 합니까?

답. 복음 안에서 우리에게 약속하신 모든 것을 믿어야 합니다. 그것은 보편적이고 확실한 기독교인이 믿는 믿음의 조항들을 요약해서 우리에게 가르치는 것입니다.

본서는 이처럼 귀한 사도신경을 사월교회 믿음의 동역자들에게 저의 아둔한 말로 풀었던 내용입니다. 성경의 '문(門)'과 요리문답의 '창(窓)'을 동시에 열어 사도신경을 해설하고자 하는 것이 주된 목표입니다. 단순히 책상에서 쓴 연구결과가 아니라 성도들의 삶의 구체적인 현장을 고민하며 설교한 내용이며, 서로 나눌 수 있는 구역공과로도 활용이 가능합니다.

본서가 나오기까지 성삼위 하나님의 인도에 따라 수고하신 많은 분들이 있습니다. 먼저 출판을 허락해 주신 사월교회 당회원들이 교회의 신령적 총찰을 함께하는 동역자로서 적극적 지지와 기도로 동참해 주셨고, 교역자들도 열과 성을 다하여 함께 교정과 편집에 수고하였습니다. 또 많은 성도들이 동역해 주신 보이지 않는 노고가 있었기에 이 책이 나올 수 있었습니다. 사월교회가 121주년이 되는 해를 감사로 맞이하며, 이 책이 성삼위 하나님의 나라와 이름과 뜻을 위하여, 이 글을 읽는 독자들의 거룩한 성장을 위하여 미력하게나마 쓰일 수 있기를 바랍니다.

저자 최영인 목사 올림

추천사

사도신경을 다룬 해설집과 설교집은 제법 있습니다. 그런데 해설집에 비해 설교집은 부실한 경우가 대부분입니다. 탄탄한 연구를 토대로 하지 않았기 때문입니다. 저도 참고하려고 여러 권을 보았지만 만족스러운 경우가 거의 없었습니다. 늘 갈증이 느껴졌습니다. 반면, 이 책은 그 갈증을 해갈해 줄 책입니다. 수많은 참고문헌과 미주에서 보여주듯 깊이 있는 연구에 뿌리를 둔 설교문이기 때문이죠. 대충 작성한 설교문이 아니라 설교자의 땀과 노력이 배여 있는 설교문입니다. 그래서 깊이와 풍부한 설명은 물론 가슴을 따스하게 만드는 감동까지 있습니다.

최영인 목사는 다방면에서 재능과 실력을 겸비하였을 뿐 아니라, 심지어 외모까지 연예인급인 그야말로 모두가 선망할만한 목회자입니다. 그의 설교를 여러 번 들어보았습니다만, 그의 수려한 외모답게 부드럽고 힘이 있는 설교입니다. 이 책 역시 그렇습니다. 심지어 이 책에는 글에서는 볼 수 없는 설교자의 뇌성과 우레를 들을 수 있는 QR코드까지 실려 있으니 저자의 깊은 배려도 엿볼 수 있습니다.

손재익 목사

(한길교회 담임, 『사도신경, 12문장에 담긴 기독교 신앙』 저자)

삼위로 계시고 일체이신 하나님은 성경이 계시하는 신비 가운데 신비입니다. 삼위일체 하나님은 성부와 성자와 성령의 신격(divine person)으로 구분되고 구별되게 존재하시되 그 본질과 실재에 있어서 한 분이시며 동시에 그 영광과 권세에 있어서 동등하십니다. 이런 하나님에 대한 고백은 신자의 구원과 신앙생활에 있어서 치명적으로 중요한 토대가 되는데 사도신경이야말로 바로 그런 신앙고백문서입니다. 최영인 목사님은 본서에서 사도신경에 대한 오해를 역사적으로 잘 설명하는 동시에 하이델베르크 교리문답을 통해 사도신경의 핵심 내용을 성경적으로 교리적으로 훌륭히 주해합니다. 기독교 신앙에 입문하려는 이들과 기독교의 근본 진리를 더욱 견고히 알고자 하는 이들에게 기쁘게 추천합니다.

신호섭 목사

(올곧은교회 담임, 고려신학대학원 외래교수)

이번에 최영인 목사의 『사도신경, 역사 속에 숨겨진 보물』이 출판되었습니다. 그가 목회하는 사월교회는 한국에 복음이 들어온 초창기인 19세기 말 미국 선교사 안의와(J. E. Adams)에 의해 설립된 교회로서 보수신학을 견지하는 많은 교회들의 모교회입니다. 혼란스러운 우리 시대에 올바른 교회를 회복하기 위한 목적으로 사도신경 해설서를 펴낸 것은 매우 고무적인 일입니다. 이 책을 통해 사월교회가 새롭게 되고, 주변의 많은 교회와 목회자들에게 선한 영향을 끼치기를 바랍니다.

이광호 목사

(실로암교회 담임, 한국개혁장로회신학교장)

우리는 우상들의 세상에서 살고 있습니다. 신앙고백은 누구를 섬기는지 분명히 밝히게 합니다. 사도신경 첫 부분인 전능하신 하나님을 믿는다는 고백은 신앙의 출발점입니다. 이 책은 신앙고백이 불분명해진 시대에 성도들의 삶에 큰 유익을 주리라 생각합니다. 마음으로 기꺼이 추천합니다.

이규현 목사

(수영로교회 담임)

사도신경이 부정되는 시대입니다. 부정하지 않으면 마치 지성이 모자라는 사람인 듯 취급합니다. 교회 역사도 모르고, 뜻도 모른다는 식으로 몰아붙입니다. 하지만 사실은 그들이 교회의 역사와 사도신경의 가르침을 모르기에 사도신경을 인정하지 않고 그런 말들을 합니다.

이 책은 왜 사도신경이 필요한 지를 잘 증명합니다. "성경의 '문(門)'과 요리문답의 '창(窓)'을 동시에 열어 사도신경을 해설"하고 있습니다. 한 목회자가 교회를 가르친 결과물이어서 더 귀한 책입니다.

이운연 목사

(『성경으로 풀어낸 사도신경』 저자)

이 책의 원고를 읽으면서 세 가지를 생각했습니다. 첫째, 저자는 사도신경의 의미를 정확하게 드러내기 위해서 많은 자료를 참고했습니다. 저자는 관련된 주요 도서들을 소화하고 재생산하여 나름의 창의적인 작품을 만들었습니다. 둘째, 저자는 사도신경의 교훈을 친절하고 적실하게 전달하려고 노력했습니다. 제목을 함축적으로 정하고, 적절한 도입을 넣으며, 내용을 알차게 채우고, 나눔을 위한 질문까지 만들어 주었습니다. 셋째, 저자는 성경본문과 신조들과 교회사적이고 시사적인 자료들을 풍부하고 적절하게 제공했습니다. 따라서 이 책은 사도신경을 더 깊이 연구하기를 원하는 독자들에게 좋은 길잡이가 될 것입니다. 이 책을 소장하여 두고두고 읽으시기를 권면합니다.

황원하 목사

(산성교회 담임, 『하이델베르크 요리문답 해설』의 저자)

차례

1

사도신경,
역사 속에 숨겨진 보물

"그러므로 우리에게 큰 대제사장이 계시니 승천하신 이 곧 하나님의 아들 예수시라 우리가 믿는 도리를 굳게 잡을지어다 우리에게 있는 대제사장은 우리의 연약함을 동정하지 못하실 이가 아니요 모든 일에 우리와 똑같이 시험을 받으신 이로되 죄는 없으시니라 그러므로 우리는 긍휼하심을 받고 때를 따라 돕는 은혜를 얻기 위하여 은혜의 보좌 앞에 담대히 나아갈 것이니라"

히4:14-16

숨겨진 보물, 사도신경으로

여러분을 정중히 초대합니다.

1. 사도신경, 역사 속에 숨겨진 보물

그러므로 우리에게 큰 대제사장이 계시니 승천하신 이 곧 하나님의 아들 예수시라
우리가 믿는 도리를 굳게 잡을지어다
우리에게 있는 대제사장은 우리의 연약함을 동정하지 못하실 이가 아니요
모든 일에 우리와 똑같이 시험을 받으신 이로되 죄는 없으시니라
그러므로 우리는 긍휼하심을 받고 때를 따라 돕는 은혜를 얻기 위하여
은혜의 보좌 앞에 담대히 나아갈 것이니라
히4:14-16

사도신경의 의미를 아십니까?

우리는 어떻게 하면 교회와 성도의 신앙을 잘 성숙시킬 수 있을지 고민합니다. 전도와 기도를 잘하는 법, 침체된 주일학교를 살릴 수 있는 법, 목양과 설교를 잘하는 법을 찾아 수많은 방법론을 추구했습니다.

그런데 여전히 교회들은 제자리걸음을 하고 있고 방법론에 대한 불신만 커져 갑니다. 성도들은 담임목사님이 세미나를 다녀온다면 겁부터 먹습니다. '또 무엇을 배워 오셔서 우리들에게 시키실까?' 그러다 지치기도 하고 때론 상처를 받기도 합니다.

하지만 이런 방법론보다 더 소중한 보물이 이미 기독교에 있습니다. 이 보물은 가장 중요한 기초이자 본질이며, 뼈대이고 해답입니

다. 무엇일까요? 바로 사도신경입니다. 우리는 주일 공(公)예배를 비롯하여 각종 모임 때마다 서두에 사도신경을 고백합니다. 그리스도인들이 일생 동안 얼마나 많이 사도신경을 암송하고 고백할까요? 최소 수천 번은 될 것입니다.

그런데 안타깝게도 사도신경의 의미를 물으면 제대로 대답하는 분들이 의외로 적습니다. 여러분에게 아래의 몇 가지 질문을 드리겠습니다.

① 사도신경은 성경 어디에 기록되어 있을까요?

② 사도신경은 사도들이 만들었을까요? 누가, 언제, 어떻게 만들었으며, 어느 때부터 사용되었습니까?

③ 사도신경이 "신앙고백"이라면 신경(信經)보다 신조(信條)라는 말이 어울리지 않을까요?

④ "본디오 빌라도에게 고난을 받으사", "거룩한 공회가 서로 교통하는 것과"와 같은 구절의 의미는 무엇입니까?

⑤ "음부에 내려 가사"라는 표현은 왜 한글 사도신경에 존재하지 않을까요?

만약 우리가 위의 내용을 생소하게 느낀다면 교회가 사도신경의 내용과 의미를 제대로 가르쳤다고 볼 수 없습니다.

십계명, 주기도문, 사도신경의 성경 상의 위치

십계명은 출애굽기 20장, 신명기 5장에 있습니다. 주기도문은 마태복음 6장과 누가복음 11장에 있습니다. 그렇다면 사도신경은 성경 어디에 기록되어 있습니까? 맞습니다. 성경에 없습니다. 그러면 우리가 "사도신경은 성경에 없으니 우리에게 의미가 없어"라고 말할 수 있을까요?

아닙니다. 사도신경은 십계명과 주기도문만큼이나 기독교 신앙의 핵심이며 중요한 부분입니다.[1] 사도 바울은 기독교인의 가장 중요한 세 가지 덕목을 믿음, 소망, 사랑이라고 말합니다. 우리는 이 세 가지를 사도신경, 주기도문, 십계명에 대입할 수 있습니다.

사도신경: 과연 우리는 무엇을 믿어야 하는가? - 믿음

주기도문: 우리는 무엇을 기대하고 소망하는가? - 소망

십계명: 하나님의 백성인 우리는 어떻게 살아야 하는가? - 사랑

믿음, 소망, 사랑 중의 제일은 물론 사랑이지만 복음의 출발점이요, 본질인 믿음의 중요성을 간과할 수 없습니다. 사도신경은 바로 이 믿음의 내용, 진리 그 자체를 압축하고 있습니다. 주기도문과 십계명의 근거이자, 뿌리가 바로 사도신경입니다.

사도신경의 명칭

다음에 마주하는 부분은 사도신경의 명칭입니다. 사도신경의 이름에 '사도'라는 표현이 나오는데 예수님의 제자, 열두 사도들을 의미할까요? 사도신경은 사도들이 직접 말하고 정리한 것일까요?

우리뿐만 아니라 과거에도 많은 이들이 그렇게 주장했습니다. 그러나 사실 사도신경은 누가, 언제 작성했는지, 어떤 경로로 완성되었는지, 언제부터 사용하기로 결정했는지 분명히 알려지지 않았습니다. 모든 것이 신비요, 베일에 싸여 있습니다.

그런데 사도신경이 신약성경에도 나오지 않고 사도들의 작품도 아니라면 왜 우리가 이것을 공예배 때 고백합니까? 그리고 왜 '사도신경'이라고 부를까요?

그것은 '작성자'가 사도이기 때문이 아니라,[2] 내용이 사도적이기 때문입니다.[3] 사도신경이 '사도들의 가르침, 사도들이 고백했던 신앙의 내용들, 그 신앙의 핵심을 요약하고, 그 내용이 바로 성경에서 나왔고 성경 전체 내용을 요약한 것으로 사도들이 전한 복음과 일치한다'[4]는 의미입니다.

한편 어떤 이들은 사도신경이 성경이 아니라 신앙고백이므로 신경(信經)이라는 표현보다 신조(信條)라는 말이 어울린다고 주장합니다. 이런 주장의 바탕에는 '신앙고백(신조)은 인간이 만든 것'이라는 생각이 깔려 있습니다. 이러한 주장이 옳을까요?[5]

신조는 영어로 Creed, Confession으로 불리며, 원어인 라틴어로는 Credo입니다. 사도신경의 영어 명칭은 'The Apostles' Creed'입니다. 이를 참조하면 '사도신조'가 더 적절한 명칭처럼 보이기도 합니다. 한자로는 '使徒信經'입니다. 믿을 '신(新)'자에 경서를 의미하는 '날 경(經)'자가 사용되었습니다. 명칭을 붙일 때 중국의 번역을 참고하였기에 우리도 '사도신경'이라고 부르게 되었습니다. 어떻게 해야 할까요? 다수결로 정해야 할까요?

'經'이라는 한자가 나왔으니 이 문제를 함께 생각해 봅시다. 여러분은 '성경(聖經)'이라는 표현이 마음에 편하십니까, 아니면 성경을 여러 책 중의 하나라 여기는 '성서(聖書)'라는 표현이 편하십니까? 유교에서 보면 경(經)과 서(書)는 다른 수준을 의미합니다. 사서오경에서 사서가 '교훈, 가르침'이라고 한다면 오경은 일점일획이 변하지 않는 '권위 있는 성인의 말씀'입니다. 그래서 사서보다 오경이 더 중요합니다. 성경은 자신의 권위를 무엇이라 말하고 있습니까?

> 모든 성경은 하나님의 감동으로 된 것으로 교훈과 책망과 바르게 함과 의로 교육하기에 유익하니
>
> 딤후3:16

개혁주의를 따르는 교단에서는 성경을 '하나님의 감동'으로 기록된 '정확무오한 하나님의 말씀'으로 믿기에 성경이라는 표현이 옳습니다. 또한 단지 가르침과 교훈이 아니라 권위 있는 말씀이므로 우리 문화에서도 성경이라는 표현이 더 어울립니다. 권위에 대한 인정의 취지에서 본다면 '사도신경'이라는 표현도 크게 문제가 되지는 않습니다.[6)]

사도신경을 고백하지 않는 교회?

해외나 국내의 다른 교회에서 예배드릴 때 간혹 사도신경을 고백하지 않는 교회가 있다는 질문이 들어옵니다. 우리의 예배 중에는 반드시 사도신경을 고백해야 할까요?

장로교회의 대부분은 예배 중 사도신경을 고백합니다. 하지만 성경을 문자적으로 이해하는 성향이 강하고, 신조를 만드는 자체에 거부반응이 있는 침례교와 성결교는 사도신경을 고백하지 않습니다.[7] 동방교회는 사도신경이 "공의회에서 결정된 게 아니"라고 하여 사도신경 대신 니케아 회의 때 공인된 니케아신경을 고백합니다.[8]

요리문답에도 사도신경에 대한 태도가 나타납니다. 먼저 하이델베르크 요리문답은 십계명과 주기도문, 사도신경을 모두 해설하고 있습니다. 그런데 정작 웨스트민스터 대소요리문답의 경우에는 주기도문과 십계명은 해설하지만 사도신경은 빠져 있습니다. 작성자들이 사도신경을 반대했을까요? "사도신경은 영감된 성경 본문이 아니므로 가급적 성경에 있는 내용만 다루어야 한다"는 문답의 작성자들의 태도 때문이지 사도신경 자체를 반대하지 않습니다. 따라서 '직접 해설'하지는 않지만 그 내용들을 풀어서 요리문답 전체에 고르게 해설합니다.

가정예배를 드릴 때, "신앙고백을 드립니다"만 말하면 엄밀히 보아서는 틀린 표현입니다. 교파마다 다른 신앙고백을 할 수도 있고 신앙고백을 하지 않을 수도 있습니다. 그러므로 정확하게 표현하려면

“다 같이 사도신경으로 우리의 신앙을 고백합니다”라고 하는 것이 좋습니다.

사도신경을 마땅히 고백해야 할 신앙의 내용이자 핵심으로 여긴다면, 그리고 우리가 속한 교회가 그 권위를 공적으로 인정했다면 예배 시에 이를 함께 고백하는 일은 자연스러운 일입니다.

사도신경의 역사적 유래 1
- 로마 카톨릭의 전설과 루피누스의 12문장설

명칭과 관련하여 우리는 앞서 사도신경이 사도들의 작품이 아니라는 사실을 확인했습니다. 그래서 사도신경의 역사적 유래에 관해서는 여러 추측이 존재합니다. 먼저, 로마 가톨릭의 전설은 다음과 같이 말합니다.

> “사도신경은 AD 55년에 12사도가 예루살렘에 모여서 작성했다. 오순절 성령 강림 사건 이후 전 세계로 흩어져 복음을 전할 때 사도들이 서로 다른 교리를 전할 위험이 있었다. 베드로가 처음 한 구절 ‘전능하사 천지를 만드신 하나님을 믿사오며’를 기록하자 차례차례 한 구절씩 더하였다. 성령의 영감으로 각각 한 사람씩 하나의 조항(article)을 말한 것을 모은 게 사도신경이다.”[9)]

그러나 위 내용은 4세기 활동한 유명한 교회역사가 ‘루피누스’

(Rufinus Tyrannius Aquileia, 354~410)가 404년 사도신경이 12문장으로 구성되어 있다고 쓴 해설에 더해진 추측일 뿐입니다.[10] 루피누스의 12문장의 구조는 다음과 같습니다.

'루피누스'(Rufinus Tyrannius Aquileia, 354-410)의 12문장

	12제자	고백 내용
1	베드로	전능하신 하나님 아버지, 천지의 창조주를 믿는다.
2	안드레	그분의 유일하신 아들 예수 그리스도, 우리의 유일한 주를 믿는다.
3	야고보	그분은 성령으로 잉태되어 동정녀 마리아에게서 나셨다.
4	요한	본디오 빌라도의 치하에서 고난을 당하셨고 십자가에 못 박히셨고 죽으셨고 장사되셨다.
5	도마	음부에 내려가셨다가 삼일 만에 죽은 자들 가운데서 다시 살아나셨다.
6	야고보	하늘로 오르셔서 전능하신 하나님의 오른편에 앉으셨다.
7	빌립	그곳으로부터 살아있는 자들과 죽은 자들을 심판하러 오실 것이다.
8	바돌로매	성령을 믿는다.
9	마태	거룩한 공교회와 성도들의 교제를 믿는다.
10	시몬	죄 용서를 믿는다.
11	다대오	몸이 다시 사는 것을 믿는다.
12	맛디아	영원히 사는 것을 믿는다.

종교개혁가 마르틴 루터나 장 칼뱅은 사도들의 저작설을 부인합니다. 루터의 말이 설득력이 있습니다.

> "이 사도신경은 우리나 혹 초대 교부들이 그냥 고안해 낸 것이 아니다. 마치 꿀벌들이 온갖 아름다운 꽃들로부터 꿀을 모아내듯 위대한 선지자들이 전해 준 성경의 가르침을 오묘하게 요약한 것이 사도신경으로, 어린이들과 순수한 기독교도들의 유익을 위해 만들어진 것이다."[11]

루터는 성경 66권을 아름다운 꽃에, 그리고 사도신경을 달콤한 꿀로 비유했습니다. 종교개혁자들은 사도신경을 대단히 강조하면서 이를 통해 "개혁교회는 성경이 가르치는 바로 그런 교회다"라는 점을 나타냈습니다.

사도신경의 역사적 유래 2
- 베드로의 신앙고백과 예수님의 지상명령 유래설

사도신경의 기원을 성경에 나온 베드로의 신앙고백에서 찾기도 합니다.

> 시몬 베드로가 대답하여 이르되 주는 그리스도시요 살아 계신 하나님의 아들이시니이다
>
> 마16:16

사도신경은 '사도들이 아닌 베드로의 신앙고백이 모체이며 여기에 사도들의 신앙고백과 그들이 전한 복음이 더해졌다'는 견해입니다. 이에 따르면 사도신경은 다음의 필요에 의해 만들어졌습니다.

① 다음세대에 기독교 신앙의 핵심을 전달하고 설명하기 위해

AD 30년경, 예수께서 십자가에서 죽으시고, 부활하시고, 승천하셨습니다. 그리고 최초의 복음서인 마가복음은 60년 후반에 기록되었습니다. 승천 이후 약 40년 가깝게 복음서는 존재하지 않았습니다. 그 사이 태어난 아이들은 예수님을 직접 본 적이 없습니다. 부모는 이 신앙의 핵심을 구두로 전달했습니다. 그러나 결국 세대가 계속 이어지면서 신앙의 핵심을 기록한 문서의 필요성은 보다 커졌습니다.

② 이단들의 잘못된 가르침에 대한 경계를 위해

예수님의 승천 이후 예수님을 잘못 이해하거나, 사도를 사칭하는 이단들이 많아졌습니다. 잘못된 가르침을 전파하는 이들이 늘어납니다. 이에 이단들을 방어하고 기독교의 바른 진리를 가르쳐야 한다는 필요성에 의해 사도신경이 만들어졌습니다.

③ 박해를 당할 때 쉽게 배교하는 일을 방지하기 위해

당시 사회는 기독교 신앙에 대한 박해가 심하여 언제든 배교할 위험이 있었습니다. 따라서 교회의 회원을 받을 때 공적 증표로 최소한 확인해야 하는 문답이 있었습니다. 세례를 받고자 하는 이들이 기본으로 알아야 할 내용이 삼위일체 하나님이라고 생각하여 이 기본 틀에 핵심 교리들을 첨가하게 되었다고 합니다.

또 다른 사도신경의 성경적 기원설은 예수님이 승천하시기 전 제자들에게 주신 지상명령입니다.[12)]

> 그러므로 너희는 가서 모든 민족을 제자로 삼아 아버지와 아들과 성령의 이름으로 세례를 베풀고 내가 너희에게 분부한 모든 것을 가르쳐 지키게 하라 볼지어다 내가 세상 끝날까지 너희와 항상 함께 있으리라 하시니라
>
> 마28:19-20

이를 기초로 기독교 세례식 때 문답을 하는 과정에서 오늘날 사도신경으로 알려진 고백문이 성립되었습니다. AD 170-180년경에 로마교회에서 세례를 베풀기 전에 물었던 문답의 내용은 다음과 같습니다.

1. 세례를 주는 감독이 묻는다. "당신은 모든 것을 주관하시는 아버지를 믿습니까?" 이렇게 물어 보면 "나는 믿습니다." 한 번 물속에 담구어 세례를 준다.
2. 그리고 또 묻는다. "당신은 하나님의 아들이시며 동정녀 마리아에게서 성령에 의하여 나셨고 본디오 빌라도에게 십자가에 달려서 죽으시고 그리고 장사되어 죽은 자 가운데서 다시 살아나셔서 하늘에 오르사 아버지 우편에 앉아 계시다가 산 자와 죽은 자를 심판하러 오실 예수 그리스도를 믿습니까?" 이렇게 물어보면 "나는 믿습니다." 또 한 번 세례를 준다.
3. "당신은 성령과 거룩한 교회와 몸의 부활을 믿습니까?" "나는 믿습니다."[13)]

사도신경은 세례를 받는 사람들이 필수적으로 고백해야 할 표준이었습니다. 또 성도들을 교육하는 기본 틀로써 이단을 가려내고 교회의 순결성을 보존하는데 사용되었습니다.[14)]

초대교회는 세례를 주기 전 3년에 걸쳐 세례 준비자 교육을 시켰습니다.[15)] 이 교육을 위해 사도신경이 사용되었습니다. 초대교회에 비하면 오늘날 한국교회의 세례를 위한 교육은 쉬워도 너무 쉽습니다. 우리의 세례교육을 사도신경의 바른 교육으로 환원하는 것이 맞지 않겠습니까?[16)]

로마신경의 발전과 사도신경

앞서 언급한 로마교회의 문답의 내용을 로마신경(Symbolum Romanum, The Old Roman Creed, AD 170~180)이라고 부릅니다. 로마신경은 다음의 발전과정을 거쳐 오늘날의 사도신경의 모습을 갖춥니다. 이에 대한 비교표는 다음 장에 나와 있습니다.

2세기의 로마신경은 "모든 것을 주관하시는 아버지"라고 시작합니다. 이 부분이 200여년이 지난 4세기에 이르러 "전능하신 하나님 아버지"로, 그 후 8세기에는 "전능하사 천지를 만드신 하나님 아버지"로 바뀌었습니다. 초기 로마신경에서 세례 교육용으로 사용하던 질문 형태가 4세기에는 "나는 믿습니다"라는 고백 형태로 발전합니다. 표준 신앙고백문을 각자 외우도록 하고, 그 내용을 스스로 고백

사도신경의 발전과정[17)]

	고대 로마신조(2세기) 문답형	로마신조(4세기) 고백형	공인원문(750년) Forma Recepta
1	당신은 모든 것을 주관하시는 아버지를 **믿느뇨?**	나는 전능하신 하나님 아버지를 믿으며	나는 전능하사 천지를 만드신 하나님 아버지를 믿으며
2	당신은 하나님의 아들이시며	그 외아들 우리 주 예수 그리스도를 믿으니	그 외아들 우리 **주 예수** **그리스도**를 믿으니
3	동정녀 마리아에게서 성령에 의하여 나셨고	이는 성령으로 동정녀 마리아에게서 나셨으니	이는 성령으로 잉태하여 동정녀 마리아에게 나셨으며
4	본디오 빌라도에게 십자가에 달려서 죽으시고 그리고 장사되어	본디오 빌라도에게 십자가에 못 박혀 장사 지낸 바 되시고	본디오 빌라도에게 고난을 받아 십자가에 못 박혀 죽어 장사 지낸 바 되시고
5			음부에 내려가셨으며
6	죽은 자 가운데서 다시 살아나셔서	삼일 만에 죽은 자 가운데서 살아나시며	삼일 만에 죽은 자 가운데서 살아나시며
7	하늘에 오르사 아버지 우편에 앉아 계시다가	하늘에 오르사 아버지 우편에 앉으시고	하늘에 오르사 전능하신 하나님 아버지 우편에 앉으시고
8	산 자와 죽은 자를 심판하러 오실 예수 그리스도를 **믿느뇨?**	저리로서 산 자와 죽은 자를 심판하러 오시리라	저리로서 산 자와 죽은 자를 심판하러 오시리라는 것을 믿사옵니다.
9	당신은 성령과	성령과	(나는 믿기를) 성령과
10	거룩한 교회와	거룩한 공회와	거룩한 **공(公)교회**와 성도가 서로 교통하는 것과
11	몸의 부활을 **믿느뇨?**	죄를 사하여 주시는 것과 몸의 부활을 **믿사옵니다.**	죄를 사하여 주시는 것과 몸이 부활하는 것과 영생을 **믿사옵니다.**

하게 했습니다.

이후 4세기의 고백형 로마신조를 바탕으로 8세기의 공인원문(Forma Recepta)이 완성됩니다. 함께 비교하면 어떤 내용들이 추가되었는지 한눈에 확인할 수 있습니다.[18] 우리가 현재 사용하는 사도신경 본문이 바로 8세기경의 공인원문입니다. 13세기, 교황 인노켄티우스 3세(Innocentius Ⅲ, 1198~1216 재위)는 이를 로마 가톨릭 교회의 공식적 신앙 진술로 인정했습니다. 영국 성공회, 그리고 모든 개혁교회와 장로교회 역시 동일한 공인원문으로 신앙을 고백합니다. 라틴어로 기록된 공인원문 사도신경의 최종 모습은 다음과 같습니다.[19]

Credo in Deum Patrem omnipotentem ; Creatorem caeli et terrae.

Et in Jesum Christum, Filium ejus unicum, Dominum nostrum ; qui conceptus est de Spiritu Sancto, natus ex Maria virgine ; passus sub Pontio Pilato, crucifixus, mortuus, et sepultus ; descendit ad inferna ; tertia die resurrexit a mortuis ; ascendit ad caelos ; sedet ad dexteram Dei Patris omnipotentis ; inde venturus est) judicare vivos et mortuos.

Credo in Spiritum Sanctum ; sanctam ecclesiam catholicam ; sanctorum communionem ; remissionem peccatorum ; carnis resurrectionem ; vitam aeternam. Amen.

정리하자면 사도신경의 정확한 유래는 알 수 없습니다. 분명한 사실은 사도신경의 초기 형태는 언제부터 만들어지고 누구에 의해서 작성되었고 또 어떤 공의회에서 결정되고 어떻게 전래되었는지는 알 수 없습니다. 분명한 사실은 사도신경 초기 형태는 2세기 이후 사용되었고. 점점 시간이 흐르면서 내용이 보충되고 교회역사를 통해 서서히 오늘날과 같은 형태로 자연스럽게 굳어졌습니다.[20)]

종교개혁의 꽃, 신앙고백서와 요리문답

종교개혁자들은 특별히 사도신경을 매우 중요하게 여겼습니다. 루터는 1529년 대소요리문답(The Small & Large Catechism)을 작성할 때 사도신경, 주기도문, 십계명의 순서로 풀이하였습니다.[21)]

칼뱅도 기독교강요를 저술할 때 사도신경의 구조를 따르면서 성부, 성자, 성령, 그리고 교회를 다루었습니다.[22)] 제네바교회 요리문답과 하이델베르크 요리문답은 사도신경을 중요하게 다룹니다. 거의 대부분의 교의학, 조직신학 저서들은 사도신경을 기본 틀로 사용합니다.

사도신경은 어느 뛰어난 한 신학자나 기관에 의해 형성되지 않았습니다. 이 신앙고백문은 많은 신실한 기독교인들과 교회들, 그리고 교회의 회의들을 통하여 역사하신 성령의 작용을 통해 자연스럽게 형성되었습니다.

하루 두 번 드리는 예배에 영향을 준 사도신경

예배에 참여하는 사람들은 기본적으로 사도신경을 고백하여 세례를 받은 이들입니다. 또한 세례를 아직 받지 않은 사람들도 앞으로 사도신경을 통해 세례를 받아야 합니다. 그러니 사도신경은 자동적으로 오늘날처럼 공예배 시간에 암송하는 방식으로 정착되었습니다. 사도신경이 예배의 한 순서가 되었습니다.[23)]

개신교회는 보편적으로 주일 오전과 오후(저녁) 두 번 예배드리는 전통을 가지는데 이것은 성경의 직접적인 명령에 의한 것은 아닙니다. 오히려 사도신경을 비롯한 교리와 밀접한 관련이 있습니다. 신앙고백 공동체로서의 교회는 역사적으로 계속해서 자신들이 믿는 신앙을 요약하는 '신조(Creed)'를 만들었습니다. 교회는 이런 교리와 신조들을 가르칠 필요성을 인식했고 오전예배는 성경을, 오후예배는 교리를 가르쳤습니다. 이런 현상이 굳어진 것이 바로 오후예배와 교리교육이라는 전통입니다. 유럽의 개혁교회는 특별히 오후예배 시간마다 하이델베르크 요리문답을 가르치는 전통도 생겼습니다.

사도신경을 굳게 붙잡으라

그러면 우리는 사도신경에 대해 어떤 태도를 가져야 할까요? 히브리서 4장 14절을 읽어봅시다.

> 그러므로 우리에게 큰 대제사장이 계시니 승천하신 이 곧 하나님의 아들 예수시라 우리가 믿는 도리를 굳게 잡을지어다
>
> 히4:14

이 말씀에서 '믿는 도리'는 '고백, 같은 말을 하다'라는 의미입니다. 그 신앙고백을 "굳게 잡으라"고 주님이 명령하셨습니다. 왜 그렇습니까? 우리의 신앙을 동일한 말로 함께 고백해야만 우리와 다른 신앙, 잘못된 신앙을 구별할 수 있습니다. 교회들이 사도신경으로 믿는 도리를 꽉 붙들 때에라야 동일한 말과 생각, 뜻 가운데 바른 교회로 설 수 있습니다.

그렇다면 위에 우리가 굳게 붙잡을 신앙고백의 중심이 무엇일까요? 바로 예수님에 대한 신앙고백입니다. 히브리서 4장 14절은 이를 다음의 세 가지로 표현했습니다.

"큰 대제사장, 승천하신 이, 하나님의 아들 예수."

이 세 가지는 더 확대할 수 있습니다.

"예수님은 본래 하나님의 아들이시니 아버지 하나님은 어떤 분이신가?"
"대제사장은 어떤 일을 감당하는 사람인가?"
"승천하신 예수님은 우리와 무슨 관련이 있는가?"

위의 질문들에 대한 답이 더해져서 확대된 고백이 바로 사도신경

이고 요리문답들입니다. 그래서 모든 개혁교회들은 이 신앙고백문, 사도신경을 사용하고 있습니다. 개혁교회의 대표적 문서인 하이델베르크 요리문답 역시 22문부터 사도신경의 소개를 시작합니다.

> 하이델베르크 요리문답 제22문
>
> 그러면 그리스도인은 무엇을 믿어야 합니까?
>
> 답
>
> 복음에 약속된 모든 것을 믿어야 합니다. 이 복음은 보편적이고 의심할 여지없는 우리의 기독교 신앙의 조항들인 사도신경이 요약하여 가르쳐 줍니다.

우리는 사도신경을 통해 복음을 바르게 배우고 이를 통하여 예수 그리스도를 굳게 믿고 붙들어야 합니다.

사도신경의 가치와 고백의 중요성

우리가 고백하는 사도신경은 얼마나 소중한 가치를 지니고 있을까요?[24] 다음과 같이 요약할 수 있습니다.

① 기독교의 교리를 가장 잘 요약한 대표적인 신조다.

② 가장 오래된 신조다.

③ 이 땅에 존재하는 대부분의 기독교회가 고백하는 신조다.

④ 모든 신앙고백과 요리문답의 기초가 된다.

⑤ 어린아이에서부터 노인에 이르기까지 배운 사람에서부터 배우지 못한 사람까지 모두가 알기 쉽다.

그러면 이런 가치를 지닌 사도신경을 꽉 붙잡아야 할 이유는 무엇일까요?[25)]

① 사도신경은 철저하게 성경말씀에 근거하여 작성되었다.

성경으로 시작하여 성경 전체에 근거를 둔 가장 안전한 신앙고백이 바로 사도신경입니다. 예수님의 말씀을 시작으로 사도들의 고백을 거쳐 초대교회 12사도와 속사도들과 교부들, 그리고 수많은 교회회의들의 시대를 거쳤습니다. 헤아릴 수 없이 많은 이들의 연구와 기도, 그리고 수정을 통해 수백 년에 걸쳐 만들어진 기독교 교리의 핵심을 요약한 고백문입니다.[26)]

② 기독교 복음의 기초와 믿음의 핵심을 요약한 내용이다.

우리가 믿어야 할 수많은 내용 중에 가장 중요하며 기초가 되는 내용을 모아 놓은 것이 사도신경입니다. 예수님을 믿지 않는 이들이 "기독교가 무엇입니까? 도대체 성경은 어떤 내용이고 당신은 무엇을 믿습니까?"라고 묻는다면 사도신경을 그대로 들려주면 됩니다. 창세기 1장부터 요한계시록 22장까지 1189장이나 되는 방대한 성경이 사도신경에 녹아 있습니다.

③ 이단에 대한 방어가 용이하며 진리에 대한 경계가 분명하다.

초대교회뿐만 아니라 지금도 많은 이단들이 교회를 휘저으려 합니다. 그들 중에 사도신경을 고백하는 이들이 있을까요? 고백하지 못합니다. 그들이 바보이기 때문이 아니라 스스로 자기 모순에 빠지기 때문입니다. 교주 자신이 예수이거나 재림주이고, 혹은 성령이라면 사도신경을 고백하는 순간 그릇된 자신의 정체가 들통이 납니다. 사도신경은 이단들의 그릇된 가르침으로부터 우리를 지켜 주며 진리의 경계를 명확하게 만듭니다.

④ 성경공부를 하는 마스터키(Master key), 즉 해석학적 틀이다.

성경을 이해할 때 사도신경은 만능열쇠입니다. 많은 사람들이 성경공부를 하고 Q.T도 하지만 객관적인 해석학적 틀이 없기 때문에 홀로 주관적으로 성경을 해석하다가 공동체까지 혼란하게 만드는 경우가 생깁니다. 만약 성경을 정말 깊이 알고 싶다면 다른 것은 다 제쳐 두더라도 사도신경 속에 기록된 내용을 확실히 알고, 그것을 출발점으로 삼으면 효율적입니다.

⑤ 목회자의 목회와 설교의 중요한 지침이다.

만약 수많은 목회자들, 설교자들이 각각 하고 싶은 대로 설교하면 교회가 어떻게 되겠습니까? 사도신경 속에는 창조부터 종말까지 세상을 바라보는 하나님의 관점과 죄를 이기는 방법, 교회 공동체의 정체성, 우리 구원의 완성과 죽음, 영원한 생명까지 하나님이 가르쳐 주신 진리들이 담겨 있어 목회자들이 성경을 가르칠 때 길을 잃지 않도록 도와줍니다.

교회를 든든히 세우는 사도신경

사랑하는 사람에게 고백을 하고 청혼을 합니다. 그렇다면 그 고백에 대한 책임을 져야 합니다. 사랑한다고 고백하여 결혼까지 했지만 그가 자신의 배우자에 대해 책임을 지지 않는다면 혼인을 빙자한 사기입니다.

교회가 왜 이단에 쉽게 무너지는가? 왜 교회의 지도자들이 타락하고 성도들이 변질되어 세상의 비난을 받고 있는가? 그동안 한국교회는 '말씀'보다 말씀을 전하는 '사람'을 더 중요히 여기지 않았습니까? 말씀의 내용보다 그 말씀을 전하는 목사가 더 주목을 받았습니다. 이러한 현상은 중세시대의 사제주의와 다를 바가 전혀 없습니다. 다음의 말씀을 봅시다.

> 너희가 모든 일에 나를 기억하고 또 내가 너희에게 전하여 준 대로 그 전통을 너희가 지키므로 너희를 칭찬하노라
>
> 고전11:2.

> 우리 안에 거하시는 성령으로 말미암아 네게 부탁한 아름다운 것을 지키라
>
> 딤후1:14.

성경은 핵심적인 진리와 교리를 지키라고 말합니다. 사람을 지키고 사람을 의지하라고 결코 가르치지 않습니다.

사도 바울은 3년 동안 정들었던 에베소교회를 떠나며 장로들에

게 무엇을 부탁합니까? "장로님! 제 대신 후임목사를 잘 세워야 합니다." 그렇게 말했을까요? 놀랍게도 바울은 그렇게 말하지 않습니다.

> 지금 내가 여러분을 주와 및 그 은혜의 말씀에 부탁하노니 그 말씀이 여러분을 능히 든든히 세우사 거룩하게 하심을 입은 모든 자 가운데 기업이 있게 하시리라
>
> 행20:32

교회를 사랑하십니까? 교회가 건강하게 세워지기를 원하십니까? 교회를 세우는 것은 사람이 아닙니다. 말씀입니다. 그렇다면 말씀의 뼈대를 세운 신앙고백 공동체가 되어 다음 세대에 물려주어야만 합니다. 크고 능력 있는, 힘이 센 교회가 아니라 굳건한 도리를 굳게 붙잡고 있는 교회, 사도신경을 바르게 고백하며 이를 통해 성경을 잘 배우는 교회를 하나님이 기뻐하십니다.

사도신경을 바르게 고백하는 일은 지난 2000여년의 모든 기독교 신자들과 우리 자신이 동일한 신앙을 가진다는 의미입니다. 사도신경은 역사 속에 숨겨진 보물입니다. 이를 잘 발견하여 사용함으로 교회가 하나님 앞에서 건강한 기초를 세워갈 수 있기를 바랍니다.

나눔을 위한 질문 Questions for Group Sharing

1. 평소 사도신경에 대해서 어떻게 이해를 하고 있었나요? 사도신경에 대해 궁금했던 점이 있다면 이야기해 봅시다.

2. 신앙과 예배에 있어서 사도신경이 얼마나 필수적이라고 생각하나요? 또한 본문은 사도신경이 왜 그렇게 중요한 신앙고백이라고 말하나요? (30-32p)

3. 사도신경의 역사적 배경을 읽고 난 후, 평소 사도신경에 대해 생각하던 것과 달리 새롭게 배운 내용이 있나요? 서로 이야기해 봅시다.

4. 사도신경 소그룹 모임을 통해 앞으로 기대하는 부분을 서로 나누어 봅시다.

설교 시청 가이드 | A Guide to Sermon Video

2018년 2월 11일(주일), 사월교회당의 공예배에서 강론된 "사도신경, 역사 속에 숨겨진 보물"(히4:14-16)은 대한예수교장로회 사월교회 홈페이지(www.sawolch.com)와 오른쪽의 QR코드를 통해 언제든지 시청할 수 있습니다.

미주

1) 백금산, 『만화 사도신경』(서울: 부흥과개혁사, 2008), 9.
2) 김영재, 『기독교 신앙고백』(수원: 영음사, 2011), 22.
'사도신경'이라는 이름이 처음 사용된 것은 AD 390년이었다. 밀라노의 노회가 교황 시리키우스에게 보낸 글에서 처음으로 이 신조를 '사도신경'이라는 이름으로 언급한다. 일반적으로 사도신경은 그 이름이 뜻하는 대로 사도들에게서 유래되어 전수되어 왔다고 여겨진다.
3) 김의환, 『개혁주의 신앙 고백집』(서울: 생명의 말씀사, 1984), 9; 이운연, 『성경으로 풀어낸 사도신경』(여수: 그라티아, 2016), 17; Cornelis Neil Pronk, *Apostles' Creed*, 임정민 역, 『(하이델베르크 교리문답으로 보는)사도신경』(수원: 그책의사람들, 2013), 12.
4) Philip Schaff, *Creeds of Christendom*, 박일민 역, 『신조학』(서울: 기독교문서선교회, 1984), 18.
5) 김진흥, 『교리문답으로 배우는 장로교 신앙』(서울: 생명의양식, 2017), 50.
6) 김진흥, 『교리문답으로 배우는 장로교 신앙』, 51.
"우리가 사도신경을 소중히 여기는 것은 그 신경 자체의 권위 때문이 아니라 사도신경의 내용이 성경의 핵심 교훈을 잘 반영하고 있기 때문이다. 만일 사도신경이 우리에게 성경을 올바르게 깨우쳐주지 못한다면 그것은 교회에서 아무런 가치와 권위도 가질 수 없을 것이다."
7) 김영재, 『기독교 신앙고백』, 36.
8) 손재익, 『사도신경: 12문장에 담긴 기독교 신앙』(서울: 디다스코, 2017), 31.
9) 손재익, 『사도신경: 12문장에 담긴 기독교 신앙』, 23-24; 이승구, 『사도신경』(서울: SFC출판부, 2004), 365-370.
10) 김영재, 『기독교 신앙고백』, 37.
"그 후 이것이 더 발전하여 아우구스티누스의 것이라고 와전된 설교 서문에 사도신경을 작성할 때 어느 사도가 무슨 말을 했다는 것을 더 자상하게 적고 있다."
11) 김민호, 『사도신경 강해: 참된 성도의 신앙고백』(서울: 푸른섬, 2010), 14; 이상원, 『21세기 사도신경 해설』(서울: 솔로몬, 2004), 17.
"마치 들판에 수많이 어지럽게 널려 있는 꽃들로부터 꿀벌이 맛있는 꿀만 쏙쏙 뽑아내서 모아놓은 로얄제리와 같습니다."

12) Cornelis Neil Pronk, *Apostles' Creed*, 13.

13) 김영재, 『기독교 신앙고백』, 40-41; 박일민, 『개혁교회의 신조』(서울: 성광문화사, 1998), 30.

14) 이상원, 『21세기 사도신경 해설』, 20.

15) 백금산, 『만화 사도신경』, 27.

16) Philip Schaff, *Creeds of Christendom*, 19.
샤프는 "사도신경은 교육이나 예배의식에 사용할 목적으로, 특히 세례를 받고자 하는 사람들이나 입교를 원하는 사람에게 신앙을 고백케 하려는 의도에서 만들어진 후대의 모든 신조들을 능가한다"고 강조한다.

17) 이재철, 『성숙자반』(서울: 홍성사, 2007), 287.

18) Philip Schaff, *Creeds of Christendom*, 23-24.

19) 김영재, 『기독교 신앙고백』, 279-282; 박일민, 『개혁교회의 신조』, 33-36.

20) 유해무, 『개혁교의학』(서울: 크리스챤다이제스트, 1998), 91.

21) 루터교의 신앙고백서 서두에서 사도신경을 대표적인 신앙고백으로 수록하고 있다.

22) Michael Scott Horton, *We believe: recovering the essentials of the Apostles' Creed,* 윤석인 역, 『(사도신경의 렌즈를 통해서 보는)기독교의 핵심』(서울: 부흥과개혁사, 2005), 22.

23) 손재익, 『(사도신경)12문장에 담긴 기독교 신앙』, 30.

24) 백금산, 『만화 사도신경』, 27.
"초대 교회는 사도신경을 다섯 가지 경우에 사용했다. ① 세례를 베풀기 위해 문답을 할 때 ② 설교의 가이드라인이 필요할 때 ③ 신앙고백을 담아 예배할 때 ④ 귀신을 쫓아 낼 때 ⑤ 교인들에게 공식적으로 편지를 쓸 때."

25) Bobby Jamieson, *Sound doctrine : how a church grows in the love and holiness of God,* 김태곤 역, 『건전한 교리: 하나님의 사랑과 거룩 안에서 자라는 교회』(서울: 부흥과개혁사, 2015)를 참조하라.

26) 이상원, 『21세기 사도신경 해설』, 19.

2

성부 하나님을 향유(享有)하는 나의 첫 고백

"태초에 하나님이 천지를 창조하시니라"

창1:1

삼위일체에 대한 바른 이해[1)]

오직 한 하나님이 계신데, 그는 이 세상에 그 어떤 것과도 유비되지 않으시는 아주 독특한 존재방식을 가지셔서 그 한 하나님이 성부, 성자, 성령 삼위(Three persons)로 존재하신다. 그러므로 성부, 성자, 성령은 그 존재와 영광과 권세에 있어서 동등하시며, 동일 본질을 가지고 계시어서 한 하나님으로 계신다. 그러므로 본질적 존재에 있어서는 각 위격 간에는 종속적인 면이 없고, 위격적 엄위에 차이가 전혀 없다. 그 분들에 계시하실 때 아버지, 아들의 용어를 써서 계시하시므로 우리는 그 계시를 따라서 성부(아버지 하나님), 성자(아들 하나님), 그리고 성령 하나님이라는 용어를 쓰는 것이고, 또 이 용어들이 지시하는 관계성과 성경의 표현에 근거해서 성부 하나님께서 성자 하나님을 낳으시고(generate) 성자 하나님은 성부 하나님에 의해서 낳아지시며(is generate), 성령 하나님은 성부와 성자로부터도(filioque) 나오신다(proceed, spiratio, 요15:26)는 표현을 써서 설명한다.

전능하사 천지를 만드신

하나님 아버지를 내가 믿사오며

나는 천지를 창조하신

전능하신 하나님 아버지를 믿습니다(새번역).

I believe in God, the Father almighty,

creator of heaven and earth(현대영어).

Credo in Deum Patrem omnipotentem

: Creatorem caeli et terrae(라틴어 공인원문).

2. 성부 하나님을 향유(享有)하는 나의 첫 고백

태초에 하나님이 천지를 창조하시니라

창1:1

전능하신 성부 하나님?

여러분은 '전능하다'는 표현에 어떤 이미지가 머릿속에 떠오릅니까? 슈퍼맨, 배트맨, 원더우먼이 기억나는 분도 있고, 요즘 젊은이들은 어벤져스(Avengers)를 떠올릴 수도 있습니다.

우리가 성부 하나님에 대한 신앙을 고백할 때, 전능(全知全能, omniscience and omnipotence)하신 하나님은 어떤 이미지로 새겨져 있습니까? 큰 힘을 가지시고, 내가 기대하고 원하는 대로 무엇이든지 다 해주시는 그런 분으로 이해하고 있지는 않습니까?

그러나 과연 전능이라는 단어가 나의 탐욕과 기대, 그리고 소원성취를 해주는 하나님의 능력을 의미할까요? 하나님은 무엇이든 다 하실 수 있다는 사실을 의미할까요?[2)] 불치병이 걸렸을 때나 작은 감기에 걸려 빨리 낫고 싶을 때, 좋은 대학이나 직장에 꼭 합격하고 싶을 때 하나님이 우리의 소원을 척척 해결해 주십니까? '전능하신 하나님'은 커녕 우리는 오히려 자신이 노력한 만큼의 열매도 거두지 못할 때가 많지 않습니까?

한편 우리가 하나님의 능력을 빌어 사용할 수 있으면 어떻게 될까요? 예를 들어 '신유의 은사'를 가졌다면 어깨가 으쓱해서 자랑하며, 그 능력을 자주 사용하고 싶지 않을까요? 그런데 하나님이 정말 자신의 능력을 그런 방식으로 주셔서 우리가 마음껏 으쓱거리며 살기를 원하실까요? 사도신경의 첫 고백에는 여기에 대한 가르침이 숨겨진 보물처럼 존재하고 있습니다.

증명할 수 없는 성부 하나님의 존재

우주와 인간의 기원, 그리고 본질에 대해 질문을 던져본 적이 있습니까? 그 해답을 간구하는 이들에게 성경은 천둥처럼 강력한 진리를 다음과 같이 선언합니다.

> 태초에 하나님이 천지를 창조하시니라
>
> 창1:1

모세가 이 말씀을 전했을 때, 주변의 애굽과 가나안은 온갖 잡신과 우상들이 판치는 신들의 백화점이었습니다. 그는 "너희를 인도한 하나님은 다른 신들보다 우월하고 나은 분이야!"라고 비교하지 않습니다. 오히려 "하나님은 존재하시며 이런 일을 하셨다"고 단정적으로 선언합니다. 왜 그랬을까요?

> 믿음이 없이는 하나님을 기쁘시게 하지 못하나니 하나님께 나아가는 자는 반드시 그가 계신 것과 또한 그가 자기를 찾는 자들에게 상 주시는 이심을 믿어야 할지니라
>
> 히11:6

하나님의 존재는 인간의 언어와 이성으로 설명이나 증명할 수 있는 대상이 아닙니다. 하나님은 오직 자기 자신에 의해서만 증명될 수 있기 때문에, 우리는 믿음으로 하나님의 존재를 받아들일 수 있습니다. 믿음의 대상인 삼위일체 하나님은 믿음으로만 받아들일 수 있는데 이러한 삼위일체에 대한 신앙의 고백이 바로 사도신경입니다.[3]

세례에 나타난 삼위일체 하나님 고백

성경과 사도신경에 '삼위일체'라는 표현이 있습니까? 만약 그렇지 않다면 이 단어는 사람이 만든 표현이 아닙니까? 왜 기독교인들은 성부와 성자, 그리고 성령을 모두 알고 신앙을 고백해야 할까요?

물론 성경과 사도신경에 '삼위'(三位, three persons)라는 말도, '일체'(一體, one substance)라는 표현도 없습니다[4]. 구약성경에서는 삼

위 하나님의 존재가 희미하게 계시됩니다. 그러나 신약성경에는 '삼위의 존재'가 분명하게 드러납니다. 바로 예수님이 요단강에서 세례 요한에게 세례를 받으시는 장면입니다.

> 예수께서 세례를 받으시고 곧 물에서 올라오실새 하늘이 열리고 하나님의 성령이 비둘기 같이 내려 자기 위에 임하심을 보시더니 하늘로부터 소리가 있어 말씀하시되 이는 내 사랑하는 아들이요 내 기뻐하는 자라 하시니라
>
> 마3:16-17

예수님이 제자들에게 준 위임명령에도 삼위 하나님은 분명히 드러납니다.

> 그러므로 너희는 가서 모든 민족을 제자로 삼아 아버지와 아들과 성령의 이름[5]으로 세례를 베풀고
>
> 마28:19

위 구절에서 '이름'은 단수로 사용되었습니다. 이는 일체, 즉 한 분 하나님을 강조합니다. 삼위와 일체가 한 구절에서 나타났습니다. 이러한 예수님의 위임명령은 향후 세례를 베풀 때 사용하는 기본 예전 형식으로 정착되었습니다[6]. 예수님의 말씀을 들은 주님의 제자들과 세례를 받는 사람은 성부와 성자와 성령의 이름으로 세례를 받고 삼위일체 하나님을 고백하고 믿습니다.

사도신경 라틴어 원문 구조에 나타난 삼위일체 하나님

중세시대에 사도신경의 공인원문이 확정되었기 때문에 사도신경의 원문은 라틴어로 작성되었습니다. 우리말로 번역된 사도신경은 한 문장으로 이어져 있기에 마침표가 하나입니다. 하지만 라틴어 원문은 마침표가 총 세 곳이 있습니다[7]. 즉 사도신경은 세 문장, 세 개의 주제로 이루어지며 그 기준은 성부, 성자, 성령 하나님에 대한 신앙 고백입니다.

성부 // Credo in Deum Patrem omnipotentem ; Creatorem caeli et terrae.

성자 // Et in Jesum Christum, Filium ejus unicum, Dominum nostrum ; qui conceptus est de Spiritu Sancto, natus ex Maria virgine ; passus sub Pontio Pilato, crucifixus, mortuus, et sepultus ; descendit ad inferna ; tertia die resurrexit a mortuis ; ascendit ad caelos ; sedet ad dexteram Dei Patris omnipotentis ; inde venturus est) judicare vivos et mortuos.

성령 // Credo in Spiritum Sanctum ; sanctam ecclesiam catholicam ; sanctorum communionem ; remissionem peccatorum ; carnis resurrectionem ; vitam aeternam. Amen.

하이델베르크 요리문답 역시 사도신경이 한 분 하나님이 성부, 성자, 성령의 삼위로 존재하신다는 사실을 잘 설명합니다[8].

하이델베르크 요리문답 제24문

이 조항들은 어떻게 나누어집니까?

답

세 부분으로 나누어집니다.

첫째, 성부 하나님과 우리의 창조,

둘째, 성자 하나님과 우리의 구속(救贖),

셋째, 성령 하나님과 우리의 성화(聖化)에 관한 것입니다.

성부 하나님은 창조주(Creator)이시며, 성자 하나님은 구속주(Redeemer)이시고, 성령 하나님은 성화주(Sanctifier)이십니다.

삼위일체 하나님에 대한 정확한 신앙고백과 하나님의 속성과 사역을 제대로 알지 못하면 이단에 휘둘리게 되고 우리의 신앙이 성장하지 않습니다. 삼위일체 하나님에 대한 바른 지식은 신앙의 필수입니다.

삼위일체에 대한 잘못된 믿음[9]

삼위일체 하나님에 대한 바른 지식이 없으면 잘못된 믿음을 가지게 됩니다. 어떻게 한 분 하나님이 독립된 세 인격체로 존재할 수 있는가? 이 문제를 풀기 위해 초대교회 이후 약 천년 동안 연구와 토론이 있었습니다. "내가 삼위일체 하나님에 대해 완벽히 설명할 수 있다"고 주장하던 모든 시도는 이단이 되었습니다.

삼위일체 교리의 대표적 이단은 다음의 세 가지로 나누어집니다.

첫 번째, 사벨리우스(Sabellius)의 양태론(Modalism)[10]입니다. 태양을 빛, 열, 에너지로 설명하거나, 물을 액체 상태의 물과, 고체 상태의 얼음, 기체 상태의 수증기로 설명하는 경우가 여기에 해당합니다. 양태론은 한 존재가 가면극처럼 세 형태로 나타나는 것을 하나님의 존재에 비유하여 성부와 성자, 성령을 각각의 인격체로 보지 않는 이단입니다.

두 번째, 아리우스(Arius)[11]의 단일신론(Monarchianism)[12]입니다. 이들은 성부, 성자, 성령의 신적 동질성을 부인합니다. 이들은 아버지의 신성만 인정하며 성자와 성령의 참된 신성을 거부합니다.

세 번째, 삼신론(Tri-theism)입니다. 앞선 두 주장은 단일신론의 두 가지 형태로 사실상 한 분 하나님을 강조합니다. 그러나 삼신론은 아버지와 아들과 성령 세 분의 하나님을 인정할 뿐 본질적으로 한 분 하나님이심을 부인합니다.

위와 같이 성경에 있는 그대로 고백하고 믿지 않고 설명하거나 추론에 빗대어 삼위일체의 신비를 벗기려는 시도는 어떤 것이든 실패할 수밖에 없습니다[13].

삼위일체 하나님을 고백해야 할 필요성

하나님이 한 분이면서 세 분이신 것은 인간의 지혜와 철학, 과학으로는 설명이 불가능합니다. 초자연계시를 떠난 사람의 의식이나 체험

속에 기독교 신앙이 말하는 하나님에 대해 한 터럭의 실마리도 찾을 수 없습니다. 우주보다 크고 넓고 깊으신 하나님의 존재방식을 인간의 좁은 두뇌로 어떻게 다 이해하고 담을 수 있겠습니까? 우리는 최대한 설명하려 노력하지만 그 이상은 겸손히 믿음으로 이 참된 지식을 받아들여야만 합니다[15].

하이델베르크 제25문

오직 한 분 하나님만 계시는데, 당신은 왜 삼위, 곧 성부.성자.성령을 말합니까?

답

왜냐하면 하나님께서 자신을 그의 말씀에서 그렇게 계시하셨기 때문입니다. 곧 이 구별된 삼위는 한 분이시요 참되고 영원하신 하나님이십니다.

하이델베르크 요리문답 제25문답[16]에 의하면 삼위일체는 사람의 견해가 아니라 '하나님의 말씀에 계시된 것'입니다. 삼위일체의 기본적인 뜻은 이렇습니다.

삼위(三位, three persons): 성부와 성자와 성령은 아주 뚜렷하게 독립된, 그리고 결코 섞일 수 없는 세 인격체입니다.

일체(一體, one substance): 성부가 하나님이요, 성자도 하나님이요, 성령도 하나님입니다. 아버지와 아들과 성령이 하나님이라는 본질에 있어서 똑같습니다.

왜 기독교인들은 성부와 성자와 성령을 모두 알고 고백해야 합니까? 그 이유는 세 인격체 가운데 어느 한 분이라도 우리의 고백에서 빠지면 우리의 하나님에 관한 지식이 절름발이가 될 뿐만 아니라 우리의 신앙생활도 절름발이가 되고 말기 때문입니다[17]. 이 세 가지 고백 가운데 하나라도 빠지면 우리는 하나님을 잘못 알게 됩니다. 칼뱅의 『기독교강요, 1559년판』 상권을 보면 제1권의 제목이 [창조주 하나님에 관한 지식]입니다. 이렇게 하나님을 알지 않는 한, 하나님 이름만 헛되이 우리 머릿속에 맴돌 뿐입니다[18].

사도신경은 성부, 성자, 성령이라는 세 주제 아래 더 세분화된 12개의 문장으로 나눌 수 있습니다. 성경책의 사도신경에 번호를 매겨 놓으면 유익합니다.

사도신경의 12항목

성부 (창조)	① 전능하사 천지를 만드신 하나님 아버지를 내가 믿사오며
성자 (구속)	② 그 외아들 우리 주 예수 그리스도를 믿사오니, ③ 이는 성령으로 잉태하사 동정녀 마리아에게 나시고 ④ 본디오 빌라도에게 고난을 받으사, 십자가에 못박혀 죽으시고, 장사한 지 ⑤ 사흘 만에 죽은 자 가운데서 다시 살아나시며, ⑥ 하늘에 오르사 전능하신 하나님 우편에 앉아 계시다가, ⑦ 저리로서 산자와 죽은 자를 심판하러 오시리라.
성령 (성화)	⑧ 성령을 믿사오며 ⑨ 거룩한 공회와 성도가 서로 교통하는 것과 ⑩ 죄를 사하여 주시는 것과 ⑪ 몸이 다시 사는 것과 ⑫ 영원히 사는 것을 믿사옵나이다. 아멘.

성부 하나님에 대한 지식이 없으면 우리가 어떻게 창조되었으며, 우리에게 생명을 주신 이가 누구신지 알지 못합니다. 성자 하나님을 아는 지식이 없으면 어떻게 독생자 예수 그리스도를 믿는지, 어떻게 하나님과 화목할 수 있는지 알 수 없습니다. 마지막으로 성령 하나님을 알지 못하면 성부의 창조와 생명의 사역, 예수 그리스도의 십자가의 능력과 구원이 무용지물이 됩니다. 아무리 훌륭한 길이 준비되어 있어도 나와는 상관이 없는 그림의 떡이 됩니다.
그러므로 우리는 용기를 내어 성부 하나님을 고백하는 첫 고백으로 한 걸음을 옮겨야 합니다.

성부 하나님에 대한 실존적 신앙: 나는 믿습니다

사도신경은 나 자신이 고백합니다. 주기도문을 드릴 때 기도를 하는 주체는 누구입니까? 바로 우리입니다. "우리에게 일용할 양식을 주옵소서." 기도의 주체는 '우리'입니다. 그러면 사도신경은 누가 믿고 고백합니까? 나입니다. 모두가 믿는 이 고백을 '나 자신'도 믿습니다. 즉 '실존적 신앙'을 선포합니다[19].

이러한 신앙고백을 듣는 이는 누구입니까? 사도신경은 하나님이 들으시는 기도가 아닙니다. 내가 고백하고 우리가 함께 듣는 신앙의 고백입니다. 기도가 아니기 때문에 꼭 눈을 감고 고백해야 하지는 않습니다. 그러나 한 구절 한 구절 음미하며 그림을 그리듯이 고백하기 위하여 눈을 감고 신앙을 고백합니다.

이러한 '나' 자신이 무엇을 말합니까? '믿습니다'라고 고백합니다. 우리말 어순에서는 동사가 제일 뒤에 위치하니 '믿는다'는 말이 뒤에 나옵니다. 그러나 라틴어 공인원문에서는 'Credo'[20](끄레도)로 시작합니다. '나는 믿습니다'라는 뜻입니다. 예전에 기아자동차에서 나온 크레도스라는 차량을 기억하십니까? '신뢰, 믿음'이라는 뜻입니다. 같은 어원에서 나온 말입니다. 사도신경은 '나는 생각한다', '나는 안다'는 표현을 쓰지 않고 '나는 믿는다'라고 고백합니다.

'Cre'는 '심장', 즉 생명이고 'do'는 '드린다'를 의미합니다. 믿음이란 "믿음의 대상이 내 생명보다 귀하여 내 심장을 떼어 드립니다," "나의 마음과 목숨과 뜻과 힘을 다해서 하나님을 신뢰하고 사랑합니다"는 뜻입니다.

또한 이러한 신앙고백은 '하나님이 실제 현존하신다'는 사실을 믿습니다. 지하철이나 버스에서 만나는 수많은 인파들은 눈앞에 존재하지만 단지 그뿐입니다. 그러나 집에서 나갈 때 휴대폰, 지갑, 열쇠도 챙겨 주며 가방을 꼭 잘 챙기라고 말해 주었던 아내, 그 아내는 지금 나와 공간적으로 함께 있지 않고 집에 있지만 그 음성으로 저에게 현존하고 있습니다. 이와 같이 하나님은 우리의 공간 속에 함께 있지 않더라도 하나님의 말씀이 내 삶에 현존하고 실재하는지가 가장 중요합니다.

매일 새벽기도회에서 사도신경을 고백할 때 '현존하시는 하나님께 나의 심장을 드립니다'라고 생각하며 외워보시기를 바랍니다[21]. 사도신경의 의미가 사뭇 달라집니다.

하나님 아버지를 믿습니다

성부 하나님에 대한 우리의 믿음의 내용 중 가장 먼저 '아버지'가 등장합니다. '우주를 말씀 하나로 지으신 창조주'보다 친근한 '아버지'가 먼저 나옵니다.

21세기를 사는 우리는 하나님을 쉽게 '아버지'라 부릅니다. 너무 쉬워서 때로는 우리가 그만한 자격이 있어서 하나님을 아버지라 부르고 우리가 그의 자녀가 되었다는 착각을 할 수도 있습니다.

그러나 우리가 하나님을 아버지라고 부르는 것은 본래 불가능합니다. 개(犬)가 나를 아버지라고 부를 수 없듯이 우리는 하나님을 아버지라 부를 수 없는 존재입니다. 고대근동에서 누가 '신의 아들'이라고 스스로 칭할 수 있었습니까? 황제만이 신의 형상이고 아들이었습니다. 인간들은 신들이 귀찮아하는 일에 수종을 드는 노예에 불과했습니다.

사도신경에서 하나님을 아버지라고 부르는 이 한 마디의 고백은 당시의 세계관, 신관, 인생관을 한 방에 깨어 버리는 혁명적인 선언입니다. 어떻게 이것이 가능합니까? 다음의 말씀에 그 근거가 나옵니다.

> 무릇 하나님의 영으로 인도함을 받는 사람은 곧 하나님의 아들이라 너희는 다시 무서워하는 종의 영을 받지 아니하고 양자의 영을 받았으므로 우리가 아빠 아버지라고 부르짖느니라
>
> 롬8:14-15

> 너희가 아들이므로 하나님이 그 아들의 영을 우리 마음 가운데 보내사 아빠 아버지라 부르게 하셨느니라
>
> 갈4:6

우리는 이토록 크고 위대하신 분을 어린아이가 아빠에게 어리광을 부리듯이 우리의 '아바 아버지'라고 부르는 놀라운 특권을 누립니다. 그래서 예수님도 제자들에게 기도를 가르치시면서 '하늘의 하나님'을 '아버지'로 믿고 기도하라고 하셨습니다[22]. 예수님이 가르치신 기도, 주기도문은 하나님을 아버지로 여기는 자들만이 할 수 있습니다[23].

> 그러므로 너희는 이렇게 기도하라 하늘에 계신 우리 아버지여 이름이 거룩히 여김을 받으시오며
>
> 마6:9

"나는 전능하신 하나님 아버지, 천지의 창조주를 믿습니다." 그래서 우리는 주님이 가르치신 대로 기도할 용기도 얻습니다. 그러나 제자들은 '하늘에 계신 우리 아버지의 자녀가 된다'는 의미를 잘 이해하지 못했습니다[24]. 하이델베르크 요리문답 제26문답의 전반부는 이 부분을 잘 설명합니다.

하이델베르크 요리문답 제26문

"전능하신 성부 하나님, 천지의 창조주를 나는 믿사오며"라고 고백할 때 당신은 무엇을 믿습니까?

답

전반부 // 우리 주 예수 그리스도의 영원하신 아버지께서 아무 것도 없는 중에서 하늘과 땅과 그 가운데 있는 모든 것을 창조하셨고, 또한 그의 영원한 작정과 섭리로써 이 모든 것을 여전히 보존하고 다스리심을 믿으며, 이 하나님께서 그의 아들 그리스도 때문에 나의 하나님과 나의 아버지가 되심을 나는 믿습니다.

우리가 하나님을 아버지라 부를 수 있는 것은 우리의 공로가 아닙니다. 전적으로 성자와 성령 하나님 덕분입니다. 이는 삼위일체 하나님에 대한 지식에 기초를 둡니다. "하나님 아버지를 내가 믿습니다"는 신앙고백은 "우리를 자식으로 삼아 주시는 그분의 인격을 내가 믿습니다," "그분의 자녀 된 나의 정체성을 하나님 앞에 재정립하겠습니다"[25]는 의미입니다.

우리는 아담 안에서 타락했기에 죄라는 멀리 떨어진 나라에 살고 있는 탕자입니다. 성령님이 죄인의 마음 속에 일으키신 믿음으로 그리스도를 영접하는 순간, 하나님은 죄인을 의롭다 하시고 자신의 자녀로 삼으십니다. 믿는 사람은 하나님의 가족이 되고, 하나님의 상속자요, 그리스도와 함께 한 상속자가 됩니다.

주께서 내 원수의 목전에서 내게 상을 차려 주시고 기름을 내 머리에 부으셨으니 내 잔이 넘치나이다 내 평생에 선하심과 인자하심이 반드시 나를 따르리니 내가 여호와의 집에 영원히 살리로다

시23:5-6

"내 아들아! 잘 왔다." 아버지의 밥상에 앉고 아버지의 집에 영원히 살 것입니다[26]. 우리 모두 하나님을 "아빠! 아버지!"라고 부르는 특권을 누리며 붙들기를 바랍니다.

전능하신 하나님 아버지를 믿습니다

성부 하나님에 대한 두 번째 믿음의 내용은 '전능'입니다. 전능하신 하나님은 무엇을 가르쳐 주고 있습니까?

먼저 전능하다는 말이 어떤 단어를 수식합니까? '아버지'입니까? 아니면 '창조주'입니까? 원문을 참조하면 '아버지'입니다. 그렇다면 하나님의 전능의 의미는 우리의 일반적인 생각과 다를 수 있습니다. '전능하신 하나님'이 하늘과 땅을 창조한 것이 아니라 '전능한 하나님 아버지'께서 하늘과 땅을 창조하셨습니다.

우리는 일반적으로 전능을 '내가 기대하고 생각하는 것을 모두 이룰 수 있는 능력'으로 생각하지만 하나님이 우리에게 말씀하시는 전능의 의미는 사실 다릅니다. 다음의 성경말씀을 봅시다.

> 아브람이 구십구 세 때에 여호와께서 아브람에게 나타나서 그에게 이르시되 나는 전능한 하나님이라 너는 내 앞에서 행하여 완전하라
>
> 창17:1

> 내가 아브라함과 이삭과 야곱에게 전능의 하나님으로 나타났으나 나의 이름을 여호와로는 그들에게 알리지 아니하였고
>
> 출6:3

하나님이 모세에게 “나는 전능하다”[27]고 말씀하신 것은 ‘나와는 무관한, 멀리 허공에 계신 하나님이 못 하시는 게 없다’는 의미가 아닙니다. 하나님이 자신을 과시하기 위해서 힘과 능력을 자랑하신다는 의미도 아닙니다.

우리는 ‘전능’이라는 표현을 아버지와 아들의 언약적 관계에서 사용합니다. ‘하나님이 우리를 자녀로 부르셨다면, 그 자녀로서의 삶을 충분히 해결해 주실 수 있는 능력을 갖추시고 약속을 이루시는 분이시다’라는 측면에서 ‘전능의 하나님’으로 나타납니다.

하나님의 관심은 하나님 자신의 능력의 크기나 우리가 가진 능력의 크기가 아닙니다. 그의 관심은 자녀인 우리들이 하나님을 신실하게 쫓고 하나님의 자녀답게 사는지에 있습니다. 그러므로 ‘하나님의 전능’은 하나님과 자기 백성의 관계를 돈독히 하는데 사용됩니다.

십자가는 이런 하나님의 전능을 가장 잘 보여주는 사건입니다. 본회퍼라는 신학자는 말합니다. “그 전능하신 하나님이 십자가의 무능 속에 자기를 온전히 드러내셨습니다. 우리를 위해 자기 아들을 죽게 하셔서 우리를 향한 당신의 사랑을 확증하셨습니다.”

우리가 전능하신 하나님에 대한 지식만 있다고 해서 결코 위안을 받을 수 없습니다. 아버지라는 친숙한 호칭을 이 표현에 덧붙일 때, 그리고 그리스도와의 연합으로 말미암아 하나님의 주권을 기독교 메시지의 핵심으로 여길 때만 가능합니다[28].

결국 ‘하나님만이 전능하시다’는 고백은 물질, 명예, 권력, 인간관계 또는 자기 지혜와 지식에 대한 전능을 포기한다는 고백과 삶입니다[29]. 삭개오가 예수님을 만난 후 물질이 전능하지 않다는 사실을 깨달은 것이 그 예입니다. 우리도 스스로를 의지하고 자신의 능력을 믿고 산다면 전능하신 하나님을 수천 번 고백하더라도 사실은 전능하신 하나님이 나의 아버지라고는 믿지 않는 것입니다.

하늘과 땅의 창조자이신 하나님

성부 하나님에 대한 사도신경의 마지막 내용은 '천지를 창조하신 하나님'에 대한 고백입니다. 사도신경은 예수님 덕분에 우리의 전능하신 아버지가 되어 성부 하나님을 그의 사역인 '창조'와 연결시킵니다. 우리가 알고 있는 수많은 신들 중 하나가 아닙니다. 하나님 아버지는 전능하신데 그 증거는 그가 말씀만으로 천지만물을 창조하셨다는 사실입니다. 하이델베르크 요리문답 제26문의 후반부는 다음과 같이 말합니다.

> 하이델베르크 요리문답 제26문
>
> 전능하신 성부 하나님, 천지의 창조주를 나는 믿사오며"라고 고백할 때 당신은 무엇을 믿습니까?
>
> 답
>
> 후반부 // 그분을 전적으로 신뢰하기에 그가 나의 몸과 영혼에 필요한 모든 것을 채워 주시며, 이 눈물 골짜기 같은 세상에서

> 당하게 하시는 어떠한 악도 합력하여 선을 이루게 하실 것을 나는 조금도 의심치 않습니다. 그는 전능하신 하나님이기에 그리하실 수 있고, 신실하신 아버지이기에 그리하기를 원하십니다.

이러한 고백을 제대로 믿는다면 어떤 일이든지 우연이나 요행을 바랄 수 없습니다. 또한 어떤 어려움과 환란이 있더라도 하나님이 지키시고 보호하신다는 믿음을 가집니다. 왜 그렇습니까? 창조하신 하나님은 그냥 내버려 두시지 않습니다. 여전히 붙드시고 그 구원의 손길을 이루십니다. 그러므로 이러한 하나님의 손길로 인해 감사하게 됩니다.

천지만물을 창조하신 하나님은 지금도 그분이 원하시는 대로 운행하시고 다스리십니다. 보존과 통치로 섭리하시는 창조주 하나님이 바로 우리 아버지이십니다[30]. 이러한 신앙은 어떤 삶 가운데서도 인내와 감사, 그리고 하나님에 대한 확신을 낳습니다.

> 하이델베르크 요리문답 제28문
>
> 하나님께서 모든 것을 창조하시고 섭리로써 여전히 보존하심을 아는 것이 우리에게 어떤 유익을 줍니까?
>
> 답
>
> 우리는 어떠한 역경에서도 인내하고, 형통할 때에 감사하며, 또한 장래 일에 대해서도 우리의 신실하신 하나님 아버지를 굳게 신뢰하여 어떠한 피조물이라도 우리를 하나님의 사랑에서

> 끊을 수 없으리라 확신합니다. 모든 피조물이 완전히 하나님의 손안에 있으므로 그의 뜻을 거슬러 일어나거나 되는 일은 하나도 없습니다.

하나님의 섭리를 믿는 신앙은 모든 것을 하나님께 떠넘기는 것이 아닙니다. 하나님께 맡기고 하나님께 영광을 돌리는 신앙입니다. "우리에게 필요한 것은 하나님께서 모든 일에 있어서 선하게 인도하실 것이다." "나의 모든 것을 하나님께 맡기며, 나에게 일어난 모든 일에 하나님께 영광을 돌릴 것이다." 섭리를 믿는 사람들은 초연한 자세로 모든 것을 받아들이며, 모든 일에 기도와 간구로 하나님께 아뢰는 믿음으로 살아갑니다[31].

성부를 믿는 나의 실존적 신앙

"전능하사 천지를 만드신 하나님 아버지를 내가 믿사오며"라는 사도신경의 이 첫 번째 고백이 받아들여지십니까? 이 말은 "하나님만을 유일한 의지할 분으로 삼겠습니까?", "그분만이 전능하시기 때문에 이제부터는 하나님 외에 다른 어떤 것도 절대화하지 않으며 하나님보다 귀중하게 여기지 않을 수 있겠습니까?"라는 질문입니다[32]. '천지를 창조하신 성부 하나님이 우리들의 아버지가 되신다'는 사실에 얼마나 큰 감격과 자부심을 느끼고 있습니까?

이렇듯 사도신경은 한 단어 한 문장 안에도 깊은 성경의 내용을 담고 있습니다. 그러므로 사도신경은 단순히 성경 지식을 나열하는 신앙고백이 아닙니다. 우리는 얼마든지 막힘없이 사도신경을 외울 수 있습니다. 고백할 수도 있습니다. 그러나 한 단어, 한 문장이 나의 삶과 무관하다면, 나의 전인격적인 고백과 무관하다면, 이 모든 것은 공허한 메아리일 수밖에 없습니다.

우리는 스스로 합리화를 하기에 자신에게 가장 잘 속습니다. 그런데 인생은 그것을 잘 모릅니다. 이러한 위선의 껍데기를 벗겨 내려면 진실한 신앙고백 앞에 우리의 속살을 드러내야만 합니다. 내가 얼마나 큰 교회를 다니는지, 얼마나 유명한 목사님 밑에서 신앙생활을 하는지, 얼마나 좋은 신앙의 동료들이 있는지가 중요하지 않습니다. 공동체를 의지하는 것으로 우리의 신앙과 믿음의 실력을 자랑할 수 없습니다.

나의 중심을 보시는 하나님은 '나'의 공동체를 보시고 판단하시는 분이 아닙니다. 하나님은 단독자로 하나님 앞에 선 나의 고백과 나의 믿음을 살펴보십니다. 그래서 사도신경은 철저히 하나님의 계시에만 의지하는 신앙고백이며, 남들과 상관없이 하나님 앞에서(coram Deo) 선포하여 우리가 함께 듣는 신앙고백입니다.

성부를 믿는 나의 신앙의 내용

하나님은 인격적이며 사랑이신 '아버지 하나님'입니다. 동시에 하나님의 백성과 언약 속에서 관계를 맺으시는 '전능의 아버지'입니다.

마지막으로 창조하셨을 뿐만 아니라 우리를 보존하시고 통치하시는 '창조주 하나님'이십니다.

이에 대한 종교개혁자 마틴 루터의 교리문답 해설은 의미심장하게 다가옵니다. 사도신경의 첫 조항을 해설하면서 창조주 하나님에 관하여 이렇게 말합니다[33].

마틴 루터 대교리문답 2부 사도신경에 관하여

"어린 자녀가 '아빠 하나님은 어떤 분이에요?'라고 물어보면 우리는 다음과 같이 대답할 수 있다: 첫째, 하나님은 천지를 창조하신 분이란다. 이 유일한 하나님 외에는 참된 신은 아무도 없단다. 왜냐하면 천지를 창조하신 분은 오직 하나님 한 분 밖에 없기 때문에."

전능하신 하나님에 대해 말하는 이들이 많지만 하나님을 자기 아버지로 아는 사람은 적습니다.

우리의 삶은 녹록하지 않습니다. 언제 큰 사고나 병에 당할지, 인생의 덫이나 올무에 걸리게 될지 모릅니다. 인생은 사실 이러한 공포 속에 있습니다. 그러니 어느 누구도 인생을 장담할 수는 없습니다. 이런 인생을 살면서 우리의 실존은 염려와 절망 속에 절여집니다.

이럴 때 어떻게 해야 합니까? "나는 믿습니다." "그리스도로 인해 하나님은 우리의 아버지이시며, 전능자이시며, 그 분은 하늘과 땅을 지으신 창조주이십니다." 이렇게 고백할 수 있어야 합니다. 우리 인생의 모든 궁극의 열쇠를 하나님이 쥐고 계신다고 믿습니다. 우리 모든 연약함을 체휼하시고 공감하셔서 최선의 길로 인도하시는 하나님을 내가 믿습니다. 이런 사실을 입술로만이 아닌 삶을 통해 증명하는 것이 성도입니다.

창조를 먼 고대의 이야기로만 생각하거나, 사상과 관념으로 접근하는 이들은 오늘 우리가 당하는 눈물의 시련에 하나님이 역사하실 자리가 없다고 생각합니다. 그러나 창조와 우리의 삶은 별개일 수 없습니다. 이 부분을 우리가 제대로 알고 믿으면 우리의 삶이 달라질 수 있습니다. 창조주 하나님은 멀리 계시지 않고, 우리의 인생길을 함께 걸어가는 분이십니다. 그러므로 하나님께 돌아와서 그분의 충만한 생명 속에서 그리스도와 함께 걸어가는 삶의 주체자로서 인생을 살아가야 합니다. 이것이 믿음이요, 신뢰입니다.

자신의 정체성을 바르게 확립하면 사람의 삶의 방향은 달라집니다. 그런 이들은 결코 옛 삶을 답습할 수 없습니다. 다윗이 골리앗을 죽인 공로에 불구하고 사울왕의 질투로 10여년을 도망다녔습니다. 그러나 그는 한 번도 그 상황에서 도망하지 않고 그 속에서 하나님의 뜻을 구하고 실천했습니다. 하나님이 자신을 그분의 뜻대로 빚고 계시다는 사실을 알았기 때문입니다.

창조주 하나님을 믿는 사람들은 어떤 상황에 있든지, 그 상황에 휩쓸리지 않고 그 상황 위를 떠서 갑니다. 어떤 경우든 상황 속에 침몰하지 않습니다. 전능하신 하나님의 섭리를 믿는 우리들이 역경(逆境)이나 순경(順境) 모두가 자신의 능력으로 되는 것이 아니라고 인정하고 하나님께 감사하고 거듭 감사해야 하지 않겠습니까?

사도신경의 첫 고백에 나를 맡기면 천지가 흔들려도 여유와 쉼이 있습니다. 폭풍 속에서도 마음이 신앙고백 위에 정박해 있으면 요동하지 않습니다. 하늘의 법이 우리 속에 들어올 때 미소를 지을 수 있습니다. '그리 아니하실지라도' 우리의 신앙은 모든 장소와 상황과 사물에서 신적인 법의 미소를 감지합니다.

하나님을 더 알아 갈수록 그분만이 향유의 대상입니다. 억지로 결단하고 누리지 않고 오히려 넘치도록 밀려오는 향유를 누립니다. 하나님은 단지 힘이 있는 전능자가 아닙니다. 우리가 하나님을 의지하면 그분이 우리를 결코 버리지 않습니다. 사도신경의 첫 번째 고백은 이런 성부 하나님을 풍성히 누리게 합니다

성부 하나님을 향유하는 나의 첫 고백

나눔을 위한 질문 | Questions for Group Sharing

1. 우주와 인간의 기원에 대해 질문을 던져 본 적이 있습니까? 또한 성경은 이에 대해서 무엇을 우리에게 가르쳐 주나요? (42-43p, 창1:1)

2. 사도신경은 삼위일체 하나님에 대한 세 가지 큰 주제로 나눌 수 있습니다. 왜 기독교인들은 삼위일체 하나님에 대해서 알고 신앙을 고백해야 할까요? (43-44p)

3. 이제껏 '전능' 이라는 단어를 어떻게 이해하고 있었나요? 그리고 사도신경이 가르치는 '전능하신 하나님' 의 진정한 의미는 무엇인가요? (55-57p)

4. '전능하신 하나님' 이 '아버지' 라는 사실이 우리의 고단한 삶에 어떤 위로와 유익을 줄 수 있습니까? 또한 '천지' 를 창조하신 하나님이 우리의 신앙에 어떤 확신을 줄 수 있을까요? (60-63p)

설교 시청 가이드 | A Guide to Sermon Video

2018년 2월 18일(주일), 사월교회당의 공예배에서 강론된
"성부 하나님을 향유하는 나의 첫 고백"(창1:1)은
대한예수교장로회 사월교회 홈페이지(www.sawolch.com)와
오른쪽의 QR코드를 통해 언제든지 시청할 수 있습니다.

미주

1) 이승구, 『사도신경』(서울: SFC출판부, 2004), 23.
2) J. I. Packer, *Growing in Christ*, 김진웅 역, 『(제임스 패커의 기독교 기본 진리) 사도신경』(서울: 아바서원, 2012), 38,
3) 손재익, 『사도신경: 12문장에 담긴 기독교 신앙』(서울: 디다스코, 2017), 52.
4) 이승구, 『사도신경』, 15.
라틴 신학의 아버지라고 불리는 교부 터툴리안(Tertullian)이 처음 사용하고 그를 따라 많은 사람들이 사용해서 교회 안에서 일반화된 게 '삼위일체'란 말이다.
5) '한 이름'입니다. '세 하나님'이 아니라 '한 분 하나님'이십니다.
6) Cornelis Neil Pronk, *Apostles' Creed,* 임정민 역, 『(하이델베르크 교리문답으로 보는)사도신경』(수원: 그책의사람들, 2013), 13.
7) 손재익, 『사도신경: 12문장에 담긴 기독교 신앙』, 34.
"한글로 된 사도신경은 '믿습니다'라는 표현이 네 번 사용됩니다. 한글은 술어가 제일 마지막에 들어가야 하는 특성상, 성부, 성자, 성령에게 각각 '믿습니다'를 사용한 뒤, 제일 마지막에 한 번 더 사용했습니다."
8) 김진흥, 『교리문답으로 배우는 장로교 신앙』(서울: 생명의양식, 2017), 65-66.
"이런 삼분법은 교육적인 관점에서 단순하고 분명한 장점이 있습니다. 그렇지만 그런 관점을 자칫 단순하게 이해하면, 성삼위 하나님의 사역을 자칫 오해할 수도 있습니다"라는 문장을 통해 기계적인 구분보다 삼위일체 하나님에 대한 바른 이해가 중요하다는 사실을 강조한다
9) 황원하, 『하이델베르크 요리문답 해설』(평택: CNB, 2015), 141; Harold O.J Brown, *Heresies : heresy and Orthodoxy in the history of the church*, 라은성 역, 『(교회사 안에 나타난) 이단과 정통』(서울: 그리심, 2001), 135-234.
10) 이상원, 『21세기 사도신경 해설』(서울: 솔로몬, 2004), 30.
"성부 하나님만을 한 분 하나님으로 인정하고, 성자와 성령은 일종의 가면에 불과한 존재로 생각한다." 하나님은 한 분이신데 다른 모습으로 나타나셨다는 주장이 한국교회가 자주 범하는 오류이다.
11) 이승구, 『사도신경』, 20.
이와 비슷한 맥락에서 또 성부와 성자와 성령은 서로 본질에 차이가 있는 세

종류의 신이라는 주장이 있다. 삼위 하나님 간에 서열이 있다는 견해이다. 아버지 하나님, 아들 예수님 그 다음으로 성령님의 서열이 있다는 주장이다. 신학적으로 '종속설'이라 하는데 이 주장을 따르면 하나님이 그리스 신화의 신들 수준이 되고 만다. 제우스 신 아래 무슨 신 무슨 신. 이런 견해는 다신론적 배경을 가진 로마와 헬라 지역의 기독교인들에게 상당한 설득력을 가지고 퍼져나갔지만, 니케아 종교회의에서 이단으로 정죄되었다.

12) 'monarch'라는 말의 뜻은 군주라는 의미이다. 결국 성부 하나님께서 군주처럼 하나님의 아들이신 그리스도와 성령님을 다스리고 지배하신다는 의미를 내포한다.
13) J. I. Packer, *Growing in Christ*, 27.
14) Cornelis Neil Pronk, *Apostles' Creed*, 15
15) 이상원, 『21세기 사도신경 해설』, 30-31.
16) 이 외에도 벨기에 신앙고백서 8조, 웨스트민스터 소요리 6문답, 웨스트민스터 대요리 9문답. 웨스트민스터 신앙고백서 등에도 아주 날카롭고 정확한 문장으로 기록하고 있다.
17) 이상원, 『21세기 사도신경 해설』, 31.
18) Michael Scott Horton, *We believe: recovering the essentials of the Apostles' Creed*, 윤석인 역, 『(사도신경의 렌즈를 통해서 보는)기독교의 핵심』(서울: 부흥과개혁사, 2005), 68.
19) J. I. Packer, *Growing in Christ*, 21.
20) 'Credo'에서 끝에 'o'는 라틴어로 1인칭 주어를 의미합니다.
21) 이재철, 『성숙자반』(서울: 홍성사, 2007), 295.
22) 이운연, 『성경으로 풀어낸 사도신경』(여수: 그라티아, 2016), 34.
23) 김민호, 『사도신경 강해: 참된 성도의 신앙고백』(서울: 푸른섬, 2010), 57.
24) Cornelis Neil Pronk, *Apostles' Creed*, 31.
25) 이재철, 『성숙자반』, 295-296.
26) Timothy J. Keller, *(The) Prodigal God*, 윤종석 역, 『탕부 하나님』(서울: 두란노, 2016)을 참조하면 아버지와 아들의 관계를 보다 심층적으로 이해할 수 있다.
27) 우리말의 '전능', 혹은 영어의 'almighty'보다 더 뜻이 넓습니다. 단순히 '할 수 있다'는 의미를 넘어서, '모든 것을 다스림(all-rulling)', '모든 주권을 갖고 있음(all-sovereign)'과 같은 의미입니다.

28) Michael Scott Horton, *We believe: recovering the essentials of the Apostles' Creed*, 46.

29) 김민호, 『사도신경 강해: 참된 성도의 신앙고백』, 32.

30) 창조와 더불어 섭리를 믿는 것이 왜 중요할까? "하나님이 이 세상을 지으신 후에는 손을 놓고 계시고 모든 일은 행운이나 우연에 의해 일어난다"는 이신론(理神論, Deism)의 잘못된 가르침에 빠질 수 있기 때문이다.

31) 이승구, 『사도신경』, 30; 요5:17, 히1:3, 시104:30.

32) 김민호, 『사도신경 강해: 참된 성도의 신앙고백』, 38.

33) 김진흥, 『교리문답으로 배우는 장로교 신앙』, 77.

3

미생(未生)에서 완생(完生)과 상생(相生)으로 울림 있는 고백

"아들을 낳으리니 이름을 예수라 하라 이는 그가 자기 백성을 그들의 죄에서 구원할 자이심이라 하니라"

마1:21

그 외아들 우리 주
예수 그리스도를 믿사오니

나는 그의 유일하신 아들
우리 주 예수 그리스도를 믿습니다(새번역)

I believe in Jesus Christ,
God's only Son, our Lord.(현대영어)

Et in Jesum Christum,[1] Filium ejus unicum,
Dominum nostrum ; (라틴어 공인원문)

3. 미생(未生)에서 완생(完生)과 상생(相生)으로 울림 있는 고백

아들을 낳으리니 이름을 예수라 하라

이는 그가 자기 백성을 그들의 죄에서 구원할 자이심이라 하니라

마1:21

미생(未生)의 신앙생활

바둑 용어 중에 '미생(未生)'[2)]이란 말이 있습니다. 2014년 10월 케이블 채널 tvN에서 방영하여 열풍을 일으킨 드라마의 제목이기도 합니다. 바둑을 인생의 전부로 생각하던 주인공 '장그래'가 프로 입단에 실패하고 어쩔 수 없이 전쟁터 같은 직장에 취직을 합니다. 비정규직이었던 그는 살아남기 위해 안간힘을 씁니다. 드라마를 보던 모두가 "그래, 내가 장그래지!"하는 공감을 느꼈습니다. 결국 그는 미생에서 완생을 향해 성장하며 직장동료들과의 멋진 상생의 결말을 맞이합니다.

우리의 신앙생활도 미생 같지 않습니까? 어떻게 하면 완생으로 성숙할 수 있을까요? 어떻게 하면 주님의 몸으로 이웃과 함께 상생할

수 있을까요? 그 처방약이 바로 사도신경입니다. 성자 예수님을 향한 우리의 첫 고백을 살피며 그 해답을 찾아봅니다.

그 외아들 우리 주 예수 그리스도를 믿사오니

이 고백을 읽을 때 가슴이 벅차오르고 하나님을 향한 열렬한 마음이 생기십니까? 만약 그렇지 않다면 지금부터 말씀의 숲 안으로 들어가야 합니다.

사도신경의 구조 안의 성자 예수님

사도신경은 기독교의 핵심 진리를 대중적으로 요약합니다[3]. 성부, 성자, 성령 하나님의 창조, 구속, 성화의 사역을 담고 있습니다. 바로 우리 믿음의 대상인 삼위일체 하나님을 다루고 있습니다. 사도신경의 전체 구조는 다음 장에 있습니다.

눈여겨 볼 부분은 성자 하나님에 대해 다룬 부분이 여섯 문장이나 되고 각 문장의 분량 또한 길다는 사실입니다[4]. 왜 이렇게 성자에 대한 분량이 월등히 많을까요?[5] 그 이유를 다음과 같이 정리할 수 있습니다.

첫 번째, 사도신경 형성 시기의 가장 중요한 논쟁이 성자 하나님에 관한 내용이기 때문입니다. 우리가 고백하는 신조는 작성된 시대의 특수한 정황을 반영합니다. 사도신경이 작성되던 AD 2-6세기에는

사도신경의 구조와 내용

<table>
<tr><th>3대 구조</th><th>5대 주제</th><th>12 항목</th><th>성경배경</th><th>세부 내용</th></tr>
<tr><td>성부 하나님</td><td>성부</td><td>성부 하나님</td><td>창1:1</td><td>전능하사 천지를 만드신 하나님 아버지를 내가 믿사오며</td></tr>
<tr><td rowspan="6">성자 하나님</td><td rowspan="6">성자</td><td>성자의 신분</td><td rowspan="6">공관복음</td><td>그 외아들 우리 주 예수 그리스도를 믿사오니</td></tr>
<tr><td>성자의 출생</td><td>이는 성령으로 잉태하사 동정녀 마리아에게 나시고</td></tr>
<tr><td>성자의 고난, 죽음, 장사됨</td><td>본디오 빌라도에게 고난을 받으사 십자가에 못 박혀 죽으시고 장사한 지</td></tr>
<tr><td>성자의 부활</td><td>사흘만에 죽은 자 가운데서 다시 살아나시며</td></tr>
<tr><td>성자의 승천</td><td>하늘에 오르사 전능하신 하나님 우편에 앉아 계시다가</td></tr>
<tr><td>성자의 재림</td><td>저리로서 산 자와 죽은 자를 심판하러 오시리라</td></tr>
<tr><td rowspan="5">성령 하나님</td><td>성령</td><td>성령 하나님</td><td>요한복음 사도행전</td><td>성령을 믿사오며</td></tr>
<tr><td>교회</td><td>거룩한 교회</td><td rowspan="3">서신서</td><td>거룩한 공회와 성도가 서로 교통하는 것과</td></tr>
<tr><td rowspan="3">성도</td><td>성도의 사죄</td><td>죄를 사하여 주시는 것과</td></tr>
<tr><td>성도의 부활</td><td>몸이 다시 사는 것과</td></tr>
<tr><td>성도의 영생</td><td>요한계시록</td><td>영원히 사는 것을 믿사옵나이다. 아멘.</td></tr>
</table>

예수님에 대한 신성과 인성의 논의가 활발하던 시기입니다[6]. 성자 예수님에 대한 수많은 이단이 나오던 시기이기에 신앙고백에 더 많은

내용들이 언급되어야만 했습니다.

두 번째, 성경에서도 성자 하나님에 대한 내용을 가장 많이 다루기 때문입니다. 기독교 신앙이란 "예수님을 믿는 것"으로 요약할 수도 있습니다. 복음을 증거할 때, "하나님을 믿으세요", "성령님을 믿으세요" 하기보다 "예수님을 믿으세요"라고 말합니다. 성자 예수님에 대한 고백은 기독교의 시금석이자 기독교를 다른 종교와 구별짓는 독특한 요소입니다[7].

마지막 세 번째, 성자 예수님을 통해서만 성부와 성령을 제대로 알 수 있기 때문입니다. 예수 그리스도는 모든 면에서 참으로 '보이지 않으시는 하나님의 정확한 초상화'입니다. 그러므로 예수 그리스도를 배제하고서는 우리의 상상력이 만들어 낸 우상만 존재할 뿐입니다[8].

> 예수께서 외쳐 이르시되 나를 믿는 자는 나를 믿는 것이 아니요 나를 보내신 이를 믿는 것이며 나를 보는 자는 나를 보내신 이를 보는 것이니라
>
> 요12:44-45

성부 하나님과 화목하기 위해서는 성자 예수님에 대한 바른 신앙 고백이 필수입니다. 이 말은 단지 '오직 예수'를 외친다고 천국에 가는 것을 의미하지 않습니다. 성자 예수 그리스도에 대한 바른 신앙의 지식을 알아야 한다는 의미입니다[9]. 그리고 이러한 사도신경의 세부 구조 속에서 성자에 관해 가장 먼저 다루는 질문은 "예수님은 어떤 분이신가"입니다.

예수님은 어떤 분이신가

예수님의 신분에 대한 사도신경의 우리말 번역에서 그 순서는 "①그 외아들 ②우리 주 ③예수 ④그리스도"입니다. 그러나 본래 라틴어 공인원문은 "①예수 ②그리스도 ③독생자 ④우리 주"의 순서로 되어 있습니다. 이와 같은 이유로 하이델베르크 요리문답은 공인원문과 같은 순서로 예수님의 신분을 소개합니다. 순서도 중요하지만 이 네 용어의 의미를 바르게 파악하는 것이 중요합니다.

"예수"와 "그리스도"는 마치 한 단어인 것처럼 이해합니다. 그러나 예수는 중보자의 이름이고, 그리스도는 중보자의 직분입니다[10]. 예를 들어 "최영인 목사"라고 할 때, 제 이름은 최영인이요, 저의 직분이 목사입니다. "독생자"는 성자 하나님의 위격을 의미하고, "우리 주"는 성자 하나님과 우리 사이의 분명한 관계를 보여줍니다. 우리가 이 성자 하나님의 네 호칭을 잘 구별하고 이해하여 미생의 신앙에서 완생과 상생의 신앙으로 나아가야 합니다.

예수(Jesum)

사도신경은 죄와 구원에 관해 별도의 항목에서 취급하지 않지만 중보자의 이름인 예수는 그 의미를 잘 담고 있습니다[11].

먼저 육신을 취하신 성자 하나님을 지칭하는 이름이 바로 예수입니다. 예수는 구약성경의 '여호수아, 호세아'와 같은 이름을 헬라식

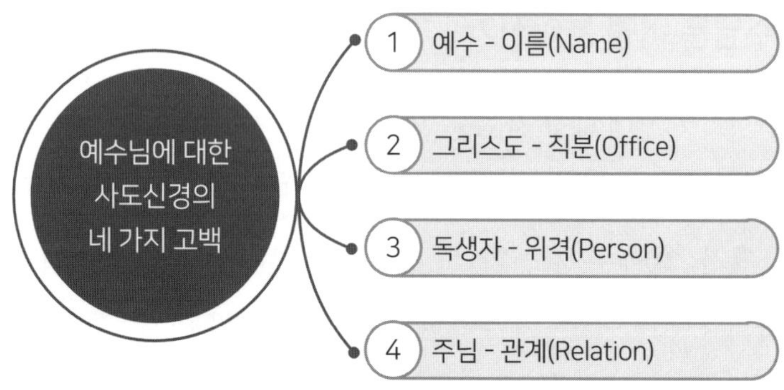

으로 바꾼 명칭이며 '아브라함, 이삭, 요셉'처럼 사람들이 선호하는 이름 중 하나였습니다. 흔한 이름이었기에 시장에서 "어이, 예수!" 하고 부르면 여러 사람이 쳐다보았을 것입니다. 신약성경에도 예수라는 이름을 가진 이가 여러 명 있습니다(눅3:29; 행7:45; 히4:8; 골4:11)[12]. 그러나 이 이름을 요셉이나 마리아가 짓지 않고 성부 하나님이 천사를 통해 직접 '예수'로 정해주셨습니다[13]. 왜 그렇습니까? 하이델베르크 요리문답 제29문답은 다음과 같이 말합니다.

> 하이델베르크 요리문답 제29문
>
> 왜 하나님의 아들을 예수, 곧 구주(救主)라 부릅니까?
>
> 답
>
> 그가 우리를 우리 죄에서 구원하시기 때문이고, 또 그분 외에는 어디에서도 구원을 찾아서도 안 되며 발견할 수도 없기 때문입니다.

당시 유대가 로마의 지배를 받는 중에 너도 나도 '구원자'라는 의미를 지닌 예수를 이름으로 지었습니다. 많은 예수가 있었지만 어느 누구도 로마의 압제에서 해방시키는 이가 없었습니다. 하나님은 하나님의 아들이신 '예수'를 통해 자신의 백성을 구원하시는 약속을 성취하려 했습니다.

그래서 예수님만이 유일하며 완전한 구원자입니다. 그러나 구원자로서 예수의 유일성과 완전성은 교회 역사 속에서 항상 도전을 받았습니다. 만약 예수님이 우리의 유일하고 완전한 구주시라면 우리의 구원을 다른 곳이나, 다른 사람에게서 찾을 수 있을까요? 하이델베르크 요리문답은 단호히 아니라고 말합니다.

하이델베르크 요리문답 제30문

> 그렇다면 자신의 구원과 복을 소위 성인(聖人)에게서, 혹은 자기 자신이나 다른 데서 찾는 사람들도 유일한 구주이신 예수를 믿는 것입니까?

답

> 아닙니다. 그들은 유일한 구주이신 예수를 말로는 자랑하지만 행위로는 부인합니다. 예수가 완전한 구주가 아니든지, 아니면 참된 믿음으로 이 구주를 영접한 자들이 그들의 구원에 필요한 모든 것을 그에게서 찾든지, 둘 중의 하나만 사실입니다.

어느 정도로 불가능합니까? 절대로 불가능합니다. 로마 카톨릭은

'성인'이라 인정한 분들[14]이 정말 거룩하게 살았기에 자신들이 구원을 받고도 남은 점수가 있어서 다른 이들의 구원에 도움을 줄 수 있다는 식의 생각을 합니다. 이런 생각이 과연 예수님을 구주로 인정하는 태도라고 할 수 있습니까?[15] 이런 믿음은 예수를 믿는 믿음이 아닙니다.

오늘날에도 무시무시한 세속주의 안에서 '돈과 명예와 권력과 과학 등이 나를 구원해 줄 것이다'라고 여기며 살지 않습니까? 그런 이들에게는 그것들이 곧 그들의 구주입니다. 세속적인 나 자신이 만들어 놓은 예수, 설정해 놓은 구주에서 벗어나 "나는 예수만이 유일하시며 완전한 구원자이심을 믿습니다"라고 강력하게 외칩시다. 이것이 오늘날 우리 가슴 속에서 터져 나오는 진정한 고백이 되기를 바랍니다.

그리스도(Christum)
: 큰 선지자, 유일하신 대제사장, 우리의 영원한 왕

두 번째는 예수님의 직분인 '그리스도'라는 명칭입니다. '그리스도'(Χριστός)는 헬라식 표현으로 히브리어로는 '메시아'(מָשִׁיחַ), 즉 '기름부음을 받았다'는 의미입니다. 중국어로 번역 될 때 '기독'(基督)이라고 번역되어서 오늘날 우리가 '기독교'라고 불리게 되었습니다.

그러면 예수님을 '기름부음을 받은 자'라고 칭한 이유가 무엇일까요? 성자 예수님은 그 흔한 이름 때문에 사람들에게 "이 사람이 정말 구원자가 맞을까?"라는 의문을 줄 수 있었습니다. 그래서 성자 예수님의 구원자로서의 직함(職銜)으로 '그리스도'가 따릅니다.

그러면 예수님은 어떻게 기름부음을 받으셨습니까? 구약에서 선지자를 세울 때, 제사장이 취임할 때, 왕을 세울 때 머리에 기름을 붙는 예식이 있었습니다. 그러나 예수님은 조금 다릅니다. 예수님의 기름부음에 관해 하이델베르크 요리문답 제31문의 전반부는 다음과 같이 말합니다.

> 하이델베르크 요리문답 제31문
>
> 그분을 왜 그리스도, 곧 기름 부음을 받은 자라 부릅니까?
>
> 답
>
> 전반부 // 왜냐하면 그분은 성부 하나님으로부터 임명을 받고 성령으로 기름 부음을 받으셨기 때문입니다.

예수님을 그리스도로 임명하신 분이 누구십니까? 바로 성부 하나님입니다. 하나님은 예수님을 그리스도로 어떻게 세우셨습니까? 그분은 구약의 선지자, 제사장, 왕과는 다르게 특별히 '성령으로 기름부음'을 받으셨습니다. 언제 그러한 일이 있었습니까? 바로 예수님이 물로 세례를 받는 순간이었습니다[16].

> 예수께서 세례를 받으시고 곧 물에서 올라오실새 하늘이 열리고 하나님의 성령이 비둘기 같이 내려 자기 위에 임하심을 보시더니
>
> 마3:16-17

머리에 기름을 부어 아래로 흘러내리게 하듯, 하나님은 성령님을 하늘에서부터 예수님께로 내려 보내셨습니다. 그리고 사도행전 10장은 이 내용을 다음처럼 주석을 합니다.

> 하나님이 나사렛 예수에게 성령과 능력을 기름 붓듯 하셨으매 그가 두루 다니시며 선한 일을 행하시고 마귀에게 눌린 모든 사람을 고치셨으니 이는 하나님이 함께 하셨음이라
>
> 행10:38

한편 구약에서 선지자, 제사장, 왕 세 직분은 그 역할이 분명히 구분되어 있습니다[17]. 그리고 이 직분들은 장차 오실 진정한 '기름부음 받은 자'(메시아=그리스도)에 대한 모형(type)입니다[18]. 그리스도는 이 세 가지 직임을 동시에 행하는 직분입니다. 오늘날 예수님을 이해할 때 이 세 직분을 균형 있게 이해하지 않고 한 쪽 측면만 강조하는 경우가 많습니다. 예수 그리스도의 세 직분에 대한 오해들[19]은 성경의 바른 가르침들과 전혀 다릅니다.

한편 하이델베르크 요리문답 제31문은 삼중직분에 형용사를 하나씩 붙여 놓았습니다. 바로 '큰 선지자, 유일하신 대제사장, 영원한 왕'입니다.

하이델베르크 요리문답 제31문

그분을 왜 그리스도, 곧 기름 부음을 받은 자라 부릅니까?

답

후반부 // 그분은 우리의 큰 선지자와 선생으로서 우리의 구원을 위한 하나님의 감추인 경영과 뜻을 온전히 계시하시고, 우리의 유일한 대제사장으로서 그의 몸을 단번에 제물로 드려 우리를 구속(救贖)하셨고, 성부 앞에서 우리를 위해 항상 간구하시며, 또한 우리의 영원한 왕으로서 그의 말씀과 성령으로 우리를 다스리시고, 우리를 위해 획득하신 구원을 누리도록 우리를 보호하고 보존하십니다.

첫 번째, 그리스도의 삼중직분 중 우리의 큰 선지자이신 예수님입니다. 예수 그리스도는 오고 가는 역사 속에 하나의 선지자가 아니라 최고의 선지자이시며 교사이십니다. 그분은 말씀과 행동으로 우리에게 하나님의 뜻을 다 '계시'하셨습니다. 사도행전에 나온 베드로의 설교에서, 우리는 하나님이 모세에게 주신 말씀이 예수님을 통해 성취되었다는 사실을 알 수 있습니다.

> 모세가 말하되 주 하나님이 너희를 위하여 너희 형제 가운데서 나 같은 선지자 하나를 세울 것이니 너희가 무엇이든지 그의 모든 말을 들을 것이라
>
> 행3:22

두 번째, 그리스도의 삼중직분 중 우리의 유일하신 대제사장이신 예수님입니다. 구약 시대에는 많은 대제사장들이 제물로 하나님께 사죄를 청하는 제사를 드렸습니다. 제사장, 제물, 제사, 심지어 성전

예수 그리스도의 세 직분에 대한 오해들
(한 쪽 측면만 강조하면?)

선지자만 강조	제사장만 강조	왕만 강조
선지자나 좋은 선생으로만 이해	우리를 죄에서 구원하셨다는 측면을 강조	재림하셔서 우리를 죄에서 구원하셨다는 측면을 강조
우리의 죄를 대속하였다든지 우리의 삶을 다스리는 왕이라는 측면은 간과됨 (ex 자유주의 신학)	우리의 삶의 주인이 되신다는 측면은 약화됨 (ex 복음주의)	계시의 완성자로서 그리스도가 선지자 되심은 무시됨 (ex 종말론자들)

의 기능까지 신약 시대에는 예수 그리스도를 통해 통합됩니다. 예수님은 그런 의미에서 수많은 제사장들 중 하나가 아니라 오직 유일한 대제사장이 되십니다. 그가 자신의 몸으로 유일한 희생제사를 드려 우리를 구속하시고 율법의 마침이 되셨습니다.

> 그리스도께서는 장래 좋은 일의 대제사장으로 오사 손으로 짓지 아니한 것 곧 이 창조에 속하지 아니한 더 크고 온전한 장막으로 말미암아 염소와 송아지의 피로 하지 아니하고 오직 자기의 피로 영원한 속죄를 이루사 단번에 성소에 들어가셨느니라
>
> 히9:11-12

예수님은 모든 교회를 대표하여 대제사장으로서 속죄의 제사를 드렸습니다. 그러므로 그리스도를 믿는 우리에게는 그리스도 십자가 외에는 그 어떤 제단도 없습니다. 따라서 목사를 제사장이라 부르거나 강대상을 두고 제단이라는 표현을 써서는 안됩니다[20].

그러면 이러한 예수님의 대제사장의 직무는 십자가에서 종결되었습니까? 결코 그렇지 않습니다. 우선 예수님의 대제사장 직무는 예수님의 승천과도 연결되어 있습니다.

> 그러므로 우리에게 큰 대제사장이 계시니 승천하신 이 곧 하나님의 아들 예수시라 우리가 믿는 도리를 굳게 잡을지어다
>
> 히4:14

승천하신 이 곧 하나님의 아들 예수님은 하나님 보좌 우편에서 지금 무엇을 하고 계실까요?

> 그러므로 자기를 힘입어 하나님께 나아가는 자들을 온전히 구원하실 수 있으니 이는 그가 항상 살아 계셔서 그들을 위하여 간구하심이라
>
> 히7:25

> 누가 정죄하리요 죽으실 뿐 아니라 다시 살아나신 이는 그리스도 예수시니 그는 하나님 우편에 계신 자요 우리를 위하여 간구하시는 자시니라
>
> 롬8:34

이 두 구절에 공통되는 단어는 간구입니다. 부활하시고 승천하신 예수님은 쉬고 계시지 않고 우리를 위해 기도하고 계십니다. 우리 가

운데 답답한 현실 속에 있는 분들이 있습니까? 예수님이 지금도 대제사장으로서 모든 성도를 위해 기도하고 있다는 사실을 믿으시기를 바랍니다.

세 번째, 그리스도의 삼중직분 중 우리의 영원한 왕이신 예수님입니다. 예수님은 일시적인 왕이 아닙니다. 하나님으로부터 전권을 위임받은 진정한 왕이십니다. 예수님 위에 어떠한 왕도 존재하지 않습니다. 그리스도는 왕으로서 당신의 백성을 친히 다스리시고 보호하시는데 그의 통치는 '말씀과 성령'으로 이루어집니다. 예수님은 승천하신 이후에도 이 땅에 계실 때보다 더 분명한 우리의 영원한 왕이십니다.

> 시온의 딸아 크게 기뻐할지어다 예루살렘의 딸아 즐거이 부를지어다 보라 네 왕이 네게 임하시나니 그는 공의로우시며 구원을 베푸시며 겸손하여서 나귀를 타시나니 나귀의 작은 것 곧 나귀 새끼니라
>
> 슥9:9

"예수는 그리스도이시다." 너무나 당연한 말이지만 예수라는 단어에 한 칸 띄워서 그리스도라는 단어를 붙이기까지는 수많은 박해가 있었습니다[21]. 초대교회 당시 유대인들에게도 이는 생소한 진리였고 박해가 뒤따랐습니다.

> 사울은 힘을 더 얻어 예수를 그리스도라 증언하여 다메섹에 사는 유대인들을 당혹하게 하니라 여러 날이 지나매 유대인들이 사울 죽이기를 공모하더니
>
> 행9:22-23

그들은 십자가에 못 박혀 죽으신 예수님을 자신들이 기다렸던 메시아라고 믿지 않았습니다. 지금도 여전히 그 메시아를 기다리고 있습니다. 이들의 어리석음에 비하면 우리가 예수님을 삼중직을 통해 그리스도의 직분을 감당하신 사실을 믿는 믿음이 얼마나 감격스럽습니까? 이러한 고백이 우리의 신앙을 미생에서 완생으로, 가슴 벅찬 구원의 감격을 누릴 수 있게 합니다.

그리스도인과 세 가지 직분

그리스도라는 이름은 초대교회부터 오늘날까지 우리를 대변하는 이름이 되었습니다.

> 만나매 안디옥에 데리고 와서 둘이 교회에 일 년간 모여 있어 큰 무리를 가르쳤고 제자들이 안디옥에서 비로소 그리스도인이라 일컬음을 받게 되었더라[22)]
>
> 행11:26

> 아그립바가 바울에게 이르되 네가 적은 말로 나를 권하여 그리스도인이 되게 하려 하는도다
>
> 행26:28

예수 그리스도를 주라 고백하는 이들을 그리스도인이라 부릅니다. 이렇게 불릴 때 바른 정체성을 가지고 살 수 있습니다. 우리는 결

코 시시한 존재가 아닙니다. 교회가 이 부분을 놓치기 때문에 그리스도에 대한 신앙고백이 삶으로 이어지지 않습니다.

그리스도인들이 그리스도와 함께 감당해야 할 세 가지 직분[23]이 있습니다. 우리 독단으로 그런 능력을 발휘하는 것이 아니라 예수 그리스도에게로 접붙여져 그분의 능력을 누리고 산다는 의미입니다.

첫 번째, 우리는 선지자의 직분을 감당해야 합니다. 우리가 예수 이름의 증인이 되어야 한다는 뜻입니다. 성령을 의지하며 예수님의 말씀을 증언하는 삶을 살고 있습니까? 어떻게 그리스도를 잘 전파할 수 있을지 구체적인 방법을 고민하고 있습니까? 전도에 관심이 없는 그리스도인들은 선지자의 직분을 망각한 삶을 삽니다. 영원한 생명의 길을 발견한 이들은 가까운 가족과 이웃들에게 먼저 선지자의 역할을 하셔서 생명의 길로 인도해야 합니다.

두 번째, 우리는 제사장의 직분을 감당해야 합니다. 제사장으로서 우리 자신을 감사의 제물로 하나님께 드려야 합니다. 이것은 물론 예수님의 속죄 사역과는 비교할 수 없습니다. 그분이 유일한 대제사장이시기에 그의 능력을 힘입어 선한 영향력을 나타내야 합니다. 교회가 하나님의 의의 도구가 되어야 한다는 의미입니다.

세 번째, 우리는 왕의 직분을 감당해야 합니다. 왕의 직분을 갖는다는 것은 제왕적 위치에서 군림하는 것을 뜻하지 않습니다. 예수님은 세상에서 자유롭고 선한 양심으로 죄와 마귀에 대항하여 싸워 승리하셨습니다. 우리는 그분의 승리를 근거로 그의 능력을 힘입어 죄와 싸워 이겨야 합니다. 하나님의 바른 통치를 증명해야 합니다. 사회의 각종 부정적 현안, 예를 들어 'Me too'운동과 같은 일에 교회 지도자들의 이름이 거론되는 일은 왕의 직분에 합당하지 않습니다.

외아들이나 독자가 아니라 독생자(Filium ejus unicum)[24)]

세 직분을 의미하는 그리스도라는 표현은 뒤에 나오는 두 호칭과 결합됩니다. 그 중 첫 번째가 '유일한 아들'입니다. 그리스도의 세 가지 직분은 뒤에 나오는 두 호칭과 결합될 때 완전하게 이해될 수 있습니다.

그 중 첫 번째가 '유일한 아들'(Filium ejus unicum)입니다. 기존 우리말 사도신경은 '외아들'로 번역했습니다. 그래서 유일한 아들이란 말을 외아들과 같은 의미로 오해할 수 있습니다. 외아들은 아들이 하나라는 뜻입니다 아들 외에 누나나 여동생이 얼마든지 있을 수 있습니다. 즉 외아들은 정확한 표현이 아닙니다.

독자라는 개념으로 이해할 수도 있지만 이 역시 정확하지 않습니다. 자녀가 여럿 있다가 변고로 인해 다 죽고 아들 하나만 남아도 독자라고 할 수 있습니다. 심지어 예수님은 동생들이 있습니다. 예수님의 육신의 동생 야고보를 기억하십니까? 그러므로 외아들이나 독자 모두 정확한 표현은 아닙니다.

그래서 새번역은 유일한 아들을 '독생자'라고 표현합니다. 독생자라는 말은 독자보다 더 풍성한 의미를 지닙니다[25)]. 예수님만 하나님의 유일하신 아들(the only son)이십니다. 예수님만 하나님과 특별하고 독특한 관계를 가집니다. 예수님이 하나님의 유일한 아들이시기 때문에 하나님의 모든 것이 다 예수님의 것입니다.

한편 예수님이 하나님의 아들인데 어떻게 그분이 또한 하나님이라고 부를 수 있습니까? 사람의 후손은 사람, 개의 후손은 개, 코끼리의 후손은 코끼리이듯이 하나님의 아들은 하나님일 수밖에 없습니다. 하나님의 독생자이시기 때문에 하나님의 속성과 인격을 완전히 가지신 하나님일 수밖에 없습니다.

> 내가 여호와의 명령을 전하노라 여호와께서 내게 이르시되 너는 내 아들이라 오늘 내가 너를 낳았도다
>
> 시2:7

> 하늘로부터 소리가 있어 말씀하시되 이는 내 사랑하는 아들이요 내 기뻐하는 자라 하시니라
>
> 마3:17

그런데 성경은 우리를 또한 '하나님의 자녀'라고 부릅니다. 이미 죽은 이들을 다 포함하면 하나님은 수십억이 넘는 자녀를 두신 아버지입니다. 그러나 예수님을 이와 같이 많은 형제들 중의 '맏아들'이라 표현할 때는 예수님과 우리 사이의 존재적 차이를 의식하며 말해야 합니다[26].

하이델베르크 요리문답 제33문

우리 역시 하나님의 자녀인데, 그분을 왜 "하나님의 독생자"라

부릅니까?

답

왜냐하면 오직 그리스도만 본질로 하나님의 영원한 아들이시기 때문입니다. 우리는 그리스도로 말미암아 은혜로 입양된 하나님의 자녀입니다.

우리가 하나님의 자녀라는 것과 하나님의 독생자이신 예수님은 본질적으로 다릅니다[27]. 예수님은 하나님의 영원한 아들로서 본래부터 아들이셨습니다. 그러나 우리는 '본질상 진노의 자녀'였지만 그리스도의 은혜로 말미암아 입양된 하나님의 자녀입니다[28].

그러면 예수님이 하나님의 아들이라는 사실과 우리가 하나님의 자녀라는 사실 사이의 연관성은 무엇일까요? 하나님의 자녀이긴 하지만 친아들이 아니라 양자라는 말은 꼭 막장 드라마의 대사 같지는 않습니까? 하나님이 우리를 자녀로 부르셨다면 예수님처럼 동일하게 대해 주셔야 하지 않을까요? 진짜 아들에 비해 가치가 떨어지고, 하나님은 우리를 사실상 홀대하십니까?

우리가 예수 그리스도를 하나님의 독생자라고 부를 때 우리가 아들이라는 사실을 훼손하거나 폄하하는 것이 아닙니다. 우리는 비록 예수님과 다르고 본질상 아무 것도 아니지만 '아들'이라 칭하는 영광과 지위를 누립니다. 예수님을 우리와 다른 하나님의 독생자로 고백한다고 해서 비참한 것이 아니라 오히려 우리가 하나님의 자녀로 누리는 영광과 지위가 얼마나 놀라운지 깨닫게 해줍니다.

나의 형님이 아니라 우리의 주님(Dominum nostrum)

세 직분을 의미하는 그리스도라는 표현과 결합하는 두 번째 호칭은 '우리의 주님'입니다. 예수님도 하나님의 아들이라면 우리는 그분을 형님이라고 불러야 하지 않을까요? 왜 그렇게 부르지 않고 '우리의 주님'이라고 부를까요? 주님이라는 호칭은 종이 주인을 부를 때나 신들에 대한 일반적 명칭-로마황제를 신격화하여 신으로 부른 것처럼-으로 사용되었습니다. 구약에서는 '여호와 하나님'을 신약에 번역하면서 '주'라고 불렀습니다.

1세기의 그리스도인들이 예수님을 '우리의 주님'이라고 부른 일은 보통 일이 아닙니다. 당시 로마제국은 유럽 전역과 아프리카 북부를 통치했습니다. 이런 큰 나라를 다스리기 위해 로마황제는 스스로의 권위를 높입니다. 그래서 자신을 신처럼 섬기도록 강요했습니다. "황제가 주인이다"라고 외치며 사람들에게 황제의 상에 절하게 했습니다[29]. 그리스도인이 된다는 사실은 황제가 우리의 주인이 아니라 예수님이 우리의 주인이라는 사실을 고백하는 것입니다. 이 고백을 하기 위해 당시의 사람들은 목숨을 걸어야 했습니다. 우리는 매 주일 아침마다 "우리 주 예수 그리스도를 믿사오니"라고 고백하지만 그저 주문을 외우듯이 암송하지는 않습니까? 같은 내용을 고백하지만 신앙의 깊이에는 차이가 날 수 있습니다.

한편 '여호와의 증인'과 같은 이단들은 여호와의 이름을 부르지 않고 예수의 이름을 부르면 구원을 받을 수 없다고 주장합니다. "신약 어디에 여호와의 이름이 있는가?"라고 질문하며 다음의 말씀을 근거로 제시합니다.

> 누구든지 여호와의 이름을 부르는 자는 구원을 얻으리니
>
> 욜2:32

그러나 이것은 사실 이들이 성경에 무지하다는 사실을 드러냅니다. 왜냐하면 신약성경이 이 구절을 두 번이나 인용하고 있기 때문입니다.

> 누구든지 주의 이름을 부르는 자는 구원을 받으리라 하였느니라
>
> 행2:21

> 누구든지 주의 이름을 부르는 자는 구원을 받으리라
>
> 롬10:13

베드로나 바울이 구약성경을 착각해서 잘못 인용했을까요? 신약의 인용이 구약과 다른 이유는 이들이 구약성경을 인용할 때 당시 번역된 70인역(LXX)[30]을 사용했기 때문입니다. 히브리어로 기록된 구약성경을 헬라어로 번역한 70인역에서 '여호와'를 '주'로 번역했습니다. 그러니 구약성경의 여호와가 신약의 주님이며, 신약의 저자들은 이러한 주님이라는 표현을 예수님에게 사용했습니다. 여호와의 증인들이 교회를 공격하기 위해 사용한 성경구절이 역으로 자신들의 무지를 공격합니다. 예수님이 곧 여호와입니다. 예수님이 언약을 끝까지 지키시는 하나님이십니다. 그러므로 예수님의 이름을 부르는 자

들은 구원을 받을 수 있습니다.

> 그런즉 이스라엘 온 집은 확실히 알지니 너희가 십자가에 못 박은 이 예수를 하나님이 주와 그리스도가 되게 하셨느니라 하니라
>
> 행2:36

1세기의 성도들이 예수님을 주라 부른 일은 예수님이 여호와 하나님이라는 신성을 인정하는 표현입니다[31]. 이들은 예수님을 주님이라 부르는 일에 주저함이 없었습니다.

그런데 예수 그리스도를 주님이라 고백할 때 '나의 주님'이 아니라 '우리의 주님'이라고 고백합니다. 어떻게 예수님이 우리의 주님이 되십니까? 하이델베르크 요리문답을 살펴봅시다.

하이델베르크 요리문답 제34문

당신은 왜 그분을 "우리 주"라 부릅니까?

답

왜냐하면 그분이 금이나 은이 아니라 그의 보혈로써 우리의 몸과 영혼을 우리의 모든 죄로부터 구속(救贖)하셨고, 우리를 마귀의 모든 권세에서 해방하여 주의 것으로 삼으셨기 때문입니다.

성경은 예수님이 우리를 사셨다고 표현합니다. 마귀의 종이 된 우리를 사셨습니다. 우리의 몸값이 얼마나 됩니까? 예수 그리스도의 보혈입니다. 우리의 몸값으로 지불된 것은 주님의 생명입니다.

'먹튀'라는 말을 아십니까? '먹고 튀어버린다'는 말의 속어입니다. 엄청난 몸값을 받고 입단한 프로선수가 몸값을 하지 못하고 은퇴를 하거나 다른 구단으로 가버리면 팬들은 먹튀라고 부릅니다[32]. 품위 있는 말은 아니지만 우리가 먹튀일 수 있습니다. 우리의 몸값이 그리스도의 생명인데 하나님 자녀답게 살지 못하면 '먹튀 그리스도인'이 됩니다.

우리가 마음으로 먼저 '나의 주'라 고백하지 않는다면 어떻게 '우리 주'라고 고백할 수 있겠습니까?[33] 성자 예수님은 나 한 사람을 위해 이 세상에 오신 것이 아니라 자기 백성 모두를 위해 오셨습니다. 그러므로 '우리의 주님'이라고 고백할 때 주님과 나 사이의 종적 관계뿐만 아니라 그분을 주님으로 고백하는 형제, 자매의 횡적 연대가 또 다시 이루어져 십자가의 삶이 완성됩니다. 우리는 모두 한 형제, 자매이며, 한 몸이며, 한 가족입니다.

예수 그리스도를 '우리 주님'이라고 고백할 때 우리는 다음의 의미를 유념해야 합니다[34].

첫 번째, 우리가 예수님의 종이라는 사실을 자랑합니다. 세상의 유력자들 밑에 일하며 그의 총애와 관심을 받는 것이 자랑이 아닙니다. 오히려 전능하사 천지를 만드신 하나님의 '유일한 아들', 즉 세상을 다스리시는 예수 그리스도의 종이니 얼마나 자랑스러운 일입니까? 그런데 주님은 우리를 부리기 위해 종으로 부르셨을까요?

우리를 사랑하사 그의 피로 우리 죄에서 우리를 해방하시고 그의 아버

> 지 하나님을 위하여 우리를 나라와 제사장으로 삼으신 그에게 영광과 능력이 세세토록 있기를 원하노라 아멘
>
> 계1:5-6

아닙니다. 주님은 우리를 나라와 제사장 삼으시려고 부르셨습니다. 주님은 우리를 억압하고 착취하는 왕이 아니라 하나님의 나라를 위한 우리 삶의 의미를 부여하십니다.

두 번째, 예수님만이 우리의 주님이십니다. 예수님은 우리를 모든 죄와 마귀의 모든 권세로부터 해방시키셔서 자신의 소유로 삼으십니다. 우리는 사람이나 마귀의 종이 아니라 주님의 종입니다. 우리는 다른 어떤 대상도 '주'로 삼을 수 없습니다. 종은 인격이 없습니다. 주인의 인격으로 살기 때문입니다. 모든 것이 주인의 것입니다. '우리의 주님'에 대한 고백은 우리가 예수 그리스도의 철저히 종으로 살겠다는 의미입니다.

세 번째, 우리는 예수님을 믿는 모든 형제, 자매들의 종이 되어야 합니다. 우리는 예수님의 종인 동시에 예수님을 믿는 모든 형제, 자매들의 종입니다. 이것은 모순이 아닙니다. 우리가 예수님의 실제적인 종, 즉 노예라면 내 몸과 마음, 생각까지도 그리스도를 향합니다. 그러므로 교회 안에서 우리는 실제로 서로 섬기게 되고, 서로 종이 됩니다.

네 번째, 입술만이 아닌 삶으로 주님을 고백해야 합니다. 예수님을 주시라 고백할 때 우리 자신이 그분의 종이라고 고백하는 것입니다

[35]. 이런 이들은 자신의 삶을 그리스도를 위해 드리는 일에 관심을 가집니다. 예수님을 '우리의 주님'이라 고백하면서 자신의 삶을 스스로 주관하려는 이들은 사실상 그들의 거짓된 신앙을 폭로합니다. 그들은 입술로만 그리스도의 종이라고 말합니다. 그러나 우리는 우리의 삶의 전부를 드려 '우리의 주님'이라고 증명합니다.

유일한 독생자, 그분이 우리의 주님이심을 믿습니다

사도신경을 고백할 때, 우리는 수시로 예수님을 주님이라고 말합니다. 기도와 대화 속에서도 이 고백은 이어집니다. 그러나 이것만으로는 우리 주님에 대한 진정한 신앙고백이라고 할 수 없습니다. 고백에 걸맞은 삶이 꼭 필요합니다.

이러한 사도신경의 신앙고백은 오늘날 교회 안의 각종 마케팅 전략, 실용주의나 상업주의적 사고방식, 심리치료나 신비적 종교체험, 권력에 대한 탐욕과 절대로 어울리지 않습니다. 우리는 늘 이것을 염두에 두고 스스로 성찰해야 합니다.

심방을 하면 가정이 파괴되고, 정신적 공황 상태에 빠지고, 경제적, 교육적, 관계적 문제로 총체적 위기에 허덕이는 사람들을 만납니다. 때로는 병마와 싸우며 한 없이 나약해진 성도들도 만납니다. 이런 이들을 잘 위로하는 일이 쉽지는 않습니다. 이러한 삶의 모든 문제 앞에서 우리는 무엇을 자신의 구원으로 삼습니까? 물질, 명예, 권력, 세상 지혜, 인맥입니까? 아니면 예수 그리스도의 말씀입니까?

총체적 위기에 허덕이는 분들이 있다면 "그 외아들 우리 주 예수 그리스도를 믿습니다"는 고백을 가슴 속에 울려야 합니다. 우리의 가슴 속에 이런 고백의 불이 붙어서 미생(未生)에서 완생(完生)과 상생(相生)으로의 승리를 맛볼 수 있기를 바랍니다.

나눔을 위한 질문 Questions for Group Sharing

1. 성부 하나님과 성령 하나님에 비해 성자 예수님에 대한 내용이 사도신경에 월등히 많은 이유가 무엇일까요? (72-74p)

2. '그리스도'라는 직분은 예수께서 우리의 큰 선지자, 유일한 대제사장, 영원한 왕이라는 사실을 가르쳐 줍니다. 이 '삼중직분'이 우리에게 구체적으로 어떤 유익을 주나요? (79-85p)

3. 그리스도인들은 신앙의 여정 속에서 어떤 직분을 감당하며 살아가나요? 그리고 그 근거를 누구에게서 찾을 수 있습니까? (85-87p)

4. 예수 그리스도를 '우리 주님'이라고 고백하면서 교회 안에서나 일상의 삶에서 우리가 포기해야 할 가치에는 어떤 것들이 있을까요? (93-96p 참조)

설교 시청 가이드 | A Guide to Sermon Video

2018년 2월 25일(주일), 사월교회당의 공예배에서 강론된 "미생에서 완생과 상생으로 울림 있는 고백"(마1:21)은 대한예수교장로회 사월교회 홈페이지(www.sawolch.com)와 오른쪽의 QR코드를 통해 언제든지 시청할 수 있습니다.

미주

1) 사도신경의 성부 하나님에 대한 고백에서 "Credo in Deum Patrem"에 하나님 아버지를 뜻하는 "Deum Patrem"이 대문자로 쓰여 있다. 성자에 관해서도 "Jesum Christum"이 대문자로 쓰여 있다.
2) 바둑에서 미생(未生)은 집이나 대마 등이 살아있지 않은 상태 혹은 그 돌을 이르는 말이다. 완전히 죽은 돌을 뜻하는 사석(死石)과는 달리 미생은 완생(完生)할 여지를 남기고 있는 돌을 의미한다는 차이가 있다.
3) Philip Schaff, *Creeds of Christendom*, 박일민 역, 『신조학』(서울: 기독교문서선교회, 1984), 18.
4) 이운연, 『성경으로 풀어낸 사도신경』(여수: 그라티아, 2016), 21; 김민호, 『사도신경 강해: 참된 성도의 신앙고백』(서울: 푸른섬, 2010), 66.
   "사도신경은 삼위 하나님께 대한 신앙 내용을 80개의 단어로 요약하고 있는데, 그 중에서 성부 하나님께 대해서는 9단어, 성령 하나님에 대해서는 3단어, 성자 하나님께 대하여는 68개의 단어를 사용한다."
5) 손재익, 『사도신경: 12문장에 담긴 기독교 신앙』(서울: 디다스코, 2017), 88;.
6) 특히 예수님의 인성을 부인하는 가현설(假現設) 이단이 많았을 때 사도신경이 성립되었기에 '예수님은 하나님의 아들이심과 동시에 사람이시다'는 점을 강조합니다.
7) J. I. Packer, *Growing in Christ*, 김진웅 역, 『(제임스 패커의 기독교 기본 진리) 사도신경』(서울: 아바서원, 2012), 53.
8) Michael Scott Horton, *We believe: recovering the essentials of the Apostles' Creed*, 윤석인 역, 『(사도신경의 렌즈를 통해서 보는)기독교의 핵심』(서울: 부흥과개혁사, 2005), 75-76.
   "그리스도는 하나님을 알아가는 열쇠입니다. 그리스도를 배제하고는 세상과 인간 언어와 하나님과의 관계도 존재하지 않습니다."
9) 김민호, 『사도신경 강해: 참된 성도의 신앙고백』, 66.
10) 이성호, 『특강 하이델베르크 요리문답 (상)』(안산: 흑곰북스, 2011), 137.
11) 이운연, 『성경으로 풀어낸 사도신경』, 40.
12) 김진흥, 『교리문답으로 배우는 장로교 신앙』(서울: 생명의양식, 2017), 112.
13) Cornelis Neil Pronk, *Apostles' Creed*, 임정민 역, 『(하이델베르크 교리문답으로 보는)사도신경』(수원: 그책의사람들, 2013), 38.

14) 성인들 중에는 우리가 아는 제자들, 바울 사도와 같은 분들도 다 포함되어 있습니다. 최근에는 테레사 수녀가 성인의 반열에 들어갔고, 한국인도 103명이나 포함되어 있습니다.
15) 이승구, 『사도신경』(서울: SFC출판부, 2004), 81.
16) "세상의 군왕들이 나서며 관원들이 서로 꾀하여 여호와와 그의 기름 부음 받은 자를 대적하며" 시2:2.
17) 예를 들어 제사장이 할 일을 왕이 할 수 없었습니다. 사울 왕은 제사를 드렸다가 제사장 사무엘에게 심하게 책망을 듣습니다. 왕이라고 해서 마음대로 할 수 없었고, 왕도 선지자로부터 선포되는 하나님의 말씀을 들어야 했습니다.
18) 이승구, 『사도신경』, 85.
19) 이성호, 『특강 하이델베르크 요리문답 (상)』, 146.
20) 이승구, 『사도신경』, 92.
21) 이운연, 『성경으로 풀어낸 사도신경』, 45.
22) 황원하, 『하이델베르크 요리문답 해설』(평택: CNB, 2015), 187.
"당시 그리스도인이라는 명칭이 좋은 뜻으로 사용되었는지 아니면 나쁜 뜻으로 사용되었는지 분명하지 않다. 그러나 이것은 점차 믿는 사람들을 가리키는 고유한 명칭으로 자리를 잡았다."
23) 김진흥, 『교리문답으로 배우는 장로교 신앙』, 115.

그리스도의 3중직과 교회의 항존직과 연결		
'그리스도'의 삼중직분	'그리스도인'의 3직분	장로교회의 3항존직
선지자 제사장 왕	예수 그리스도의 증인 자신을 거룩한 산 제물로 드림 마귀와 싸우며 피조물을 다스림	목사 - 말씀의 사역자 집사 - 자비의 사역자 장로 - 다스리는 사역자

24) 손재익, 『사도신경: 12문장에 담긴 기독교 신앙』, 92.
"성자 하나님께서 존재하지 않았던 때가 있었다거나 성자 하나님을 성부 하나님보다 열등하다고 믿는 자들(예, 아리우스, 여호와 증인)을 배격한다."
25) 이성호, 『특강 하이델베르크 요리문답 (상)』, 149.
26) 이승구, 『사도신경』, 107.
27) Cornelis Neil Pronk, *Apostles' Creed*, 63.
"우리에게 아들의 자격이 있는 것이 아니라 오직 그리스도만이 참 아들이시다! 예수 그리스도께서는 참 아드님이시고, 우리는 양자로 입양된 자들이라는 차이점이 있다."

28) 손재익, 『사도신경: 12문장에 담긴 기독교 신앙』, 98.

29) Michael Scott Horton, *We believe: recovering the essentials of the Apostles' Creed*, 84.

"신약 성경이 '주님'이라는 호칭을 예수 그리스도께 부여할 때, 분명히 그 의도는 신학적입니다. 그리스도에 대한 신성의 확신이었습니다. 그들은 주님이 무슨 의미의 호칭인지 알고 있었으며, 대담하게도 이것을 나사렛 예수에게 적용합니다."

30) 이운연, 『성경으로 풀어낸 사도신경』, 70-71.

예수님 시대보다 300년 정도 앞에 저 유명한 알렉산더 대왕 때 세계 공용어는 그리스어(헬라어)였다. 유대인들도 세계 여러 나라에 흩어져 살면서 자기 나라 말인 히브리어를 잊었다. 그래서 성경학자들이 모여서 자녀들을 위해 구약성경을 세계 공용어가 된 헬라어로 번역했다. 이때 72명의 학자들이 이 일에 동참했다. 그 번역을 통상 70인 역(LXX)이라고 부른다. 이 70인 역에 '여호와'는 보이지 않는다. 거룩한 이름을 함부로 자꾸 부르면 3계명 '여호와의 이름을 망령되게 부르지 말라'는 계명을 어긴다고 생각했기 때문이다.

31) 이승구, 『사도신경』, 114.

32) 이운연, 『성경으로 풀어낸 사도신경』, 66.

33) J. I. Packer, Growing in Christ, 58.

34) 황원하, 『하이델베르크 요리문답 해설』, 200-201.

35) 이성호, 『특강 하이델베르크 요리문답 (상)』, 147.

4

성령의 덮으심으로 인성을 취(取)하신 이유

"천사가 대답하여 이르되 성령이 네게 임하시고 지극히 높으신 이의 능력이 너를 덮으시리니 이러므로 나실 바 거룩한 이는 하나님의 아들이라 일컬어지리라"

눅1:35

이는 성령으로 잉태하사

동정녀 마리아에게 나시고

그는 성령으로 잉태하여

동정녀 마리아에게 나셨고,(새번역)

who was conceived by the Holy Spirit,

born of the Virgin Mary,(현대영어)

qui conceptus est de Spiritu Sancto,

natus ex Maria virgine ; (라틴어 공인원문)

4. 성령의 덮으심으로 인성을 취(取)하신 이유

천사가 대답하여 이르되 성령이 네게 임하시고
지극히 높으신 이의 능력이 너를 덮으시리니
이러므로 나실 바 거룩한 이는 하나님의 아들이라 일컬어지리라
눅1:35

예수님이 마리아에게서 태어나신 장면

네덜란드 출신의 세계적인 화가 램브란트의 그림 한 점을 감상해 봅시다. 바로 『요셉의 꿈』[1)]입니다. 1645년에 그린 이 그림은 현재 작은 액자에 담겨 베를린 국립미술관에 소장되어 있습니다.

그림을 자세히 보면 헤롯대왕이 그 지역의 갓난아기를 죽인다는 소식을 듣고 두려워하는 요셉의 모습은 어둡게 묘사됩니다. 반면 하나님의 은혜 속에 보호하심을 받는 마리아와 아기 예수는 지붕으로부터 뚫고 들어오는 빛 속에 있습니다. 이 그림에서 요셉과 마리아의 명암을 가르는 기준이 무엇입니까? 그림은 무엇을 주목(spotlight)하고 있습니까? 바로 아기 예수님입니다.

하나님께서 갈릴리 나사렛에 천사 가브리엘을 보냅니다. 그는 요

램브란트 요셉의 꿈

셉과 이미 약혼한 처녀 마리아에게 나타났습니다. "은혜를 받은 자여! 평안할지어다. 주께서 너와 함께 하시도다." 마리아는 이것이 무슨 상황인지 알 수 없습니다. 천사가 다시 말합니다. "두려워하지 마라, 너는 하나님의 은혜를 입었다. 보라 네가 잉태하여 아들을 낳으리니 그 이름을 예수라 하여라." 마리아는 이러한 일이 어떻게 가능한지, 또 요셉이 어떻게 생각할지 고민을 했습니다. 천사에게 반문합니다. "제가 아직 남자를 알지 못하는 처녀인데 어찌 이런 일이 있을 수 있습니까?" 이에 천사는 이 내용을 자세히 설명하거나 따르도록 설득하지 않습니다. 단지 이렇게 선언합니다.

> 성령이 네게 임하시고 지극히 높으신 이의 능력이 너를 덮으시리니 이러므로 나실 바 거룩한 이는 하나님의 아들이라 일컬어지리라
>
> 눅1:35

동정녀 탄생을 부인하는 과거와 현재의 생각들

세상 사람들은 예수님의 동정녀 탄생의 교리를 어떻게 생각합니까? 과학과 이성과 경험으로 도저히 납득할 수 없고 믿을 수 없다고 말합니다. 이 사실을 과거뿐만 아니라 현재에도 계속 부인하고 있습니다.

첫 번째로 과거에는 철학적, 이교적 사고방식으로 예수님의 동정녀 탄생을 부인했습니다. 예수님과 사도들이 활동하던 시기는 헬레니즘 철학이 융성하였고 종교적으로는 영지주의의 주장이 강했습니다. "영은 선하고 육은 탈피해야 할 것으로 더럽다." 이런 이원론적 사고 속에서 '메시아', 즉 구원자가 저급한 육신으로 잉태되어 탄생한다는 것은 상상할 수 없는 일이었습니다. 이후 예수님의 원죄가 없는 인성과 참 하나님 되시는 신성을 자기 지혜와 논리, 철학으로 이해하는 각종 잘못된 견해들이 일어납니다[2].

이 중에서 예수 그리스도의 신성만 강조하는 입장은 크게 두 가지입니다. 아폴리나리우스는 그리스도의 신성을 강조하면서 예수님의 육신 중에서 불완전한 부분인 영혼을 하나님의 영인 로고스가 대체했다고 말합니다. 이에 따르면 예수님의 인성은 육체만 있는 불완전한 상태입니다. 그러나 유티케스는 인성이 완전히 신성에 흡수되어

그리스도는 한 속성인 신성만을 가진다고 주장했습니다. 이와 같은 주장을 단성론이라고 부릅니다.

예수 그리스도의 인성만 강조하는 입장도 있습니다. 네스토리우스는 예수님을 하나님으로 보지 않았습니다. 예수님을 보통의 인간으로 생각합니다. 예수님을 인간으로 보는 이러한 경향은 현대신학에서는 두드러지게 나타납니다. 대표적으로 아프리카에서 평생을 봉사한 슈바이처와 같은 이는 예수님을 하나님의 아들로 생각하지 않고 존경받을 만한 한 인간으로 보았습니다.

또한 성자 예수님이 이 땅에 오신 일은 정말 인간이 되신 것이 아니라 성부 하나님이 그 모양과 태만 변형한 것이라고 보는 견해도 있습니다. 이를 사벨리우스의 '양태론'이라고 부릅니다. 하나님이 형태

아폴리나리우스	**"예수님이 하나님이시다"** 예수 그리스도의 신성만을 강조
유티케스(단성론)	**"예수님이 하나님이시다"** 예수 그리스도의 신성만을 강조
네스토리우스	**"예수님이 인간이시다"** 인성만 강조, 보통 인간으로 봄
사벨리우스(양태론)	**"실제 성자 예수님이 이 땅에 오신 것은 인간이 되신 것이 아니라 성부 하나님이 그 모양만, 그 태만 변한 것이다"** 예수님은 사람이 아니라 하나님이 모양만 변신했다.

만 사람으로 변했다는 뜻입니다.

두 번째로 현대에서는 과학적 사고방식으로 인해 예수 그리스도의 동정녀 탄생을 부인합니다. 현대 자유주의 신학자들은 '이성적, 과학적 사고방식에 반하는 것'은 모두 조작과 편집으로 치부했습니다. 당연히 동정녀 탄생이나 그리스도의 부활은 신화이고 교훈을 주기 위한 상징적 이야기에 불과합니다. 자유주의 신학은 '신학'이라는 탈을 쓰고 있지만 성경의 기사를 사실로 믿지 않습니다.

이렇듯 예수 그리스도의 동정녀 탄생은 과거에도 현대에도 낯선 진리입니다. 안타까운 일은 적지 않은 그리스도인들도 "내가 다른 것은 다 믿어도 동정녀 탄생은 못 믿겠다"하는 분들이 있다는 사실입니다.

예수님은 하나님의 아들이시기 때문에 연출로 '신비적'인 동정녀 탄생을 하셨을까요? 그렇다면 여러 전설적인 인물들의 탄생설화처럼 알이나 연꽃 등에서 태어나도 되지 않았을까요? 이러한 탄생설화들과 동정녀 탄생의 본질적인 차이는 무엇일까요? 일반적으로 탄생설화들은 해당 인물의 신적인 능력과 기원을 강조하지만 동정녀 탄생은 오히려 성자 하나님의 '낮아지심'에 초점을 맞춥니다.

예수님에 대한 호칭과 사역을 함께 살피면 그분의 구원사역의 풍성함을 깨달을 수 있습니다[3]. 성자 하나님의 사역은 '낮아지심'과 '높아지심'의 두 부분으로 나눌 수 있는데 특히 그분의 낮아지심의 첫 사역이 바로 예수 그리스도의 동정녀 탄생입니다. 탄생이 있어야 십자가와 부활, 그리고 심판이 가능합니다. 그러므로 동정녀 탄생은 예수님의 '구속 사역의 핵심 중 하나'라고 말할 수 있습니다.

성경 지식이 있는 성도들은 예수님이 '무죄 탄생'을 하시기 위해 이러한 동정녀 탄생을 하셨다고 말할 수 있습니다. 이것이 일반적인 이해입니다. "정상적인 남녀 관계에서 예수님이 태어나셨다면 그분도 우리처럼 죄인이지만, 남자 없이 여자를 통해서만 태어나셨으니 그분은 죄가 없으시다"라고 강조합니다. 그렇습니다. 그것이 성경의 주장입니다. 하지만 이 정도 수준에서 머무르면 안 됩니다. 이를 위해 우리는 사도신경의 더 깊은 진술로 들어갑니다.

성령으로 잉태되셨다(qui conceptus est de Spiritu Sancto)

사도신경의 한글번역에서 동정녀 탄생 부분은 쉼표가 없이 연결되어 있습니다. 그러나 라틴어 원문에서는 'Sancto'라는 단어 뒤에 쉼표가 있어서 앞과 뒤의 두 문장으로 구분됩니다[4].

먼저 예수님은 성령으로 잉태되셨습니다. 예수님이 우리가 이해할 수 있는 생물학적 법칙을 뛰어 넘어 전적인 하나님의 능력으로 태어나셨습니다. 성령 하나님이 예수님의 탄생에 관여하셔서 예수님을 남자의 씨와 실체가 없이 태어나게 하셨습니다. 예수님이 육체를 가지고 이 땅에 인간으로 태어나게 하신 분이 바로 성령 하나님이십니다. 그러므로 예수님은 완전한 하나님이십니다.

> 태초에 말씀이 계시니라 이 말씀이 하나님과 함께 계셨으니 이 말씀은 곧 하나님이시니라 그가 태초에 하나님과 함께 계셨고
>
> 요1:1-2

신약성경은 예수님이 완전한 하나님이시라는 진리를 무수히 많이 증거합니다. 특히 요한복음에는 '나는 ~이다'라는 독특한 형태, 즉 자기 정체를 계시하는 형식구(a divine formula)가 일곱 개 나옵니다*5)*.

① 나는 생명의 떡이다(6:35, 41, 48, 51)

② 나는 세상의 빛이다(8:12)

③ 나는 양의 문이다(10:7,9)

④ 나는 선한 목자다(10:11, 14)

⑤ 나는 부활이요 생명이다(11:25)

⑥ 나는 길, 진리, 생명이다(14:6)

⑦ 나는 참 포도나무다(15:1,5)

예수님은 하나님이시기 때문에 하나님에 대한 진리 또한 온전하게 계시하십니다.

동정녀(처녀) 마리아에게 나셨다(natus ex Maria virgine)

성령으로 잉태되신 성자 하나님은 하늘의 모든 존귀와 부요를 버리시고 자기를 낮추셔서 인간 마리아의 몸에서 인간으로 태어나셨습니다. 예수 그리스도는 정말로 우리와 똑같은 인성을 가진 사람입니다. 하지만 예수님은 사람들과 다르게 동정녀에게서 태어나셨습니다. 그러므로 예수님은 아담의 후손도 아니고, 죄인도 아니십니다.

예수 그리스도의 완전한 인성에 대한 증거도 신약성경에 많이 있습니다. 예수님은 성령의 초자연적 능력으로 마리아의 몸에서 잉태되셨습니다. 하지만 그 이후 마리아에게서 출생하기까지 자연적인 과정을 거치셨습니다. 예수님은 인간과 동일하게 사람을 통해 출생하셨고 정상적인 성장의 과정을 거쳤습니다(눅2:40-52)[6]. 기저귀도 차고 옹알이도 하고 뒤집기도 하셨습니다. 신약성경을 보면 예수님은 우리가 경험할 수 있는 모든 것을 다 경험하셨습니다.

> 예수님의 배고픔(마 21:18), 목마름(요 4:7), 피곤함(막 4:38), 기쁨(눅 10:21), 슬픔(마 26:37), 사랑(요 11:5), 연민(마 9:36), 놀람(눅 7:9), 분노(막 9:35)

인간이 경험하는 모든 희로애락을 그분이 다 경험하고 아십니다. 예수님은 우주 저 멀리 있는 존재가 아니라 우리와 함께 공감하는 분이셨습니다.

> 우리에게 있는 대제사장은 우리의 연약함을 동정하지 못하실 이가 아니요 모든 일에 우리와 똑같이 시험을 받으신 이로되 죄는 없으시니라
>
> 히4:15

하지만 예수님은 '모든 일에 우리와 똑같이 시험을 받은 자로되 죄는 없으신 분'이셨습니다.

성육신의 수단: 참 하나님과 참 사람

'성령으로 잉태하여 동정녀 마리아에게 나셨습니다.' 이 신앙고백을 간단히 정리하면 다음과 같습니다.

"하나님은 예수님을 사람으로 이 땅에 보내실 때, 성령님이 마리아의 몸에 잉태되게 하셨습니다. 남자가 아닌 성령으로 말미암아 이루어진 잉태, 남자와 성적인 관계를 맺은 경험이 전혀 없는 처녀의 몸에서 이루어진 출산이었습니다. 그러므로 예수님은 신성과 인성이 결합되어 참 하나님이시며 참 인간이심을 믿습니다. 아멘!"

성령으로 된 잉태와 동정녀를 통한 출생은 성육신의 수단이었습니다. 그리스도의 나심의 본질은 구원자이신 하나님이 우리와 같은 몸을 취하신 사건, 즉 '성육신'입니다[7]. 기독교 신앙은 "선포된 말씀을 무조건 믿음으로 받아들이라"고 말하지 않습니다. 또 "사건의 이유와 가능성을 따져서 받을지를 고민하라"고 전하지도 않습니다.

우리는 예수님이 하나님의 계획과 작정에 따라 성령으로 잉태되셨고 동정녀 마리아에게서 내어나셨나는 사실을 믿음으로 받아들입니다[8]. 또한 성경이 우리에게 말씀해 주시는 의미를 더 깊이 알아가며 성장합니다[9]. 이것이 신앙을 고백하며 자란다는 참된 의미입니다. 우리 믿음의 선배들은 이에 대해 어떻게 고백하는지 살펴볼까요?

하이델베르크 요리문답 제35문

그분은 성령으로 잉태되사, 동정녀 마리아에게서 나셨으며"라는 말로 당신은 무엇을 고백합니까?

답

하나님의 영원한 아드님은 참되고 영원한 하나님이시며 여전히 참되고 영원한 하나님으로서, 성령의 사역(使役)으로 동정녀 마리아의 살과 피로부터 참된 인성(人性)을 취하셨습니다. 그리하여 또한 다윗의 참된 자손이 되고 모든 일에서 그의 형제들과 같이 되셨으나 죄는 없으십니다.

요리문답에서도 확인할 수 있듯이 성령으로 잉태되신 것과 동정녀를 통해 출생하신 것은 참 하나님과 참 사람이신 성자 하나님의 두 본성을 보여줍니다. 성자 하나님은 신성만 갖고 계셨습니다. 그런데 성령으로 잉태되신 것과 동정녀를 통해 출생하신 것을 통해 인성을 취하셨습니다. 이후로 성자 하나님은 하나의 위격(person)에 2개의 구별되는 본성인 신성(Divine nature)과 인성(Human nature)을 갖고 계십니다[10].

이처럼 예수님의 한 인격 안에 완전한 신성과 완전한 인성이 함께 존재하고 있다는 것은 참으로 놀라운 신비이며, 기독교 신앙의 가장 중요한 고백입니다. 이것이 진정한 기적입니다.

신앙을 고백할 때 우리는 성경의 기적 이야기를 넣지 않습니다. "예수님이 물 위를 걸으신 것을 믿습니다." "오병이어의 역사를 일으키신 것을 믿습니다." "문둥병 환자를 낫게 하신 것을 믿습니다." 사도신경에는 이런 이야기가 하나도 등장하지 않습니다. 진짜 중요한 기적은 그것이 아니기 때문입니다. 우리는 성자 하나님의 성육신을 믿음으로 고백하며 참된 의미를 알아서 굳건한 믿음으로 성숙해야 합니다.

성자 예수님의 중보자 자격: 완전한 하나님

완전한 하나님이신 성자 예수님이 중보자이신 이유는 다음과 같습니다.

첫째, 성부, 성자, 성령, 즉 삼위 하나님의 구원 사역을 보여주시기 위해서입니다. "우리의 구원은 성부 하나님 아버지께서 성자 예수 아드님을 보내시고, 성령 하나님께서 아담의 후손이 아닌, 마지막 아담, 새로운 아담으로 태어나시게 하기 위해 성령께서 친히 성자 하나님을 동정녀에게 잉태되게 하셨습니다. 우리의 구원은 하나님 손에서 시작되고 완성됩니다[11]." '성령으로 잉태되심'은 삼위 하나님의 일하시는 방식을 볼 수 있는 중요한 장면입니다. 삼위 하나님은 우리의 구원을 위해 언제나 함께 일하십니다.

둘째, 성자 하나님이 죄가 없는 존재로 이 세상에 오시기 위해서입니다. 원죄가 어떤 방식으로 유전되는지 정확하게 알 수는 없지만 남자를 통해 잉태되는 모든 사람은 죄를 가지고 태어납니다.

성자 하나님은 성령으로 인해 잉태되셨기에 나면서부터 죄가 없으신 분이십니다. 만일 예수님이 남자를 통해 여자에게 태어나셨다면 그분에게도 모든 인류가 가진 원죄가 있다고 가정할 수 있습니다.

그러나 예수님은 남자의 도움 없이 오직 동정녀의 뱃속에서 거룩하게 되셨고, 다른 모든 사람들과 달리 순결을 유지하셨습니다. 결국 예수님께서는 죄가 전혀 없으시기에 그분은 죄인을 구원하시기에 조금도 부족함이 없었습니다[12].

하이델베르크 요리문답 제17문

중보자는 왜 동시에 참 하나님이셔야 합니까?

답

그의 신성(神性)의 능력으로, 하나님의 진노의 짐을 그의 인성(人性)에 짊어지시며, 또한 의와 생명을 획득하여 우리에게 돌려주시기 위함입니다.

성자 하나님께 죄책(Original guilt)과 오염(Original pollution)이 전달되지 않으므로 중생이 필요 없으시고, 생애 가운데 죄를 짓지 않으셨으니 성화가 필요 없으십니다[13]. 하나님께 죄를 범했기 때문에 우리를 용서해 줄 수 있는 분도 하나님 밖에 없습니다. 예수님이 하나님이 아니라면 우리를 구원해 줄 자격도 능력도 없습니다.

성자 예수님의 중보자 자격: 완전한 인간

완전한 하나님이신 성자 예수님이 중보자이신 이유는 다음과 같습니다.

첫째, 구약의 예언이 성취되는 것을 보여주기 위해서입니다.

> 내가 너로 여자와 원수가 되게 하고 네 후손도 여자의 후손과 원수가 되게 하리니 여자의 후손은 네 머리를 상하게 할 것이요 너는 그의 발꿈치를 상하게 할 것이니라 하시고
>
> 창3:15

> 그러므로 주께서 친히 징조를 너희에게 주실 것이라 보라 처녀가 잉태하여 아들을 낳을 것이요 그의 이름을 임마누엘이라 하리라
>
> 사7:14

> 때가 차매 하나님이 그 아들을 보내사 여자에게서 나게 하시고 율법 아래에 나게 하신 것은
>
> 갈4:4

예수님이 다윗 집안의 여인 마리아에게서 태어나신 것은 우연이 아닙니다. 하나님의 계획과 작정입니다.

둘째, 다른 사람의 죄를 뒤집어쓰고 '죽음'의 벌을 받을 몸이 필요하기 때문입니다.

> 죄의 삯은 사망이요
>
> 롬6:23.

사람은 누구나 죄인입니다. 그 죄에 대한 대가는 '죽음'입니다. 아담의 후손으로 태어난 모든 사람이 죄인인 이유는 아담이 인류의 대표로서 죄를 지었기 때문입니다. 아담이 지은 죄를 천사나 동물이 대

신하여 형벌을 받을 수 없습니다. 아담이 지은 죄 문제를 해결하기 위해서 반드시 인간이 감당해야만 합니다.

성자 하나님은 다른 사람의 죄를 뒤집어쓰고 대신 벌을 받으시기 위해 사람으로 태어나셨습니다. 인자(The Son of man)는 남자의 아들(man's son)이 아닙니다. 이렇게 해서 아담서부터 이어져 내려온 세대의 사슬이 끊겼습니다[14].

하이델베르크 요리문답 제16문

중보자는 왜 참 인간이고 의로운 분이셔야 합니까?

답

하나님의 의는 죄지은 인간이 죗값 치르기를 요구하나, 누구든지 죄인인 사람으로서는 다른 사람을 위해 값을 치를 수 없기 때문입니다.

예수님이 그냥 하나님으로만 이 세상에 오셨다면 죽을 수가 없습니다. 하나님이 어떻게 죽습니까? 그래서 예수님은 우리 대신 죽을 수 있는 사람의 몸으로 사망의 벌을 받기 위해 태어나셨습니다. 예수님은 우리를 대신해서 죄에 대해 형벌을 받으시고, 의를 이루시기 위해서 반드시 인간이어야만 했습니다.

셋째, 우리의 고통과 연약함을 아시고 돕기 위해서입니다.

사람은 개를 사랑한다고 하면서 자기가 기르기 좋게 꼬리도 자르고 목청도 떼어 버립니다. 한 번이라도 개의 입장에서 생각해 본다면 그런 짓을 못합니다. 그런데 우리 하나님은 인간으로 자기 비하, 즉 낮추어 오셔서 인간으로서 겪어야 하는 모든 인생의 본질을 다 경험하셨기에 내가 인생의 어떤 상태에 있든지 간에 나를 알고 이해하고 도와주실 수 있습니다.

> 그가 시험을 받아 고난을 당하셨은즉 시험 받는 자들을 능히 도우실 수 있느니라
>
> 히2:18

예수님은 완전한 인간으로 우리 인간의 고통과 연약함을 동일하게 체험하셨기에, 고통과 연약함 속에 있는 우리를 도울 수 있습니다. 이는 모두 하나님이 인간으로 오셨기에 가능한 일입니다. 따라서 우리가 '이는 성령으로 잉태하사 동정녀 마리아에게 나시고'라는 고백을 할 때, 나의 모든 것을 속속들이 아시는 그분의 위로를 받을 수 있고 그분과 동행할 수 있습니다.

그러면 "성자 예수님이 완전한 인간이시며, 또한 동시에 완전한 하나님이셔야"하는 사실이 왜 그리도 중요한 걸까요? 왜 신성과 인성이 한 위격 안에 있어야 했습니까?

하이델베르크 요리문답 제18문

그러나 누가 참 하나님이시며 동시에 참 인간이고 의로우신 그 중보자입니까?

답

> 우리 주 예수 그리스도, 즉 하나님께로서 나와서 우리에게 지혜와 의로움과 거룩함과 구속(救贖)함이 되신 분입니다.

완전한 하나님이시자 동시에 완전한 사람인 분은 예수님 밖에는 없습니다. 예수님은 참 하나님이시며 참 사람으로서 죄가 없으시기에 하나님의 공의를 완전히 충족시킬 수 있습니다. 예수님이 참 하나님이시고 동시에 참되고 의로우신 사람이 되어야 우리를 구원해 주실 수 있는 중보자가 될 수 있기 때문입니다.

하나님으로 존재하시던 성자 하나님이 하나님으로서의 신성을 그대로 보존하시면서 완전한 인간이 되어야만 하는 출생이었습니다. 하나님만으로는 죽음을 경험할 수가 없고, 사람만으로는 죽음을 이길 수가 없었기 때문에 하나님이신 그분은 사람으로 오셔야 했습니다. 우리 대신 '죽기 위해' 사람이 되셨습니다.

그래서 사람이면서 하나님, 하나님이신 동시에 사람으로 우리의 구주가 되셨습니다. 성령으로 잉태되심(완전한 하나님)과 동정녀 마리아에게 나심(완전한 인간)은 곧 "예수님이 신성과 인성을 가지신 우리의 유일한 중보자가 되십니다. 구원자의 자격을 갖추신 유일한 중보자이십니다"라는 내용을 고백합니다.

유일한 중보자를 통한 유익

완전한 하나님, 동시에 완전한 인간으로서 하나님과 사람 사이의 유일한 중보자가 되시는 예수 그리스도의 거룩한 탄생으로부터 우리가 얻는 유익이 무엇일까요?

우리 믿음의 선배들에게 예수 그리스도의 동정녀 탄생은 단지 신비로운 지식 정도가 아니었습니다. 요리문답은 그리스도의 동정녀 탄생을 우리와 직접 연관시킵니다.

하이델베르크 요리문답 제36문

그리스도의 거룩한 잉태와 탄생은 당신에게 어떤 유익을 줍니까?

답

그리스도는 우리의 중보자이시므로 잉태되고 출생할 때부터 가지고 있는 나의 죄를 그의 순결함과 온전한 거룩함으로 하나님 앞에서 가려 줍니다.

"우리의 죄"와 "당신의 순결과 거룩함"입니다. 두 상반되는 내용 사이에 다리를 놓는 표현이 "그리스도는 우리의 중보자이십니다." 우리는 죄인이고 그분은 순결하신데, 죄와 순결 사이가 단순히 차이로 남아 있지 않고, 중보자 예수님이 "우리를 위하여 자신의 순결을 사용하신다"라고 말합니다[15].

어떻게 그런 일이 가능합니까? 우리가 잉태되어 태어날 때부터 가지고 있는 모든 죄를 덮어 주십니다. 주님은 그 순결함과 온전한 거룩함으로 우리의 모든 죄를 철저히 가려주시기 위해 이 땅에 오셨습니다. 누가복음 1장 35절에 "성령의 덮으심"과 "하나님의 아들"이라는 주제가 함께 나타납니다.

> 성령이 네게 임하시고 지극히 높으신 이의 능력이 너를 덮으시리니 이러므로 나실 바 거룩한 이는 하나님의 아들이라 일컬어지리라
>
> 눅1:35

'덮는다'라는 말은 속죄한다는 의미입니다. 회막에서 속죄소를 덮었던 피는 사람들의 죄를 덮거나 속했습니다. 이처럼 예수 그리스도께서 자기가 소유한 자들의 죄를 덮으십니다. 하나님은 결코 우리를 보시지 않고, 오직 그리스도만 보십니다[16]. 예수님이 동정녀를 통해 순결하게 나신 그 순결함으로 나의 죄를 덮어주십니다.

예수님을 하나님의 아들이라 일컫는데 그 이유는 바로 성령이 마리아에게 임하셔서 그녀를 덮으셨기 때문입니다. 이 구절은 인과적인 관계로 묶여 있습니다[17]. 우리는 동정녀 탄생 교리에서 예수 그리스도께서 어떻게 인성을 입으셨는지 발견하며 성령께서 어떻게 일하셨는지를 고백합니다.

모든 죄인을 초대합니다

우리의 인식은 성령의 사역이 예수님의 탄생에만 머물러 있지 않습니까? 하나님의 아들을 순결한 중보자로서 인간으로 태어나게 하신 성령이 예수 그리스도께만 머물렀습니까? 아닙니다. 우리는 성경과

사도신경, 그리고 요리문답을 통해 우리와 예수님이 공통점을 가지고 있다는 사실을 압니다. 우리도 그와 같은 성령을 받았습니다.

우리의 마음 속에 이런 음성이 들릴 수 있습니다. “너는 너무 죄가 많아!” “네 능력으로는 역부족이야!” 사탄은 하나님의 자녀들을 자기 손아귀에서 놓치고 싶어 하지 않습니다. 여러분은 어떻습니까? 누구에게도 내어 놓지 못할 부끄러운 죄가 있습니까? 그 죄를 예수 그리스도께 정직하게 고백해야 합니다. 내 현실이 너무 막막하고 어렵습니까? 유일한 중보자를 찾아야 합니다.

예수 그리스도는 젊은 사람이나 늙은 사람, 부한 자나 가난한 자, 강한 자나 약한 자 할 것 없이 자기에게 와서 자신의 거룩한 잉태와 탄생의 유익을 얻으라고 말합니다.

> 그가 너를 그의 깃으로 덮으시리니 네가 그의 날개 아래에 피하리로다 그의 진실함은 방패와 손 방패가 되시나니
>
> 시91:4

“주님은 제 약함을 누구보다 잘 아십니다. 주께 나아갑니다. 주님의 덮으심이 필요합니다.” 성령의 덮으심으로 인성을 취하신 그리스도의 날개 아래 숨는 은혜가 있기를 바랍니다.

마치 룻이 보아스의 옷자락에 숨듯 그리스도는 가장 더러운 죄인도 자신의 덮개 안으로 영접하십니다. 이 덮개를 끌어 당겨야 합니다. 어떻게 그렇게 할 수 있습니까? “성령으로 잉태하사 동정녀 마리에게 나신 분이 참 하나님이시며 참 인간이신 유일한 중보자요 구원

이십니다.” 이 진실된 고백만이 우리 머리부터 발끝까지 덮을 수 있습니다. 그리스도의 날개 아래 숨으면 영원히 안전합니다.

성령의 덮으심으로 인성을 취하신 이유

나눔을 위한 질문 Questions for Group Sharing

1. 과거에서 현대까지 동정녀 탄생을 부인하는 생각들은 어떤 것들이 있었나요? (105-107p)

2. 완전한 하나님이신 성자 예수님이 중보자이신 이유 두 가지는 무엇입니까? (113-114p)

3. 완전한 인간이신 성자 예수님이 중보자이신 이유 세 가지는 무엇입니까? (115-116p)

4. 유일한 중보자이신 예수 그리스도를 통해 우리가 얻는 유익을 정리해 봅시다. (118-120p)

설교 시청 가이드 | A Guide to Sermon Video

2018년 3월 4일(주일), 사월교회당의 공예배에서 강론된 "성령의 덮으심으로 인성을 취하신 이유"(눅1:35)는 대한예수교장로회 사월교회 홈페이지(www.sawolch.com)와 오른쪽의 QR코드를 통해 언제든지 시청할 수 있습니다.

미주

1) 박양규, 『청소년을 위한 하이델베르크 교리문답』(서울: 새물결플러스, 2016), 197.
2) 김민호, 『사도신경 강해: 참된 성도의 신앙고백』(서울: 푸른섬, 2010), 95.
3) 황원하, 『하이델베르크 요리문답 해설』(평택: CNB, 2015), 203.
4) 손재익, 『사도신경: 12문장에 담긴 기독교 신앙』(서울: 디다스코, 2017), 128-129.

   "'qui'는 '그분'을 뜻하는 관계대명사로 영어로는 'who'이고, 'conceptus est de'는 '~에 의해서 잉태되다'는 뜻으로 영어로는 'who was conceived'입니다. 그리고 'de Spiritu Sancto'는 '거룩한 영'입니다. '성령님에 의해서 잉태되셨다'는 뜻입니다."
5) 황원하, 『요한복음』(서울: SFC출판부, 2017), 23.
6) 손재익, 『사도신경: 12문장에 담긴 기독교 신앙』, 130; 백금산, 『만화 사도신경』(서울: 부흥과개혁사, 2008), 84.
7) 손재익, 『사도신경: 12문장에 담긴 기독교 신앙』, 132.
8) 황원하, 『하이델베르크 요리문답 해설』, 206.
9) 윤석준, 『하이델베르크 요리문답 설교 1』(서울: 부흥과개혁사, 2016), 270.
10) 손재익, 『사도신경: 12문장에 담긴 기독교 신앙』, 139.
11) 이운연, 『성경으로 풀어낸 사도신경』(여수: 그라티아, 2016), 81.
12) 황원하, 『하이델베르크 요리문답 해설』, 208.
13) 손재익, 『사도신경: 12문장에 담긴 기독교 신앙』, 133.
14) Cornelis Neil Pronk, *Apostles' Creed*, 임정민 역, 『(하이델베르크 교리문답으로 보는)사도신경』(수원: 그책의사람들, 2013), 77.
15) 윤석준, 『하이델베르크 요리문답 설교 1』, 279.

    "단순한 수사적인 표현이 아니라 성령의 창조 사역, 성령의 강력한 사역을 표현하는 겁니다. 성자 하나님이 마리아의 육체를 취하셔서 "이 땅에 태어나신 하나님의 아들"이 되셨을 때, 거기에는 성령의 강력한 일하심, 성령이 산파(散播)로서 하신 역할을 말합니다."
16) Cornelis Neil Pronk, *Apostles' Creed*, 81.
17) 윤석준, 『하이델베르크 요리문답 설교 1』, 275.

5

죽음을 죽이시는 죽음
(death of death in the death of Christ)

“그리스도께서 우리를 위하여 저주를 받은 바 되사 율법의 저주에서 우리를 속량하셨으니 기록된 바 나무에 달린 자마다 저주 아래에 있는 자라 하였음이라”

갈3:13

본디오 빌라도에게 고난을 받으사 십자가에 못 박혀 죽으시고

본디오 빌라도에게 고난을 받아,

십자가에 못 박혀 죽으시고, 장사된 지(새번역)

suffered under Potius Pilate, was crucified,

died, and was buried;

he descended to the dead.(현대영어)

passus sub Pontio Pilato, crucifixus,

mortuus, et sepultus :

descendit ad inferna;(라틴어 공인원문)

5. 죽음을 죽이시는 죽음(death of death in the death of Christ)[1)]

그리스도께서 우리를 위하여 저주를 받은 바 되사 율법의 저주에서 우리를 속량하셨으니
기록된 바 나무에 달린 자마다 저주 아래에 있는 자라 하였음이라
갈3:13

그리스도의 자기 비하의 두 번째 고백

박성우 시인의 "용서를 받다"라는 제목의 시를 소개합니다.

용서를 받다 - 박성우

짝이 돈을 잃어버렸다
몇 번이고 같이 찾아보았지만
잃어버린 돈은 나오지 않았다

날 의심하는 거야?
너 아니면 가져갈 사람이 없잖아!

짝이 엉뚱하게도 나를 의심했다
아니라고 부정할수록 자존심만 구겨졌다
하늘이 백 조각나도 나는 결백하다

기어이 교무실까지 불려 가고 말았다
담임선생님도 나를 의심하는 눈치였다

끝까지 아니라고 했지만
이번 한 번만 그냥 넘어가 준다며
너그럽게 다그쳤다

몸이 부들부들 떨려왔고
이를 앙다물고 참아도 눈물이 났다

내 짝은 우리 반 일 등에다가
모든 선생님께 예쁨을 받는 애니까

어이없게도 나는
아무 잘못도 없이 용서를 받았다

내용을 살펴보면 이 시의 화자는 정말 억울합니다. 자신은 친구의 돈을 훔친 적이 없습니다. 그러나 1등 짝궁 때문에 도둑으로 몰립니다. 의심을 받습니다. 담임선생님도 다그칩니다. 그리고 밝혀진 사실이 아무 것도 없는데 한 번만 봐준다며 이상한 용서를 받습니다. 너무 억울합니다. 어느 개그맨의 유행어처럼 "1등만 기억하는 더러운 세상"입니다.

성경에도 "나는 억울해!"라고 소리치는 인물이 있습니다. 바로 빌라도입니다. 세상 곳곳의 교회에서 사도신경을 고백할 때마다 그는 예수님을 죽인 원흉으로 몰립니다. 예수님을 죽이려고 한 사람들은 많습니다. 그런데 사도신경에서는 빌라도만 언급되니 그는 얼마나 억울할까요?

한편 사도신경의 라틴어 원문에는 'descendit ad inferna', 영어 번역은 'he descended to the dead'라는 부분이 있습니다. 우리말로 번역하면 "음부에 내려가셨으며"라는 뜻입니다. 그런데 왜 사도신경의 한글 번역에는 이 고백이 빠졌을까요? 참으로 이상한 일입니다.

그리스도의 자기비하의 두 번째 부분은 이와 같은 의문점들을 우리에게 던져 줍니다. 우리는 이 고백을 통해 어떤 진리와 유익을 얻을 수 있을까요?

예수님의 생애 전체가 고난

성자 하나님, 즉 예수님의 사역은 크게 비하(卑下, 낮아지심)와 승귀(昇貴, 높아지심)의 사역으로 나눌 수 있습니다. 사도신경의 구조에서 특이점은 예수님의 탄생에 대한 고백 다음에 바로 이어서 “본디오 빌라도에게 고난을 받으사 십자가에 못 박혀 죽으시고”라고 고백합니다.

예수님은 사실 탄생과 십자가의 죽음 사이에 많은 사역을 하셨습니다. 가르치고, 병을 고치며, 이적을 베푸셨습니다. 사도신경은 그런 부분에 대해 단 한 마디도 언급하지 않고 바로 빌라도 아래에서의 고난, 십자가, 죽음, 매장, 음부 강하를 말합니다. 그리스도의 탄생부터 십자가까지의 33년 기간을 사도신경은 딱 한 마디로 고백합니다[2]. 왜 예수님의 공생애 사역들을 생략하고 바로 그리스도의 고난과 죽음으로 넘어갔을까요?

사도신경만 보면 그리스도께서 이 땅에 사신 마지막 며칠 동안만 고난 받으셨다고 생각할 수 있습니다. 하지만 하나님이신 그분이 이 세상에 태어나 사신 그 자체가 궁극적 고난이었습니다[3]. 성자 하나님은 십자가에서만 고난당하신 것이 아니라 생애 전부를 통해 고난을 받으셨습니다. 하지만 십자가의 고난은 전 생애의 고난을 대표합니다.

십자가 죽음을 포함해 무덤에 이르실 때까지, 그 어머니 마리아에게 잉태되던 순간부터 재판관 빌라도에 의한 처형까지 쓰디 쓴 잔을 조금씩 조금씩 마셨습니다[4]. 예수님의 생애와 가르침은 물론 중요합니다. 하지만 구속 사역의 핵심은 '그리스도의 십자가 고난과 죽으심'[5]이기에 사도신경은 이것을 중심으로 신앙을 고백합니다.

본디오 빌라도 치하(治下)에서 고난을 받으셨고(passus sub Pontio Pilato)

사도신경의 라틴어 공인원문에서 성자 하나님의 고난에 대한 고백은 다섯 개의 쉼표를 통해 5가지의 주제로 나눌 수 있습니다. 우리말로 보면 다음과 같습니다.

> ① 본디오 빌라도의 치하에서 고난 받으셨고, ② 나무 십자가에 못 박히셨고, ③ 죽으셨고, ④ 장사되셨고, ⑤ 음부에 내려가셨으며,

그 중 첫 번째로 사도신경은 왜 예수님의 고난과 십자가 죽으심과 관련하여 본디오 빌라도라는 인물을 거론할까요?

라틴어 공인원문에서 빌라도 앞에 'sub'라는 전치사는 '~에게'가 아니라 '~아래'라는 뜻입니다. '~에게'라고 번역하면 빌라도가 그야말로 나쁜 놈입니다. '~아래'로 번역하면 '주님은 빌라도 치하(治下)에서, 빌라도의 권세 아래에서 고통을 당하셨다'는 의미입니다[6]. 본디오 빌라도의 이름을 언급하는 중요한 역할이 무엇일까요? 빌라도의 역할은 세 가지입니다[7].

첫째, 예수님의 고난과 죽음이 분명한 역사적 사실임을 입증합니다. 어느 시대든지 사람들은 "예수의 존재는 몇몇의 추종자에 의하여

지어낸 설화이거나 신화야!"라고 말하며 끊임없이 예수님의 역사적인 존재 사실을 뒤엎으려 했습니다.

만일 예수님이 어느 시골의 구석에서 조용히 돌아가셨다면, 예수님의 수난과 죽으심이 역사적 사실임을 증명할 수 없습니다. 하나님은 이러한 불신자들의 공격을 미연에 방지하기 위해, 역사적 사실을 뒷받침하기 위해, 실제로 존재한 인물 본디오 빌라도에 의해 예수님이 고난과 죽음을 당하도록 섭리하셨습니다[8). 빌라도가 역사적인 실제 인물인 것처럼, 예수님의 고난과 십자가 죽음도 역사적인 사실입니다. 만약 기독교가 픽션(fiction)이라면 우리의 구원도 픽션이 됩니다. 기독교가 사실이기 때문에 우리의 구원도 사실입니다[9)].

둘째, 예수 그리스도의 무죄를 입증합니다(마 27:13-24). 유대 지도자들은 "예수는 로마 황제가 되려 한다"고 모함을 했습니다. 하지만 로마인 총독 빌라도는 객관적인 입장에서 '예수는 죄가 없으며 반역을 꾀하지 않았다'는 사실을 알고 이렇게 선언합니다[10)].

> 빌라도가 이르되 진리가 무엇이냐 하더라 이 말을 하고 다시 유대인들에게 나가서 이르되 나는 그에게서 아무 죄도 찾지 못하였노라
>
> 요18:38

셋째, 예수님께 사형을 언도하고 십자가에 매다는 일을 집행하는 일은 공적인 성격을 가집니다. 예수님은 우발적으로 돌아가시거나 사사로이 죽임을 당하시지 않았습니다. 예수님은 로마 정부의 공적인 사형집행에 의해 죽임을 당하셨습니다. 빌라도의 책임 하에서 예

수님은 사형을 당하셨습니다.

예수님이 보실 때, 대로마제국의 황제도 우스운데 그가 보낸 변방의 작은 나라를 책임지는 한 총독이야 얼마나 낮은 자리입니까? 하지만 예수님은 그 앞에 엎드려 그의 권위에 순종하십니다. 그의 재판을 받아들이십니다. 빌라도의 배후에 계신 하나님을 보았기 때문입니다. 예수님은 지금 빌라도의 재판을 하나님의 재판으로 받아들이셨습니다[11]. 빌라도가 자신이 "예수님을 사형시킬 권한이 있다"고 으스대자 주님이 이렇게 답하셨습니다.

> 예수께서 대답하시되 위에서 주지 아니하셨더라면 나를 해할 권한이 없었으리니 그러므로 나를 네게 넘겨 준 자의 죄는 더 크다 하시니라
>
> 요19:11

하이델베르크 요리문답은 이 부분에 대해 다음과 같이 말합니다.

하이델베르크 요리문답 제38문

그분은 왜 재판장 "본디오 빌라도 아래에서" 고난을 받으셨습니까?

답

그리스도는 죄가 없지만 세상의 재판장에게 정죄(定罪)를 받으셨으며, 이로써 우리에게 임할 하나님의 준엄한 심판에서 우리를 구원하셨습니다.

우리는 본질상 진노 아래 있었습니다. 그러기에 감히 고개를 들 수 없고 꼼짝없이 부끄러움과 고통을 당해야 합니다. 이러한 우리가 영광스러운 하나님 앞에서 당당히 고개를 들고, 재판을 받지 않게 하십니다. 하나님의 보좌 앞에 벌벌 떨 수밖에 없는 우리를 당당히 그 앞에 설 수 있게 해 주십니다.

"빌라도에게 고난을 받으사"는 빌라도를 원흉으로 여겨 비난하기 위한 표현이 아닙니다. 우리를 위한 그 분의 구원을 설명하기 위한 표현입니다[12]. 우리는 이 고백을 통해 하나님의 준엄한 심판으로부터 우리를 자유롭게 하시는 성자 하나님의 은혜를 충만히 누립니다.

나무 십자가에 못 박히셨고(crucifixus)

왜 하필 성자 하나님은 나무 십자가에서 죽으셔야만 했을까요? 세례요한처럼 목 베임을 당하거나 스데반처럼 돌에 맞아 죽는 방식도 있습니다. 만약 그렇게 했더라도 예수님의 죽으심이 우리를 위한 대속적인 죽임이라는 사실에는 변함이 없습니다[13].

> 그리스도께서 우리를 위하여 저주를 받은 바 되사 율법의 저주에서 우리를 속량하셨으니 기록된 바 나무에 달린 자마다 저주 아래에 있는 자라 하였음이라
>
> 갈3:13

바울은 십자가에 못 박히심의 참 의미를 갈라디아서 3장 13절에

서 말했습니다. 여기서 예수 그리스도는 우리를 위하여 '저주 받았다 =나무에 달렸다'고 말합니다. 이 내용의 근거는 구약의 신명기 21장 23-24절로 거슬러 갑니다. 나무 십자가는 저주를 의미합니다.

> 그 시체를 나무 위에 밤새도록 두지 말고 그 날에 장사하여 네 하나님 여호와께서 네게 기업으로 주시는 땅을 더럽히지 말라 나무에 달린 자는 하나님께 저주를 받았음이니라
>
> 신21:23-24

구약에서 나무에 달릴 때는 시체였습니다. 시체는 어떤 수치나 부끄러움도 느끼지 못합니다. 사람들이 그 옆을 지나가며 자기 머리를 흔들었을지 모르나, 나무에 달린 사람은 그것을 알 수 없었습니다[14]. 하지만 신약의 십자가에 달리신 그리스도는 다릅니다.

> 지나가는 자들은 자기 머리를 흔들며 예수를 모욕하여
>
> 마27:39

> 그가 하나님을 신뢰하니 하나님이 원하시면 이제 그를 구원하실지라 그의 말이 나는 하나님의 아들이라 하였도다 하며
>
> 마 27:43

성자 하나님은 의식이 있는 채 살아서 고난 받으시고, 일어나는 모든 일을 온전히 아셨으며 사람들의 비웃음소리를 들으셨습니다. 나무로 된 십자가에서 모든 일을 경험하셨습니다. 하이델베르크 요리문답 제39문은 이 십자가에 대해 고백합니다.

하이델베르크 요리문답 제39문

그리스도께서 "십자가에 못 박히심"은 달리 돌아가신 것보다 특별한 의미가 있습니까?

답

그렇습니다. 십자가에 달린 자는 하나님께 저주를 받은 자이므로 그가 십자가에 달리심은 내게 임한 저주를 대신 받은 것이라고 나는 확신하게 됩니다.

사람들은 예수님의 죽음이 예수님 자신의 잘못 때문이라고 생각했습니다(사 53:4). 실상은 마땅히 형벌 받아야 할 우리 죄인들을 대신하여 무죄한 분이 저주를 받으신 사건입니다[15]. 예수께서 지신 나무 십자가는 우리의 죄를 '뒤집어쓰고' 받으신 하나님의 저주와 벌의 상징입니다. 그 십자가가 우리에게는 은혜이며 하나님의 능력입니다.

'십자가'는 성자 하나님이 달리시기 전에는 단지 로마시대에 사용되던 극악한 사형집행 도구에 불과했습니다. 그러나 성자 하나님이 달리신 이후부터 그 의미가 달라집니다. 십자가는 복음의 핵심이 됩니다(고전 1:23; 2:2; 갈 6:14). 성자 하나님이 십자가에 못 박혀 죽으심을 통해 자기 백성을 구원하신, 성부 하나님의 진노와 사랑이 동시에 나타나는 놀라운 비밀이기 때문입니다[16]. 우리는 이러한 십자가에 대해 고백하면서 우리가 하나님 앞에 죄인이며, 본래 하나님의 엄청난 진노를 받아 지옥에 가는 것이 마땅하다는 사실에 동의합니다.

많은 사람이 예수님과 구원에 대해 말합니다. 그런데 정작 주님이 십자가 위에서 무엇을 견디셨고 왜 견디셨는지 별로 아는 것이 없습니다.

♬ 존귀 영광 모든 권세 주님 홀로 받으소서, 멸시 천대 십자가는 제가 지고 가오리다 ♬

이 가사가 얼마나 끔찍합니까? 우리는 결코 그리스도의 십자가를 질 수도, 이해할 수도 없습니다. 이제부터는 자신을 짓누르는 율법의 무게를 느끼고, 그것이 자신을 정죄할 때 우리는 하나님의 이름으로 이렇게 말할 수 있습니다[17].

하나님이 죄를 알지도 못하신 이를 우리를 대신하여 죄로 삼으신 것은 우리로 하여금 그 안에서 하나님의 의가 되게 하려 하심이라

고후5:21

하나님은 우리를 구원하시기 위하여 가장 값비싼 대가를 치르셨습니다. 이로써 우리는 의인이 되었습니다. 그러나 우리의 유익은 이것만이 아닙니다.

하이델베르크 요리문답 제43문

그리스도의 십자가의 제사와 죽으심에서 우리가 받는 또 다른 유익은 무엇입니까?

답

그리스도의 죽으심의 공효(功效)로 우리의 옛사람이 그와 함

> 께 십자가에 달리고 죽고 장사되며, 그럼으로써 육신의 악한 소욕(所欲)이 더 이상 우리를 지배하지 못하게 되고, 오히려 우리 자신을 그분께 감사의 제물로 드리게 됩니다.

성자 하나님이 십자가에 못 박히셔서 고난 받으시고 죽으셔서, 우리가 받아야 할 성부 하나님의 저주와 진노를 대신 받으셨습니다. 나아가 우리를 대신하여 십자가에 못 박히신 성자 하나님의 크신 사랑과 은혜를 베푸셨습니다. 우리의 옛사람, 정욕, 탐심이 성자 하나님과 함께 십자가에 못 박혔다는 사실을 기억하며, 날마다 그것들을 십자가에 다시 못 박아야 합니다[18].

개가 토한 것을 다시 먹거나 돼지가 목욕한 후에 다시 더러운 곳을 뒹구는 일을 상상해 보십시오. 우리가 죄를 짓는 일은 그와 같이 추한 일입니다. 십자가에 못 박히심을 통해 죄의 진노만 해결하는 것이 아니라 순종의 열매로 그리스도께 감사의 제사를 드려야 합니다.

죽으셨고(mortuus)

성자 하나님은 십자가에 멈추지 않고 죽기까지 더 낮추시어야 했던 이유가 뭘까요? 죽지 않고 우리를 구원하실 수 없었을까요? 하이델베르크 요리문답 제40문답이 잘 설명합니다.

> 하이델베르크 요리문답 제40문
>
> 그리스도는 왜 "죽으시기"까지 낮아져야 했습니까?
>
> 답
>
> 하나님의 공의와 진리 때문에 우리의 죗값은 하나님의 아들의 죽음 이외에는 달리 치를 길이 없습니다.

'하나님의 공의와 진리'라는 기준을 댈 때, '우리의 죄에 대한 대가'는 하나님의 아들의 죽음 이외에 달리 치를 길이 없습니다[19]. 그러니 성자 하나님의 죽음은 죄의 비참함과 대가가 무엇인지를 잘 보여줍니다. 성자 하나님은 죽을 우리를 구원하시려고 사람이 되셨고 죽으셨습니다[20]. 이를 대속(代贖)의 죽음이라고 합니다.

성자 하나님은 하나님이 요구하시는 제사에 알맞은 양입니다. 유대 지도자들은 예수님을 쓸모없는 선생, 선지자, 메시아, 구원자, 그리고 신성모독자로 취급했습니다. 그래서 이들은 예수님을 빌라도에게 데려갔습니다[21]. 예수님은 재판관 빌라도에 의해 두 번째 검사를 받습니다. 빌라도의 판결에서 하늘과 땅의 재판관이신 하나님의 음성을 듣습니다. "이 어린양은 흠이 없노라!" 하이델베르크 37문답이 이를 잘 표현합니다.

> 하이델베르크 요리문답 제37문
>
> "고난을 받으사"라는 말로 당신은 무엇을 고백합니까?

답

그리스도는 이 세상에 사셨던 모든 기간에, 특히 생의 마지막 시기에 모든 인류의 죄에 대한 하나님의 진노를 자신의 몸과 영혼에 짊어지셨습니다. 그분은 유일한 화목제물로 고난을 당함으로써 우리의 몸과 영혼을 영원한 저주로부터 구원하셨고, 우리를 위해 하나님의 은혜와 의와 영원한 생명을 얻으셨습니다.

성자 하나님이 죽으신 것은 자신의 죄 때문이 아닙니다. 예수님은 '인류의 죄에 대한 하나님의 진노를' 감당하기 위해서 죽으셨습니다. 인간은 모두가 죄를 지었기에, 하나님의 진노, 즉 죄에 대한 형벌을 받아야만 합니다. 이 진노의 무게를 견딜 수 있는 인간이 있을까요? 결코 없습니다. 그런 우리를 대신해서 예수님은 하나님의 진노를 자신의 몸과 영혼으로 다 받아내셨습니다[22].

우리 중에 조국을 위해 목숨을 버리는 사람이 있습니다. 전철에 떨어진 사람을 살리려다 자기 목숨을 잃는 사람도 혹 있습니다. 그런데 자기 원수를 위해 죽는 사람이 있습니까? 없습니다. 우리는 어떤 존재입니까? 연약한 사람, 경건치 않은 사람, 죄인들입니다. 무엇보다 우리는 죄로 인해 하나님의 원수들입니다. 그런 우리를 위해서 하나님이 무엇을 준비하셨습니까? 유일한 속죄의 제물, 화목제물입니다.

이 예수를 하나님이 그의 피로써 믿음으로 말미암는 화목제물로 세우셨으니 이는 하나님께서 길이 참으시는 중에 전에 지은 죄를 간과하심

으로 자기의 의로우심을 나타내려 하심이니

롬3:25

사랑은 여기 있으니 우리가 하나님을 사랑한 것이 아니요 하나님이 우리를 사랑하사 우리 죄를 속하기 위하여 화목제물로 그 아들을 보내셨음이라

요일4:10

예수님은 유일한 화목제물로 고난을 당하셔서 우리의 몸과 영혼을 영원한 저주로부터 구원하셨고 우리를 위해 하나님의 은혜와 의와 영원한 생명을 얻으셨습니다. 예수님만이 화목제물이십니다[23]. 심청전의 용왕처럼 아리따운 처녀를 제물로 바치지 않습니다. 하나님이 준비하신 제물은 당신의 아들, 예수님이었습니다. 원수인 우리를 위해서 아들을 대신 죽게 하신 방법으로 우리를 사랑하셨습니다. 그래서 하나님은 사랑이십니다[24].

'죽으셨고'라는 말을 통해 하나님의 죄에 대한 진노로 부들부들 떨어야 할 우리를 위해 화목제물 되신 성자 하나님을 고백합니다. 이를 바르게 고백할 때 우리에게 하나님의 의와 영생을 얻게 하시는 놀라운 은혜가 넘쳐납니다.

장사(葬事)되셨고(et sepultus)

성경의 핵심만 요약하는 사도신경은 왜 하필 예수님의 죽음과 부활

사이에 '장사됨'과 '음부에 내려가셨음'에 대해 고백할까요?[25] 하이델베르크 요리문답 제41문답은 다음과 같이 말합니다.

> 하이델베르크 요리문답 제41문
>
> 그리스도는 왜 "장사"되셨습니까?
>
> 답
>
> 그리스도의 장사되심은 그가 진정으로 죽으셨음을 확증합니다.

장사되심은 그분에게 완전히 사망이 임했다는 사실을 확실히 보여줍니다. '장사(葬事)'란 죽은 이에 대해 행하는 것으로 완전한 죽음에 대한 공식적 확인입니다. 성자 하나님의 죽으심은 무덤에 들어가실 정도로 확실합니다. 시체를 묻는 일은 죄인의 낮아짐과 죄에 대한 형벌을 나타내시려고 하나님이 정하셨습니다.

> **내 힘이 말라 질그릇 조각 같고 내 혀가 입천장에 붙었나이다 주께서 또 나를 죽음의 진토 속에 두셨나이다**
>
> 시22:15

다윗은 이 시편에서 자신을 그리스도의 모형으로 보여줍니다. 예수님은 자신을 우리와 완전히 동일하게 여기셨습니다. 우리가 죽어야 하기에 그리스도께서 죽으셨습니다. 우리가 무덤에 묻혀야 하기에 그리스도께서도 묻히셨습니다. 하지만 그리스도의 몸은 우리와 달리 썩음을 당하지 않았습니다(행 2:31). 그리스도는 다만 무덤 속에 계셨고, 그것으로 충분했습니다[26].

성자 하나님이 장사되신 것처럼 우리도 사실 장사되었습니다.

> 그러므로 우리가 그의 죽으심과 합하여 세례를 받음으로 그와 함께 장사되었나니 이는 아버지의 영광으로 말미암아 그리스도를 죽은 자 가운데서 살리심과 같이 우리로 또한 새 생명 가운데서 행하게 하려 함이라
>
> 롬6:4

왜 우리도 그분과 함께 장사되어야 합니까? 우리도 또한 새 생명 가운데 행하게 하기 위해서입니다.

> 내가 진실로 진실로 너희에게 이르노니 한 알의 밀이 땅에 떨어져 죽지 아니하면 한 알 그대로 있고 죽으면 많은 열매를 맺느니라
>
> 요12:24

그리스도의 죽으심과 장사되심은 많은 열매를 맺기 위함입니다. 하이델베르크 요리문답 제42문답은 다음과 같이 고백합니다.

하이델베르크 요리문답 제42문

그리스도께서 우리를 위해서 죽으셨는데 우리도 왜 여전히 죽어야 합니까?

답

우리의 죽음은 자기 죗값을 치르는 것이 아니며, 단지 죄짓는 것을 그치고, 영생에 들어가는 것입니다.

죗값이 완전히 지불 된 신자에게 죽음은 영생으로 들어가는 문입니다. 성자 하나님의 장사되심은 무덤의 공포를 제거했습니다. 주님의 백성에게 죽음은 이런 무시무시한 영향력을 모조리 잃었습니다. 더 이상 두려움과 공포의 대상이 아닙니다. 왜냐하면 이제 죽음은 더 이상 형벌과 저주가 아니기 때문입니다. 그래서 사도는 이렇게 말합니다.

> 사망아 너의 승리가 어디 있느냐 사망아 네가 쏘는 것이 어디 있느냐 사망이 쏘는 것은 죄요 죄의 권능은 율법이라
>
> 고전15:55-56

주님의 백성에게 죽음은 독침을 빼낸 거대한 벌레입니다. 독침으로 예수님을 찔렀고, 그 거룩하신 몸에 독을 퍼뜨려 예수님을 죽였습니다. 그리스도는 죽음을 완전히 빨아들이시고 공포의 왕을 삼키셔서 더 이상 죽음이 해를 끼치지 못하게 하셨습니다[27].

우리가 죽음의 공포를 느낄 때마다, 위로는 하나뿐입니다. 신자의 죽음은 성화(sanctification)의 마지막이요, 영화(glorification)의 시작입니다. 질병과 죽음의 염려 속에 사로잡혀 있는 자들이라도 그분의 죽으심과 무덤 속에 들어가심을 통해서 영생으로 들어가는 문이 활짝 열려있다는 확신과 평안을 얻습니다.

음부(陰府)에 내려가셨으며(descendit ad inferna)

한국교회의 사도신경은 예수 그리스도의 지옥강하 고백이 생략되었습니다. "천주교의 교리를 두둔할 만한 고백이기 때문에 삭제한 것 아닌가?" "설명하기 곤란하니까 슬쩍 삭제한 것 아닌가?"[28] 그 내막이 궁금합니다.

사실 이렇게 된 이유는 감리교회 때문입니다. 감리교는 역사적인 정통교회의 교리 중에서 난해하거나 상식을 넘는다고 생각하는 일부 교리를 제거했습니다[29]. 1908년 장로교회와 감리교회가 『합동찬송가』를 발간하면서 찬송가의 처음 페이지에 사도신경을 수록함에 있어서 장로교회는 양보를 하지 말아야 할 것을 하고야 말았습니다[30]. 개혁주의에 기반을 둔 장로교회는 이 부분에 대한 입장을 명확히 정리할 필요가 있습니다.

사실 지옥강하에 대해서는 잘못된 견해들[31]도 많습니다. 로마 가톨릭은 음부를 선조림보(Limbus Patrum), 즉 선조들의 거처로 봅니다. 말 그대로 '지옥에 내려 가셨다'는 연옥설에 근거를 둡니다. 루터는 "그리스도께서 귀신들에게 자신의 승리를 알리시려고 고통 받는 곳에 가셨다"고 말했습니다. J. I. Packer는 낙원과 음부를 동일시하여 "예수님이 지옥에 계신 것이 아니라 3일 동안 낙원에 계셨다"고 봅니다.

종교개혁자들은 그리스도께서 지옥으로 내려가신 고백을 성경으로 해석하는 일에 어려움을 겪었습니다. 하지만 이 교리를 둘러싼 온갖 혼란에도 불구하고 그들은 이 교리를 사도신경에서 지우지 않았습니다[32]. 이들은 "그리스도께서 지옥에 내려가셨다"는 말이 깊은 성경적 의미가 있다고 느꼈습니다. 그러면 이 말이 정확히 무슨 뜻이었을까요? 칼뱅은 다음과 같이 말했습니다.

> "만일 그리스도께서 당하신 것이 육체의 죽음뿐이었다면, 그 죽음에는 효험이 없을 것이다. 참으로 그는 동시에 하나님의 엄격한 천벌을 받으며, 그 진노를 진정시키며, 그 공정한 심판대로 배상을 치르실 필요가 있었다."[33]

개혁주의 신학에 따르면 "음부에 내려가셨으며"라는 고백은 그리스도의 십자가 사건이 단순한 육체적인 고통이기보다 영적 고통이라는 사실을 더욱 잘 보여줍니다. 이에 대하여 하이델베르크 요리문답 제44문답은 이렇게 설명합니다[34].

하이델베르크 요리문답 제44문

음부에 내려가셨으며"라는 말이 왜 덧붙여져 있습니까?

답

내가 큰 고통과 중대한 시험을 당할 때에도 나의 주 예수 그리스도께서 나를 지옥의 두려움과 고통으로부터 구원하셨음을 확신하고 거기에서 풍성한 위로를 얻도록 하기 위함입니다. 그분은 그의 모든 고난을 통하여 특히 십자가에서 말할 수 없는 두려움과 아픔과 공포와 지옥의 고통을 친히 당하심으로써 나의 구원을 이루셨습니다.

개혁주의 신학자들의 대다수는 '음부'를 직접적인 장소로 보지 않고 상징적으로 '지옥의 고통'을 의미하는 것으로 봅니다. 이에 따라 '음부'를 '지옥의 고통'으로 이해하고, 십자가의 죽으심을 통해 겪으신 성자 하나님의 영적 고뇌가 지옥과 같은 극심한 고난이었다는 비유적인 표현으로 해석합니다[35].

그러면 '음부의 고통과 슬픔'이란 무엇일까요? 예수님은 틀림없이 3일 동안 우리를 대신하여 지옥의 고통을 당하셨습니다. 예수님은 실제로 하나님의 은혜와 긍휼로부터 완전히 단절된 지옥의 형벌을 받으셔야 했기 때문에 그 두려움과 공포는 이루 말할 수 없습니다[36]. 하나님은 죄를 끔찍이 싫어하시기 때문에, 자신의 귀하신 아들을 잠깐 동안 버리시고, 무저갱에 놓아두셨습니다. 그리스도께서는 지옥에 내려가셨습니다. 이 예수님의 하신 일을 통해 우리 죄인들은 이루 말할 수 없는 두려움에서 벗어날 수 있습니다.

복음의 핵심, 십자가

오늘날 조국 교회는 고난주간이 되면 자신의 몸을 괴롭게 하면서 주님이 십자가에 달리셨을 때의 고난을 생각합니다. 하지만 금식을 하여 배가 많이 고픈 것이 어떻게 그리스도의 고난에 동참하는 일이 될 수 있습니까?

그리스도는 우리를 구원하시기 위해 살갗이 찢어짐을 통해 전 존재가 성부 하나님께 버림받고 부정당하셨습니다. 인류의 모든 죄에 대해 쏟아지는 하나님의 진노를 고스란히 받으셔서 우리를 구원하셨습니다[37]. 사형집행 도구, 저주의 상징이었던 십자가는 기독교 복음의 핵심이 되었습니다. 십자가는 하나님의 은혜와 의, 사랑과 거룩, 하나님의 신실하심과 진노가 동시에 나타나는 비밀입니다. 나의 극악무도한 죄를 절감하며, 죄의 형벌을 용서받는 은혜와 더불어 봄꽃처럼 우리의 삶이 산 소망으로 가득차기를 바랍니다.

윤동주 시인의 "십자가"라는 시의 한 대목이 생각납니다. "괴로웠던 사나이, 행복(幸福)한 예수 그리스도에게처럼 십자가(十字架)가 허락(許諾)된다면 모가지를 드리우고 꽃처럼 피어나는 피를 어두워가는 하늘 밑에 조용히 흘리겠습니다." 이것이 십자가를 진정으로 경험한 삶입니다.

"죽음을 죽이시는 죽음"은 존 오웬의 책 제목입니다. 그리스도는 죽으셔서 죽음을 극복했습니다. 적진 한가운데로 들어가 적의 가장 강력한 무기를 변화시켜 적진을 초토화시키는 무기로 바꾸셨습니다. 사탄의 가장 강력한 무기인 죽음이 이제는 '죄를 죽이는 도구'가 되었습니다.

인간의 결정적 한계가 죽음인데 그것마저 복의 도구로 변화시키시는 주님이시라면 우리가 인생에서 두려워할 것이 어디에 있겠습니까? 여러분은 아간처럼 아골 골짜기, 즉 죽음의 길을 향해 가고 있습니까? 아니면 "본디오 빌라도에게 고난을 받으사, 십자가에 못 박혀 죽으시고 장사되셨습니다"는 고백을 통해 하나님이 제시해 주시는 소망의 문으로 나가고 있습니까? 우리의 길이 어렵고 힘들어도 하나님이 주신 소망으로 견뎌내고 물댄 동산 같은 평안을 누리기를 바랍니다. “죽음을 죽이시는 죽음”이 진정한 승리를 줍니다.

나눔을 위한 질문 Questions for Group Sharing

1. 사도신경은 왜 그리스도의 탄생부터 십자가까지의 기간을 딱 한마디로 요약하여 고백하고 있나요? (129–130p)

2. 사도신경에 본디오 빌라도라는 인물이 굳이 거론된 이유 세 가지는 무엇입니까? (130–131p)

3. 그리스도께서 십자가에서 죽으신 것의 특별한 의미와 유익은 무엇일까요? (135–136p)

4. 그리스도의 지옥강하에 대한 신앙고백은 어떤 중요성과 의미를 가지고 있습니까? (144–146p)

설교 시청 가이드 | A Guide to Sermon Video

2018년 3월 11일(주일), 사월교회당의 공예배에서 강론된 "죽음을 죽이시는 죽음"(갈3:13)은 대한예수교장로회 사월교회 홈페이지(www.sawolch.com)와 오른쪽의 QR코드를 통해 언제든지 시청할 수 있습니다.

미주

1) 그리스도의 죽으심은 죽음을 죽이시는 죽음(death of death in the death of Christ)이라는 존 오웬의 책 제목이다.
2) 이성호, 『특강 하이델베르크 요리문답 (상)』(안산: 흑곰북스, 2011), 158.
3) 손재익, 『사도신경: 12문장에 담긴 기독교 신앙』(서울: 디다스코, 2017), 150.
4) Cornelis Neil Pronk, *Apostles' Creed*, 임정민 역, 『(하이델베르크 교리문답으로 보는)사도신경』(수원: 그책의사람들, 2013), 87.
5) 윤석준, 『하이델베르크 요리문답 설교 1』(서울: 부흥과개혁사, 2016), 282.
6) 이성호, 『특강 하이델베르크 요리문답 (상)』, 160.
7) 황원하, 『하이델베르크 요리문답 해설』(평택: CNB, 2015), 215-216; 김진흥, 『교리문답으로 배우는 장로교 신앙』(서울: 생명의양식, 2017), 128-130; 손재익, 『사도신경: 12문장에 담긴 기독교 신앙』, 157-158.
8) 김민호, 『사도신경 강해: 참된 성도의 신앙고백』(서울: 푸른섬, 2010), 103; Cornelis Neil Pronk, Apostles` Creed, 90.
   "그는 로마 총독으로서 주후 26-36년에 유대를 통치했습니다. 헤롯 대왕이 죽은 후에 그의 세 아들 중 헤롯 아켈라오스가 유대 지역을 주전 4년부터 주후 6년까지 다스렸습니다. 하지만 그가 유대인들과 자주 충돌하자 로마 정부는 이후로부터 유대 지역에 총독을 파견하여 직접 다스렸습니다. 예수님은 빌라도 총독이 다스리던 시기에 십자가에 돌아가셨습니다. 따라서 예수님의 고난과 죽음은 역사적으로 증명됩니다."
9) 백금산, 『만화 사도신경』(서울: 부흥과개혁사, 2008), 98-99.
10) 김진흥, 『교리문답으로 배우는 장로교 신앙』, 128-130.
11) 이운연, 『성경으로 풀어낸 사도신경』(여수: 그라티아, 2016), 8
12) Cornelis Neil Pronk, *Apostles' Creed*, 93.
13) Cornelis Neil Pronk, *Apostles' Creed*, 104.
14) Cornelis Neil Pronk, *Apostles' Creed*, 105.
15) 김진흥, 『교리문답으로 배우는 장로교 신앙』, 130.
16) 유해무, 『개혁교의학』, 299; 손재익, 『(사도신경)12문장에 담긴 기독교 신앙』, 162.
17) Cornelis Neil Pronk, *Apostles' Creed*, 103.
18) 손재익, 『(사도신경)12문장에 담긴 기독교 신앙』, 165.

19) 김진흥, 『교리문답으로 배우는 장로교 신앙』, 131.
20) 백금산, 『만화 사도신경』, 101.
21) Cornelis Neil Pronk, *Apostles' Creed*, 90.
22) Cornelis Neil Pronk, *Apostles' Creed*, 115.
"그리스도께서 죽으셨을 때 하나님이자 사람으로 죽으셨다. 그리스도께서 죽으셨을 때, 그리스도의 한 위격 안에 이루어진 신성과 인성의 연합은 깨어지지 않았다. 신성은 십자가 위에서 죽은 몸을 떠난 영혼과 참되게 연합되었고, 같은 신성이 나무에 매달린 망가지고 훼손된 몸과도 참되게 연합되었다."
23) 황원하, 『하이델베르크 요리문답 해설』, 215.
24) 손재익, 『사도신경: 12문장에 담긴 기독교 신앙』, 170; J. I. Packer, Growing in Christ, 76.
25) 손재익, 『사도신경: 12문장에 담긴 기독교 신앙』, 171.
26) Cornelis Neil Pronk, *Apostles' Creed*, 120.
27) Cornelis Neil Pronk, *Apostles' Creed*, 122.
28) 김민호, 『사도신경 강해: 참된 성도의 신앙고백』, 112.
"이 중요한 신앙고백을 한국교회가 삭제하게 된 것은 초창기 감리교회의 영향이다. 이는 김용준 목사가 1963년 『기독교사상』지에 2회 연재한 '사도신경의 개역의 필요성'이라는 논문에서 알 수 있다. 그의 논문에 의하면 1894년 언더우드 선교사의 사도신경 번역판이나 1905년 장로교선교사협의회에서 번역한 사도신경에는 이 구절이 들어 있었다. 그러나 1897년과 1902년 그리고 1905년에 번역된 감리교회의 사도신경에는 한결같이 이 구절이 삭제되었다. 그리하여 한국장로교회와 감리교회는 이 구절에 대해 상반된 입장을 취할 수밖에 없었다. 그러다가 1908년 장로교회와 감리교회가 『합동찬송가』를 발간하면서 찬송가의 처음 페이지에 사도신경을 수록함에 있어서 어느 한 쪽이 양보를 해야 할 상황이 되었다. 이때 한국장로교회는 양보해서는 안 될 양보를 하고 말았다."
29) 김민호, 『사도신경 강해: 참된 성도의 신앙고백』, 113.
"감리교 신조는 영국교회의 신조인 '39신조'에서 발췌한 25신조인데, 이때 칼빈주의적인 부분들이 많이 제거되면서 39신조의 제3항인 '그리스도의 음부 강하에 대하여'가 전부 생략되었습니다. 그러다 보니 한국 감리교회의 사도신경 번역에도 이 구절은 자동으로 삭제되었습니다."
30) 이 구절은 우리 구원의 총체를 이해하는데 얼마나 중요한지 모른다. 만일 이 구절을 삭제하면, 그리스도의 대속적 죽음이 주는 은택의 많은 부분을 상실하게

될 것이다. 우리는 이 고백이 성도들의 삶에 정말 유익한 고백이며 모든 시대, 모든 성도들이 동일하게 했던 고백임을 알아야 한다.

31) 좀 더 자세한 내용은 황원하, 『응답하라 신약성경』(서울: 세움북스, 2016), 206-213; 손재익, 『사도신경: 12문장에 담긴 기독교 신앙』, 177-178을 참조하라.

32) 이승구, 『사도신경』(서울: SFC출판부, 2004), 211.
"'음부에 내려가셨다'는 고백의 해석은 매우 어렵다. 그래서 이 구절을 아예 버려서 로마 가톨릭이나 루터파, 그 외 여러 사람들이 오해했던 것처럼 다른 사람들도 오해하지 않도록 하는 것이 유익할 수도 있다. 일종의 행복한 무지로 내버려두는 것이 좋을 수도 있다. 그러나 아예 모르기보다는 제대로 알고 제대로 고백하여 이 부분에 대한 오해를 하지 않도록 조심하는 것이 더욱 좋지 않을까?"

33) Jean Calvin, The Christian Institute, 김종흡, 신복윤, 이종성, 한철하 역, 『기독교강요 (상)』(서울: 생명의말씀사, 1988), 709.

34) 김진흥. 하이델베르크 요리문답과 웨스트민스터 대요리문답과의 비교.

하이델베르크 요리문답 제44문	웨스트민스터 대요리문답 제50문답
칼빈의 견해를 이어받아 사도신경의 그 구절을 '특히 십자가에서 말할 수 없는 두려움과 아픔과 공포와 지옥의 고통을 당하신 것'으로 해설한다. 칼빈의 제네바 교리문답에서 예수님이 십자가에서 자연적인 죽음의 과정뿐 아니라 '죽음의 고통'을 당하신 것을 뜻한다고 상징적으로 해석한 전통을 우르시누스가 받아들였다(제네바 교리문답 제66문답).	상징적으로 해석하지 않고 사도신경의 흐름에 따라 문자적으로 이해하다. 십자가에서 죽으신 후 장사된 이후 사흘 동안 그리스도는 죽은 자의 상태와 사망의 권세 아래 있었는데 이것을 표현하는 말이 '그가 음부에 내려가셨다'는 구절이다.

35) 손재익, 『사도신경: 12문장에 담긴 기독교 신앙』, 181.

36) 김민호, 『사도신경 강해: 참된 성도의 신앙고백』, 118.

37) 김민호, 『사도신경 강해: 참된 성도의 신앙고백』, 107.
"오늘날 선하고 인격적이며 자선사업을 많이 하지만, 진리를 진술하되 논쟁을 피하려 하여 진리를 모호하게 진술하거나 거짓된 오류와 악한 정신을 발견하면서도 침묵으로 일관하는 종교적인 지도자들이 얼마나 사도신경의 고백들과 동떨어진 태도를 취하는지 잘 말해 준다."

6

부활, 측량할 수 없는 은혜의 숨결

"그러나 이제 그리스도께서 죽은 자 가운데서 다시 살아나사 잠자는 자들의 첫 열매가 되셨도다"

고전15:20

장사한 지 사흘 만에

죽은 자 가운데서 다시 살아나시며

사흘 만에 죽은 자 가운데서 다시 살아나셨으며(새번역)

On the third day he rose again;(현대영어)

tertia die resurrexit a mortuis;(라틴어 공인원문)

6. 부활, 측량할 수 없는 은혜의 숨결

그러나 이제 그리스도께서 죽은 자 가운데서 다시 살아나사
잠자는 자들의 첫 열매가 되셨도다
고전15:20

천국에서 돌아온 사람들?

오랜 세월을 함께 한 어느 부부가 예루살렘으로 여행을 떠났습니다. 그런데 도중에 갑자기 부인이 세상을 떠났습니다. 장의사는 이에 남편을 위로하며 그에게 권유합니다. "선생님, 부인을 고국으로 운구하는데 드는 비용이 5천 달러입니다. 그러니 신성한 이 땅 예루살렘에 부인을 묻으시겠다면 150 달러만 있으면 됩니다."

남편은 한참 생각하더니 부인의 시신을 고국으로 데려가겠다고 말합니다. 장의사는 이상해서 남편에게 물었습니다. "장례하는데 150 달러면 되는데 굳이 그렇게 하실 이유가 있습니까?" 그러자 남편은 심각한 표정으로 답했습니다. "옛날 예수님이 세상을 떠나 이 땅에 묻혔는데 고작 3일 후에 다시 살아나셨다면서요?"

남편은 예수님의 부활을 진정으로 믿은 사람일까요? 아니면 아내가 다시 살아 돌아올까 봐 지레 겁을 먹었을까요? 우리는 어떻습니까? 예수님이 역사적으로, 그리고 실제적으로 부활하셨다는 사실을 믿으십니까?

요즘도 자신이 죽었다가 살아났다며 천국간증을 하는 사람이 꽤 있습니다. 그들의 말을 들어보면 대체로 황당합니다. 성경에는 분명히 예수님 외에도 부활을 한 사람들의 이야기가 나옵니다. 흥미로운 사실은 이들이 유명한 부흥강사가 되어 죽음의 경험을 간증했다는 내용이 등장하지 않습니다. 성경은 이 부분에 대해 한마디의 언급도 하지 않고 침묵합니다[1]. 반면 예수 그리스도의 부활에 대하여는 사복음서 이후 사도행전부터 요한계시록까지 수도 없이 반복해 가르칩니다.

그러면 성경에 나온 사람들의 부활과 예수님의 부활의 근본적인 차이가 무엇입니까? 기독교 선교의 새로운 장을 열었던 인물, 사도 바울이 부활에 대해 어떻게 강론하는지 그를 만나봅시다.

고린도전서 15장: 부활장

먼저 바울은 고린도전서 15장에서 복음에 대해 무엇을 말합니까?

> 형제들아 내가 너희에게 전한 복음을 너희에게 알게 하노니 이는 너희가 받은 것이요 또 그 가운데 선 것이라 너희가 만일 내가 전한 그 말을 굳게 지키고 헛되이 믿지 아니하였으면 그로 말미암아 구원을 받으리라
>
> 고전 15:1-2

'전한 복음'과 '받은 것'이라는 표현은 교회의 진정한 존재가치가 복음을 온전히 보전하고 충실히 가르치는 일임을 보여줍니다. 그러면 바울이 말하는 복음의 핵심은 무엇일까요?

> 내가 받은 것을 먼저 너희에게 전하였노니 이는 성경대로 그리스도께서 우리 죄를 위하여 죽으시고 장사 지낸 바 되셨다가 성경대로 사흘 만에 다시 살아나사
>
> 고전 15:3-4

"성경대로"라는 말은 시편 16편 8-11절과 이사야 53장 5-6절 등의 예언이 성취를 뜻합니다. 그리고 "살아나사"는 신적수동태로써 문법적으로 정확히 번역하면 '일으킴을 받았다'(he was raised)는 의미입니다. 예수님은 스스로 살아나신 것이 아니라 하나님이 그를 살리셨습니다. 성자 하나님이 살아나신 사건은 성부 하나님이 사역입니다. 즉 부활은 하나님의 사역입니다. 또한 이 문장은 현재완료형으로 '예수님이 지금도 살아 계신다'는 함의가 있습니다.

다음으로 바울은 부활을 실제 일어난 사건으로 기술합니다(고전 15:5-8).

당시 헬라철학의 영향을 받은 고린도 교인들은 육체의 부활을 믿지 않았습니다. 그래서 사도 바울은 부활이 부인할 수 없는 역사적 사실임을 증명하기 위해 고린도 교회에 편지를 보내면서 자신을 포함한 부활의 증인 명단을 간략하게 언급합니다. 이 증인들 가운데 상당수는 바울이 고린도전서를 저술할 때 생존해 있었습니다[2].

> 장사 지낸 바 되셨다가 성경대로 사흘 만에 다시 살아나사 게바에게 보이시고 후에 열두 제자에게와 그 후에 오백여 형제에게 일시에 보이셨나니 그 중에 지금까지 대다수는 살아 있고 어떤 사람은 잠들었으며 그 후에 야고보에게 보이셨으며 그 후에 모든 사도에게와 맨 나중에 만삭되지 못하여 난 자 같은 내게도 보이셨느니라
>
> 고전15:4-8

마지막으로 바울은 역설을 통해 부활의 사실성을 강조합니다(고전 15:12-19, 29-32). 고린도전서 15장 13절과 16절은 죽은 자 가운데의 부활을 의심하는 자들에게 만약 부활이 없다면 그리스도도 부활하신 적이 없었을 것이라고 압박합니다. 그러면서 14-15절과 17-19절에서 그리스도가 부활하신 적이 없다면 사도가 전한, 그리고 자신들이 믿는 믿음이 헛것이라고 지적합니다.

바울은 고린도전서 15장 29-30절에서도 만일 죽은 자의 부활이 없다면 자신도 복음을 위해 위험을 무릅쓸 이유가 없다고 말합니다. 이어서 바울의 "나는 날마다 죽노라"라는 유명한 고백이 등장합니다.

> 형제들아 내가 그리스도 예수 우리 주 안에서 가진 바 너희에 대한 나의 자랑을 두고 단언하노니 나는 날마다 죽노라
>
> 고전15:31

이는 예수 그리스도의 십자가에서의 죽음뿐만 아니라 부활에 대한 확실한 믿음과 소망이 있었기에 가능한 고백입니다. 사도 바울은

예수 그리스도의 부활을 확실히 믿고 그 유익을 누렸습니다. 우리는 사도신경과 하이델베르크 요리문답을 통해 동일한 믿음과 유익을 누릴 수 있습니다.

부활1: 사흘째 되는 날에 (tertia die resurrexit a mortuis)

성자 하나님의 사역은 크게 '비하'(낮아지심)와 '승귀'(높아지심)로 나눕니다. 사도신경이 다루는 승귀의 첫 사역은 바로 그리스도의 부활입니다.

먼저 사도신경의 우리말 번역은 부활을 다루는 고백의 시작을 '사흘 만에'라고 하여 72시간만에 예수님이 부활하신 것처럼 표현합니다. 그러나 라틴어 원문을 보면 'tertia'는 '세 번째', 'die'는 '날'이라는 의미로 '세 번째 날에'가 정확한 번역입니다. 예수님은 금요일 오후에 돌아가신 후 일요일 새벽에 다시 살아나셨습니다. 사실 만 이틀도 지나지 않았습니다. 따라서 우리는 부활을 '사흘 째 되는 날'로 이해합니다[3].

부활2: 살아나셨다(resurrexit)

성자 하나님의 부활이 역사적이며 실제적인 사건임을 어떻게 증명할 수 있을까요? 어떤 사건이 사실임을 증명하려면 크게 세 가지의 증거가 필요합니다.

첫 번째, 증인들의 직접적인 증거입니다. 사도 바울이 고린도에 보낸 편지의 명단 외에도 신약성경에는 예수님의 부활을 직접 목격한 증언이 열한 번 정도 기록되어 있습니다[4].

① 예루살렘 근처에서 부활주일 아침 최초로 막달라 마리아에게(요20:11-18)

② 부활주일 아침 다른 여인들에게(마28:8-10)

③ 부활주일 정오 엠마오로 가던 제자 글로바와 친구에게(눅24:13-35)

④ 예수님은 부활주일 오후 베드로에게(눅24:24; 고전15:5)

⑤ 부활주일 저녁 도마가 없던 열두 제자에게(요20:24)

⑥ 부활주일 다음 주일에 도마를 포함한 열두 제자에게(요20:26)

⑦ 갈릴리 디베랴 호수에서 열두 제자 중 일곱에게(요21:15)

⑧ 갈릴리의 한 산에서 500명 이상에게(마28:16-20; 고전15:6)

⑨ 갈릴리에서 예수님의 육신적 동생이었던 야고보에게(고전15:7)

⑩ 예루살렘 감람산에서 열한 제자에게(고전15:7; 마16:15-20; 눅24:44-53; 행1:6-11)

⑪ 다메섹 도상으로 가던 사울에게(행9:4-5, 26:15; 고전15:8)

두 번째, 무덤의 시신이 썩지 않고 비어 있었던 물적 증거입니다. 예수님의 부활을 인정하지 않는 생각들은 사두개인들과 고린도 교인뿐만 아니라 역사 가운데 항상 있었습니다.

예수님의 부활을 부인하는 여러 주장들은 크게 네 가지입니다[5]. 제자들이 무덤에서 시체를 도둑질한 후 경비병들이 책임을 면하기 위해 부활했다고 거짓말 한 것으로 보는 '허위설', 예수님이 십자가에서 탈진하고 기절하셨는데 무덤에서 원기를 회복하고 다시 일어났다는 '기절설', 예수님을 너무 그리워하던 제자들이 일종의 환상을 보았다는 '환상설', 마지막으로 고대 근동의 부활 설화 중 하나가 복음서에 유입되었다는 '신화설'입니다. 그러나 예수님의 빈 무덤은 예수님의 실제적 부활을 지지합니다.

예수님을 따르던 여인들이나 제자들은 처음에 예수님의 부활을 믿지 않았습니다. 두 마리아와 살로메가 무덤에 찾아간 것은 부활을 확인하기 위해서가 아닙니다. 만일 그랬다면 예수님을 반대했던 사람들도 함께 데리고 가서 예수님의 부활을 확인시켜 주어야 합니다. 그러나 그녀들은 무덤에 묻힌 사랑하는 주님의 몸에 향품을 바르려고 왔습니다. 이들은 예수님이 이미 돌아가셨기에 자신들이 할 수 있는 일은 예수님께 마지막 경의를 표하는 것이라 생각했습니다. 그러나 자신들이 빈 무덤으로 가고 있다는 사실은 알지 못했습니다[6]. 예수님의 무덤은 비어 있었습니다.

빈 무덤이라는 말은 시신이 썩었다는 의미가 아니라 시신이 없어졌다는 의미입니다. 만 이틀이 되지 않는 짧은 시간에 무덤이 비었습니다. 예수님이 부활하셨기에 무덤이 비었습니다. 그러므로 부활은 신화(神話)나 전설(傳說)이 아니라 사실입니다.

세 번째, 간접적인 정황상의 증거들이 있습니다. 그 증거들은 다음과 같습니다.

첫째, 부활에 대한 예수님 스스로의 증언입니다. 예수님은 이미 자신이 부활한다는 사실을 계속 말씀하셨습니다. 또한 그는 죽은 자를 살리는 기적을 행하기도 하셨습니다. 이러한 예수님의 말씀과 기적이 예수님 부활의 간접 증거가 됩니다.

둘째, 부활 이후 제자들의 놀라운 변화입니다. 제자들은 예수님의 체포 이후 모두 도망치고 숨었습니다. 그런데 이들이 갑자기 사자처럼 용감하게 주님의 부활을 목격했다고 주장합니다. 그리고 부활을 증거하다가 장렬히 순교를 당합니다. 예수님의 부활이 사실이 아니라면 이러한 놀라운 변화를 어떻게 설명할 수 있습니까?

셋째, 회의주의자 야고보와 바울의 변화입니다. 예수님의 동생 야고보는 예수님의 부활 이전에 예수님이 메시아라는 사실, 하나님의 아들이라는 진리를 믿지 않았습니다. 그러나 그는 부활하신 주님을 믿고 초대교회의 가장 중요한 인물이 되었고 부활을 증거하다가 순교자가 됩니다. 또한 교회의 원수였던 사울은 기독교를 세계에 전하는 가장 열정적인 선교사 바울로 살다가 순교합니다.

넷째, 부활 이후 유대 사회에 생긴 변화입니다. 예수님을 믿은 유대인들은 더 이상 동물로 제사를 드리지 않고, 율법을 지키고 할례를 받는 일을 공동체의 회원의 조건으로 생각하지 않았습니다. 또한 안식일을 토요일에서 주일로 바꾸어 예배를 드렸습니다. 이러한 변화는 예수님의 부활 없이는 설명할 수 없습니다.

다섯째, 기독교의 가장 중요한 성례, 즉 세례와 성찬입니다. 세례식은 예수님의 죽음과 부활에 자신을 연합시키는 예식입니다. 성찬식은 부활하신 예수님의 재림을 기다리며, 그분의 영적 임재를 경험하며 식사를 하는 의식입니다. 이러한 성례는 예수님의 부활이라는 사실이 없으면 무의미합니다.

여섯째, 기독교회의 출현입니다. 기독교는 예수님의 부활을 전하는 종교입니다. 오순절 성령강림 이후로 베드로를 비롯한 사도들은 예수 그리스도의 부활을 설교했고, 그들이 가는 곳마다 교회가 세워졌습니다.

부활3: 죽은 사람들로부터(a mortuis)

라틴어 'a'는 '~로부터', 'mortuis'는 '죽은 자들 가운데서'라는 뜻입니다. 문자 그대로 시체들 가운데서 살아나셨습니다. 그런데 왜 사도신경은 "다시 살아나셨고"라고 말하지 않고, "죽은 사람들 가운데서 다시 살아나셨으며"라고 고백했을까요?

> 그들이 산에서 내려올 때에 예수께서 명하여 이르시되 인자가 죽은 자 가운데서 살아나기 전에는 본 것을 아무에게도 이르지 말라 하시니
>
> 마17:9

> 생명의 주를 죽였도다 그러나 하나님이 죽은 자 가운데서 그를 살리셨으니 우리가 이 일에 증인이라
>
> 행3:15

성결의 영으로는 죽은 자들 가운데서 부활하사 능력으로 하나님의 아들로 선포되셨으니 곧 우리 주 예수 그리스도시니라

롬1:4

너희는 그를 죽은 자 가운데서 살리시고 영광을 주신 하나님을 그리스도로 말미암아 믿는 자니 너희 믿음과 소망이 하나님께 있게 하셨느니라

벧전1:21

사도신경은 위에 열거된 성경의 표현에 철저히 근거하여 "죽은 사람들 가운데서 다시 살아나셨고"라고 고백합니다. 사도신경이 철저히 성경에 기반을 두었음을 보여줍니다.

그러면 예수님 이전에는 부활한 사람이 없었습니까? 왜 예수님을 부활의 첫 열매라고 부릅니까?

먼저 예수님 이전에 다시 살아난 구약의 인물들을 봅시다.

이 일 후에 그 집 주인 되는 여인의 아들이 병들어 증세가 심히 위중하다가 숨이 끊어진지라 여호와께서 엘리야의 소리를 들으시므로 그 아이의 혼이 몸으로 돌아오고 살아난지라

왕상17:17, 22

하나님은 엘리야의 소리를 듣고 사르밧 과부의 아들을 살려줍니다.

엘리사가 죽으니 그를 장사하였고 해가 바뀌매 모압 도적 떼들이 그 땅에 온지라 마침 사람을 장사하는 자들이 그 도적 떼를 보고 그의 시

> 체를 엘리사의 묘실에 들이던지매 시체가 엘리사의 뼈에 닿자 곧 회생하여 일어섰더라
>
> 왕하13:20-21

선지자 엘리사가 죽은 후, 그의 무덤에 다른 사람의 시체를 던지자 그 시체가 선지자의 뼈에 닿는 순간 살아났습니다.

신약 성경에도 예수님이 소생시킨 사람들만 해도 세 사람-나사로, 나인성 과부의 아들, 야이로의 딸-입니다. 그리고 예수님 승천 이후에도 한 여제자가 다시 살아나는 일이 있었습니다.

> 욥바에 다비다라 하는 여제자가 있으니 그 이름을 번역하면 도르가라 선행과 구제하는 일이 심히 많더니 그 때에 병들어 죽으매 시체를 씻어 다락에 누이니라
>
> 행9:36-37

> 베드로가 사람을 다 내보내고 무릎을 꿇고 기도하고 돌이켜 시체를 향하여 이르되 다비다야 일어나라 하니 그가 눈을 떠 베드로를 보고 일어나 앉는지라
>
> 행9:40

이런 이들의 부활과 예수님의 부활은 어떤 차이가 있을까요? 흔히 우리가 말하는 죽음에서 살아난 일시적인 소생과 영원한 생명으로의 부활은 본질적으로 다릅니다. 위의 세 가지 경우의 부활은 단순한 생명의 연장이지만 일시적입니다. 결국 다시 죽으니 죽음을 이긴 부활이 아닙니다.

하지만 예수님은 '전혀 새로운 몸'으로 더 이상 썩지 않고, 더 이상 죽지 않으십니다. 그분은 영생 불사의 몸으로 영광스럽게 변화되어 다시 살아나셨습니다. 다시는 죽을 수 없는 죽음을 이겨버린 부활이었습니다. 그래서 '사망을 이기신 참된 부활'입니다.

첫 열매란 말 그대로 처음 익은 열매입니다. 진정으로 부활하신 첫 열매입니다. 햇볕이 쨍한 가을 날, 사과밭에 빨간 사과가 하나 보이면 사과를 수확할 계절이 시작됩니다. 이때부터 농부의 손길이 바빠집니다. 다른 사과들도 점점 빨갛게 익어 가는 가운데 따 들이는 첫 열매는 추수의 시작을 알리는 신호탄입니다[7]. 무슨 뜻입니까? 첫 열매를 보고 앞으로 다른 열매들이 나타날 것을 확신한다는 의미입니다.

그러면 과연 예수님의 부활이 우리에게 어떤 의미가 있을까요? 우리의 죄를 대신한 그리스도의 십자가를 생각하면서 눈물을 흘리는 성도들이 참 많습니다. 아기 예수가 이 땅에 탄생하신 날을 생각하면서 기쁨과 감사를 나눕니다. 그렇다면 그리스도의 부활은 우리에게 어떤 감격과 기쁨을 나누어 줍니까?

사실 우리는 고난에 대해서는 어느 정도 그리스도와 연합하지만, 부활에 대해서는 연합이 거의 없습니다[8]. 40일 동안 고난을 기리지만 부활절에는 겨우 하루를 할애합니다. 십자가에 대해서는 40일씩 묵상하고 금식합니다. 부활의 기쁨을 누리는 일에는 딸랑 하루입니다. 설교자의 입에서도, 찬양의 가사 속에서도 십자가에 대한 내용은 넘칩니다. 그러나 부활은 몇 곡 되지 않습니다. 하지만 믿음을 어떤 성경보다 많이 강조하는 로마서도 오히려 부활을 더 강조합니다.

예배당마다 가장 높은 곳에 달려 있는 십자가는 분명 기독교의 상징입니다. 그러나 부활은 그 십자가의 죽음과 따로 떼어 생각할 수 없는 '핵심적인 구원의 사건'(a crucial event of the redemptive history)입니다. 부활이 없다면 십자가의 죽음도 그 의미를 잃게 됩니다[9]. 십자가를 묵상하되 부활의 신앙과 기쁨도 동시에 묵상해야 합니다.

부활이 없다면 기독교 역사 이천년간의 모든 설교와 전한 내용이 헛것입니다. 예수님의 부활이 없다면 목사와 선교사, 성도들은 큰 거짓말쟁이들이 됩니다. 기독교는 최대의 사기 집단이 됩니다. 우리의 믿음도 헛것이며 세상 모든 사람들 가운데 가장 불쌍한 자들이 됩니다. 그리스도의 부활이 없고 우리에게 부활 소망이 없다면 세상에서 누릴 수 있는 것을 다 누리고 사는 것이 지혜롭지 않겠습니까?[10]

우리는 이 놀라운 부활사건을 우리의 좁고 부패한 이성 안에 담기보다 전폭적인 믿음으로 받아들이고 확신해야 합니다[11]. 예수님의 생애가 죽음에서 끝났다면 예수님은 억울하게 죽임을 당한 한 랍비, 한 유대인 청년으로만 기억되었을 것입니다. 예수님이 다시 사시지 않고 여전히 죽은 상태라면 기독교는 근본부터 무너져 내립니다. 역설적으로 이렇게 소중한 것이 부활신앙입니다.

부활이 우리에게 주는 유익

예수 그리스도의 부활이 우리에게 주는 유익에 대해 하이델베르크 요리문답은 놀라운 선진들의 통찰력을 보여줍니다.

하이델베르크 요리문답 제45문

그리스도의 "부활"은 우리에게 어떤 유익을 줍니까?

답

첫째, 그리스도는 부활로써 죽음을 이기셨으며, 죽으심으로써 얻으신 의에 우리로 참여하게 하십니다.

둘째, 그의 능력으로 말미암아 우리도 이제 새로운 생명으로 다시 살아났습니다.

셋째, 그리스도의 부활은 우리의 영광스런 부활에 대한 확실한 보증입니다.

문답의 질문은 그리스도의 부활에 대해 묻지 않고, 그리스도의 부활이 우리에게 주는 유익에 대해 묻습니다. 요리문답은 부활을 관념적이나 피상적으로 이해하지 않고 오늘날 우리가 정확히 부활의 신앙을 믿고 누리는지를 날카롭게 묻고 확인합니다.

왜 예수 그리스도의 부활에서 우리가 소망을 가질까요? 왜 그가 부활하셨는데 이를 통해 신자들이 유익을 얻습니까? 만약 아무런 유익이 없다면 우리가 그리스도의 부활에 관심을 가질 이유가 전혀 없기 때문입니다. 그러나 그리스도와 교회는 결코 떨어질 수 없습니다. 그리스도는 교회의 머리이시며 교회는 그리스도의 몸이기 때문입니다. 그러므로 그리스도의 부활은 몸인 교회에 반드시 유익을 줍니다. 하이델베르크 요리문답 제45문답은 그리스도의 부활이 우리에게 주는 세 가지 유익을 알려줍니다[12).

첫 번째, 우리에게 주는 부활의 유익은 '칭의'입니다. 요리문답은 "그리스도는 부활로써 죽음을 이기셨으며"라고 표현합니다. 그러므로 그리스도의 죽음은 굴복이 아니라 '부활을 위한 죽음'이었습니다[13]. 살아나기 위한 죽음이고 소망과 생명을 주는 죽음입니다.

> **하나님께서 그를 사망의 고통에서 풀어 살리셨으니 이는 그가 사망에 매여 있을 수 없었음이라**
>
> 행2:24

예수님의 십자가의 죽음이 나의 죗값을 위한 대속적인 죽음이라고 믿는 신자들은 예수님의 부활로 인해 우리의 모든 죄도 용서받았다는 사실을 확인할 수 있습니다[14]. 예수님의 부활은 예수님의 무죄를 증명합니다. 죄의 삯은 사망인데 사망을 이기셨으니 그분은 죄가 없습니다. 우리의 죄를 짊어지셨지만 우리의 죗값을 다 치르셨으니 이제는 죄가 없습니다. 예수님의 무죄를 하나님은 그리스도를 다시 살리셔서 증명하셨습니다[15].

> **예수는 우리가 범죄한 것 때문에 내줌이 되고 또한 우리를 의롭다 하시기 위하여 살아나셨느니라**
>
> 롬4:25

하나님은 예수님의 희생을 보시고 그분을 의롭게 여기셨습니다. 예수님은 부활하셔서 하나님의 의를 얻으셨습니다. 우리가 예수님을 믿는 순간에 우리는 그분이 얻으신 의에 참여합니다. 이것을 '칭의'

라고 부릅니다. 예수님이 죽음을 통해 획득하신 '의'를 부활을 통해 우리 의로 함께 누립니다. 주님이 부활하셔서 그 의에 우리를 참여시키셨으니 이제 우리는 죄와 사망의 권세로부터 완전히 해방되었습니다. 어느 누구도 이제 우리를 정죄할 수 없습니다[16].

두 번째, 우리에게 주는 부활의 유익은 '성화'입니다. 아담의 타락 이후 모든 사람은 죄인이며 죄의 종으로 태어납니다. 그러나 신자들은 더 이상 죄의 종노릇 할 필요가 없습니다. 오히려 하나님의 종으로 거룩한 삶을 삽니다. 예수님의 부활의 능력으로 우리도 새로운 생명으로 다시 살아났습니다. 우리는 지금 여기서 이미 부활했습니다. 우리는 부활하여 새로운 사람이 되어서 새로운 삶을 살아갑니다. 우리는 이것을 '성화'라고 부릅니다. 부활은 단지 이천년 전에 있었던 역사적 사건이거나, 종말에 있을 미래적 사건만을 의미하지 않습니다.

병을 고치기도 하시고, 폭풍을 잔잔하게 하시고, 수많은 무리들을 먹이시고, 귀신을 쫓아내신 이러한 사역들은 사실 기독교 안에만 존재하지는 않습니다. 불교, 이슬람, 심지어 무당들에게도 나타날 수 있는 능력입니다. 그러나 이들과 구별되는, 예수님만이 하실 수 있는 능력이 있습니다.

> 예수를 죽은 자 가운데서 살리신 이의 영이 너희 안에 거하시면 그리스도 예수를 죽은 자 가운데서 살리신 이가 너희 안에 거하시는 그의 영으로 말미암아 너희 죽을 몸도 살리시리라
>
> 롬8:11

> 우리 주 예수 그리스도의 아버지 하나님을 찬송하리로다 그의 많으신 긍휼대로 예수 그리스도를 죽은 자 가운데서 부활하게 하심으로 말미암아 우리를 거듭나게 하사 산 소망이 있게 하시며
>
> 벧전1:3

하나님을 모르고 대적하던 이들이 예수님을 믿고 새로운 생명을 얻습니다. 그리고 그의 삶도 이전과는 다르게 변합니다. "다른 사람은 몰라도 저 사람은 절대로 안 돼!" 이렇게 낙인찍었던 사람들이 거룩한 삶으로 변합니다. 어떻게 이런 일이 가능할까요? 부활하신 주님이 오늘도 자기 백성에게 새로운 생명을 주셔서 부활의 유익을 누리기 때문입니다. 부활은 지식이 아닙니다. 고백하고 선포하고 누려야 합니다. 그렇게 할 때 죄와 나태함 아래에 묶였던 것들을 풀어내는 생명의 역사에 동참할 수 있습니다.

세 번째, 우리에게 주는 부활의 유익은 '영화'입니다. 그리스도의 부활은 그리스도에게 속한 자들의 부활로 이어집니다. 그가 부활하셨기에 신사들도 부활할 수 있습니다. 예수님은 이미 사탄의 세력을 이기셨지만 미래에 완전히 이기십니다. 주님의 부활이 우리의 부활이고 주님의 승리가 우리의 승리입니다. 우리는 이것을 '영화'라고 부릅니다.

그리스도의 부활이 우리의 복된 부활에 대한 확실한 보증입니다. '예수 그리스도의 부활'은 우리 죄가 용서받고, 새 생명을 얻어, 장래 부활을 경험하리라는 확실한 영수증인 셈입니다. 예수님은 자신이 얼

하이델베르크 요리문답 45문
—— 그리스도의 부활이 우리에게 주는 세 가지 유익

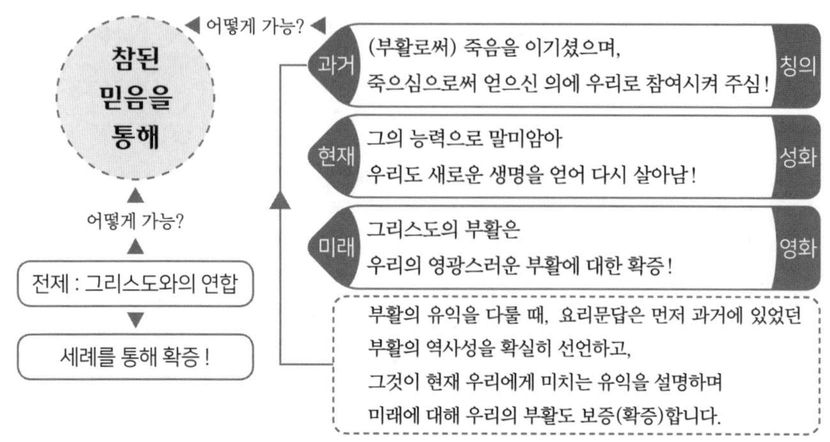

마나 대단한 존재인지 보여주거나 자랑하시려고 부활하시지 않으셨습니다. 그분은 부활하셔서 잠을 자는 자들의 첫 열매가 되셨습니다.

그리스도는 부활 후에 성령을 선물로 주셨습니다. 그 결과 우리의 몸은 하나님이 거하시는 성전이 되었습니다. 성령은 어떠한 경우라도 우리를 떠나지 않습니다. 그래서 우리는 예수 그리스도로 인해 우리 안에 계시는 성령 하나님을 통하여 부활의 기쁨을 미리 맛봅니다. 영광의 부활은 단지 미래의 일만이 아닙니다.

부활을 고백할 때 가져야 할 마음

부활주일 아침에 우리에게 얻을 수 있는 진정한 위로가 무엇입니까? 교회에서 나누어주는 떡이나 삶은 달걀이라고 대답하는 분들은 없을 것입니다.

우리의 삶이 얼마나 고단하고 힘든지를 잘 알기에 설교를 하면서 이렇게 말할 수 있습니다. "하나님이 함께 하십니다." "여러분의 사업을 지켜 주십니다." "부활의 주님이 병을 낫게 해 주시고, 모든 문제를 해결해 주시고, 여러분의 자녀를 형통하게 해 주십니다." 하지만 이런 말들은 부활이 주는 진정한 유익과 위로가 아닙니다.

어떤 이가 사업이 힘들거나, 몸이 약하거나, 삶의 고난이 끊이지 않는다고 해도 정말 불행한 사람이라고 할 수는 없습니다. 반대로 많은 재산을 소유하고, 가족이 함께 아무 걱정 없이 화려하게 산다고 해서 행복한 인생이라고 말할 수도 없습니다. 우리의 진정한 소망은 예수 그리스도의 부활 그 자체에 있기 때문입니다.

하나님이 모든 눈물을 닦아 주시고 때 묻은 옷을 벗기시고 새 옷을 입혀 주십니다. 그것이 '부활'입니다. 그 부활로 모든 것이 달라집니다. 인생 최대의 변수, 가장 극적인 반전이 주님의 부활이요, 곧 우리의 부활입니다.

성자 예수님이 "사흘째 되는 날에 죽은 사람들로부터 살아나셨다"는 고백은 예수님이 죽음의 권세를 이기셨다는 선포입니다. 부활의 첫 열매가 되어 우리도 다시 살 것을 믿으며 칭의와 성화, 영화의 유익을 누리시기를 바랍니다.

부활은 애매모호한 가능성이 아닙니다. 속이는 자 같으나 참되고, 무명한 자 같으나 유명하며, 죽은 자 같으나 살아 있고, 징계를 받은 자 같으나 죽임을 당하지 않습니다. 근심하는 자 같으나 항상 기뻐하고, 가난한 자 같으나 많은 사람을 부요하게 합니다. 아무 것도 없는 것처럼 보이나 모든 것을 가진 자로 고백하는 것이 바로 부활입니다.

진리는 사람이 가린다고 사라지지 않으며, 탁 트인 무대에 올린다고 등장하지도 않습니다. 진리의 전달은 기적이며, 은혜입니다. 오늘날 부활의 명확한 역사성이 우리에게 드러난다면 그것은 측량할 수 없는 은혜의 숨결로 여겨야 마땅합니다[17].

우리의 소망은 사도들과 제자들처럼 부활의 증인이 되는 것입니다. 또한 부활하여 영원히 눈부신 영광을 보며 주님과 함께 사는 것입니다. 이 생생한 부활이 우리의 인생을 바꾸는 최대의 사건이며 측량할 수 없는 은혜의 숨결입니다.

나눔을 위한 질문 Questions for Group Sharing

1. 예수님의 부활이 역사적이며 실제적인 사건이라는 사실을 분명히 믿나요? 그렇다면 그 사실을 어떻게 증명할 수 있을까요? (156-159p)

2. 예수님을 '부활의 첫 열매'라고 부르는 까닭은 무엇입니까? 성경의 다른 이들이 다시 살아난 것과 예수님의 부활 사이의 본질적인 차이는 무엇일까요? (164-166p)

3. 그리스도의 부활을 통해 우리가 소망을 가지는 이유는 무엇입니까? 또한 그의 부활이 루이에게 어떤 유익을 주나요? (168-172p)

4. 예수 그리스도의 부활에 대해 그동안 가졌던 생각은 무엇이었나요? 그리고 앞으로 부활에 대해 신앙고백 할 때 가져야 할 마음이 무엇인지도 나누어 봅시다. (173-174p)

설교 시청 가이드 | A Guide to Sermon Video

2018년 4월 1일(주일), 사월교회당의 공예배에서 강론된 "부활, 측량할 수 없는 은혜의 숨결"(고전15:20)은 대한예수교장로회 사월교회 홈페이지(www.sawolch.com)와 오른쪽의 QR코드를 통해 언제든지 시청할 수 있습니다.

미주

1) 이성호, 『특강 하이델베르크 요리문답 (상)』(안산: 흑곰북스, 2011), 171.
2) 황원하, 『하이델베르크 요리문답 해설』(평택: CNB, 2015), 236.
3) 김헌수, 『하이델베르크 요리문답 강해Ⅱ: 높아지신 그리스도와 성신 하나님의 위로』(서울: 성약출판사, 2010), 15; 이재철, 『성숙자반』(서울: 홍성사, 2007), 313.
4) 백금산, 『만화 사도신경』(서울: 부흥과개혁사, 2008), 123.
5) Louis Berkhof, *Intriduction to systematic theology; Systematic theology*, 권수경, 이상원 역,(서울: 크리스챤다이제스트, 2001), 121-130.
6) Cornelis Neil Pronk, *Apostles' Creed*, 임정민 역, 『(하이델베르크 교리문답으로 보는)사도신경』(수원: 그책의사람들, 2013), 67.
7) 이운연, 『성경으로 풀어낸 사도신경』(여수: 그라티아, 2016), 69.
8) 김민호, 『사도신경 강해: 참된 성도의 신앙고백』(서울: 푸른섬, 2010), 133.
9) 김진흥, 『교리문답으로 배우는 장로교 신앙』, 141.
10) 이상원, 『21세기 사도신경 해설』(서울: 솔로몬, 2004), 69.
11) 이상원, 『21세기 사도신경 해설』, 70.
12) 황원하, 『하이델베르크 요리문답 해설』, 239-240.
13) 윤석준, 『하이델베르크 요리문답 설교 1』(서울: 부흥과개혁사, 2016), 24.
14) 박양규, 『청소년을 위한 하이델베르크 교리문답』(서울: 새물결플러스, 2016), 238.
15) 하나님의 아드님이심이 다시 증명된 날입니다. 그리고 동시에 그분 안에 있는 우리의 무죄함이 증명되었습니다.
16) 이성호, 『특강 하이델베르크 요리문답 (상)』, 173.
17) 한병수, 『미러링』(서울: 세움북스, 2014), 75.

7

승천과 좌정,
교회다운 교회의 회복

"그러므로 우리에게 큰 대제사장이 계시니 승천하신 이 곧 하나님의 아들 예수시라 우리가 믿는 도리를 굳게 잡을지어다"

히4:14

하늘에 오르사
전능하신 하나님 우편에 앉아 계시다가

하늘에 오르시어

전능하신 아버지 하나님 우편에 앉아 계시다가(새번역)

he ascended into heaven,

he is seated at the right hand of the Father.(현대영어)

ascendit ad caelos ;

sedet ad dexteram Dei Patris omnipotentis ; (라틴어 공인원문)

7. 승천과 좌정, 교회다운 교회의 회복

그러므로 우리에게 큰 대제사장이 계시니
승천하신 이 곧 하나님의 아들 예수시라 우리가 믿는 도리를 굳게 잡을지어다
히4:14

예수님은 지금 어디서, 무엇을 하시는가?

예수님이 승천하신 후 하늘에 계신 어느 날, 천국의 문 앞에 올라오는 많은 사람들 중에 예수님의 눈에 익은 노인 한 사람이 걸어오고 있었습니다. "아니! 저 분은 혹시?"

예수님은 그 노인을 붙들고 이야기를 나눕니다. "혹시 세상에 계실 때 목수 일을 하지 않으셨나요?" "네, 그랬지요." "그러면 혹시 당신을 통해 태어나지 않은 아들이 하나 있지 않았는지요?" "아니, 그걸 어떻게 아시지요?" "그 아들은 본래 사람이 아니었지요?" "네, 그렇습니다."

예수님은 감격이 북받쳐 올랐습니다. "그리고 그 아들의 손과 발에는 못 자국이 있었지요?" "그렇습니다." "흑흑흑, 아버지, 접니다.

제가 바로 당신의 아들입니다.”

노인도 감격에 겨워하며 말했습니다. “아니, 네가 정말 피노키오란 말이냐!”

위의 이야기는 재미가 있을지는 모르지만 승천하신 예수님을 잘못 이해했습니다. 그러면 지금부터 약 이천 년 전에 승천하신 예수님은 지금 어디서, 무엇을 하십니까? 우리는 십자가와 부활에 비해 승천하시고 보좌 우편에 앉아 계신 주님은 상대적으로 덜 강조합니다.

예수님이 최초의 우주 비행사입니까? 지금 그분은 하늘의 안락의자에 앉아 쉬고 계신다는 의미인가요? 찬송가도 십자가, 부활, 그리고 재림에 관련한 주제 분류는 있으나 승천과 좌정에 대한 찬송가는 전혀 없습니다. 우리는 그동안 성삼위 하나님의 구원사역에 대해 편식을 한 셈입니다[1].

현대의 신학자들과 많은 설교자들도 그리스도의 승천과 좌정이 교의신학이나 교리 안에서 관념적으로 그치는 내용이라고 생각합니다. 신정통주의자 칼 바르트(Karl Barth)도 다음과 같이 말합니다. “신약에서 이 사건은 거의 말하지 않습니다. 그러니 아예 빼는 것이 나을 뻔 했습니다.” 과연 그렇습니까? 복음서와 사도행전에서는 우리 구주의 승천과 좌정하심을 적지 않게 말합니다[2]. 승천과 좌정에 대한 삭제는 무리한 주장입니다.

성경에 예수님 외에 승천한 인물이 있을까요? 두 인물이 있습니다. 하나는 에녹이고, 다른 하나는 엘리야입니다. 이들의 승천과 예수님의 승천은 어떠한 차이가 있을까요? 사실 하나님이 원하시면 누구든지 승천시킬 수 있습니다. 우리 중 하나가 어느 날 갑자기 승천을 한다고 가정하면 이것이 무슨 유익을 줄 수 있을까요? 아무 유익이 없습니다. 성경이 증언하는 에녹과 엘리야의 승천은 죽음 없이 하나님께 갈 수도 있다는 소망을 줍니다[3]. 반면 주님의 승천은 우리에게 천국의 소망만을 주시는 것이 아닙니다. 주님은 승천하셔서 우리에게 영적인 유익을 주십니다. 우리는 하나님의 말씀의 숲 안에서 이러한 유익을 발견합니다.

성자 하나님의 승천에 대한 고백의 의미

> 그러므로 우리에게 큰 대제사장이 계시니 승천하신 이 곧 하나님의 아들 예수시라 우리가 믿는 도리를 굳게 잡을지어다
>
> 히4:14

'믿는 도리'는 '한 가지, 같은 뜻, 같은 내용' 즉 '신앙고백'(ὁμολογία, confessing)입니다. 히브리서의 저자는 우리가 대제사장으로 승천하신 예수님에 대한 신앙고백을 굳게 잡으라고 말합니다[4]. "그저 예수님을 잘 믿고 구원 받고, 교회 출석만 잘하면 되지 굳이 승천에 관해서까지 신앙고백을 해야 합니까?" 이렇게 질문할 수 있습니다. 하지만 신앙고백은 단지 삼위 하나님을 인정하는 정도가 아닙니다. 그 의의가 무엇인지, 그 사실이 우리에게 어떤 유익을 주는지 알고 누리면서 고백해야 진정한 신앙고백입니다. 이 교리를 굳게 잡기 위해 예수

님이 승천하실 때의 모습을 상세히 기록한 성경본문을 보겠습니다.

> 이 말씀을 마치시고 그들이 보는데 올려져 가시니 구름이 그를 가리어 보이지 않게 하더라 올라가실 때에 제자들이 자세히 하늘을 쳐다보고 있는데 흰 옷 입은 두 사람이 그들 곁에 서서 이르되 갈릴리 사람들아 어찌하여 서서 하늘을 쳐다보느냐 너희 가운데서 하늘로 올려지신 이 예수는 하늘로 가심을 본 그대로 오시리라 하였느니라
>
> 행1:9-11

예수님은 부활 후 40일째 감람산 자락에서 승천하셨습니다(행 1:3). 우리는 예수님이 하늘로 점점 올라가 구름 속에 들어가셨다고 생각합니다. 하지만 본문을 자세히 보면 분명히 구름이 주체적으로 다가와 예수님을 가렸습니다. 여기에서 예수님을 가린 구름은 무엇을 말합니까?

> 구름이 회막에 덮이고 여호와의 영광이 성막에 충만하매 모세가 회막에 들어갈 수 없었으니 이는 구름이 회막 위에 덮이고 여호와의 영광이 성막에 충만함이었으며 구름이 성막 위에서 떠오를 때에는 이스라엘 자손이 그 모든 행진하는 길에 앞으로 나아갔고 구름이 떠오르지 않을 때에는 떠오르는 날까지 나아가지 아니하였으며 낮에는 여호와의 구름이 성막 위에 있고 밤에는 불이 그 구름 가운데에 있음을 이스라엘의 온 족속이 그 모든 행진하는 길에서 그들의 눈으로 보았더라
>
> 출40:34-38

모세가 성막을 완공했을 때 가득 드리워진 구름은 하나님이 이 자리에 계신다는 '임재의 구름'입니다. 이 구름이 덮을 때 여호와의 영광이 충만했습니다. 이 구름은 실제 구름이지만 동시에 신적인 영광(divine glory), 즉 하나님의 거룩한 영광과 임재를 상징합니다(출 13:21-22)[5].

예수님이 승천하실 때 구름이 와서 감싼 것은 예수님이 이 땅에 오시기 전의 본래적 영광, 즉 하나님의 아들로서의 영광이 회복되었다는 의미입니다. 부활하셔서 무죄가 증명된, 그리고 의롭다고 인정받으신 예수님을 하나님이 하늘로 기꺼이 받아 주셨다는 뜻입니다[6].

예수님이 우리의 죄를 여전히 지신 채로 있다면 하늘에 들어가실 수 없습니다. 죄인은 하나님 앞에 갈 수 없기 때문입니다. 그러나 그리스도의 부활은 곧 주님의 '칭의'이고 승천은 이 '칭의'의 확증이며 지속입니다. 예수님은 의롭다고 인정 받으셨고, 그것을 승천을 통해 확증하시고 지금도 그 상태를 영원까지 유지하십니다.

> 그러므로 우리는 긍휼하심을 받고 때를 따라 돕는 은혜를 얻기 위하여 은혜의 보좌 앞에 담대히 나아갈 것이니라
>
> 히4:16

이와 같은 이유로 예수님 안에 거하는 우리는 예수님을 따라 하나님의 은혜의 보좌, 시은좌 앞으로 담대히 들어갈 수 있습니다.

> 예수께서 그들을 데리고 베다니 앞까지 나가사 손을 들어 그들에게 축

복하시더니 축복하실 때에 그들을 떠나 [하늘로 올려지시니] 그들이 [그에게 경배하고] 큰 기쁨으로 예루살렘에 돌아가 늘 성전에서 하나님을 찬송하니라

눅24:50-53

예수님은 하늘에 오르실 때 제자들에게 손을 들어 축복하셨습니다. 지금 우리도 마찬가지입니다. 예수님은 지금도 승천하셔서 교회를 향하여 축복하고 계십니다. 그리고 승천하신 주님은 이제 하나님 보좌 우편에 앉으셨습니다.

여호와께서 내 주에게 말씀하시기를 내가 네 원수들로 네 발판이 되게 하기까지 너는 내 오른쪽에 앉아 있으라 하셨도다

시110:1

예수께서 이르시되 네가 말하였느니라 그러나 내가 너희에게 이르노니 이 후에 인자가 권능의 우편에 앉아 있는 것과

마26:64

예수님이 승천하셔서 하나님 보좌 우편에 앉으신 일은 위와 같은 구약의 예언들의 성취입니다. "예수님이 계속 앉아 계시면 얼마나 힘들까?" "보좌는 무슨 재료로 만들어졌을까?" 좌정에 대해 이렇게 문자적인 질문을 해서는 안 됩니다[7]. 오히려 우리는 승천이 주는 영적 유익에 관심을 기울여야 합니다. 이를 위해 사도신경과 하이델베르크 요리문답으로 좀 더 들어갑니다.

승천: 하늘에 오르셨고(ascendit ad caelos)

승천(昇天, Ascension)은 하늘에 오르셨다는 의미입니다. 성자 하나님이 오르신 하늘은 대기권이나 우주를 말하지 않습니다. 그곳은 바울이 다녀왔다고 말한 세 번째 하늘(Heaven)입니다. 그곳은 하나님이 계신 곳입니다. 성자 하나님은 이 세상에 오시기 전에 계시던 그 '하늘'로 가셨습니다[8]. 이 하늘은 물리적 공간이 아니라 전능하신 하나님 아버지의 우편으로서 영원한 복락의 장소입니다[9]. 하이델베르크 요리문답은 제46문답에서 다음과 같이 말합니다.

> 하이델베르크 요리문답 제46문
>
> "하늘에 오르셨고"라는 말로 당신은 무엇을 고백합니까?
>
> 답
>
> 그리스도는 제자들이 보는 가운데 땅에서 하늘로 오르셨고, 우리의 유익을 위하여 거기에 계시며, 장차 살아 있는 자들과 죽은 자들을 심판하러 다시 오실 것입니다.

성자 하나님은 감람산 자락에서 제자들이 보는 가운데 땅에서 하늘로 눈에 보이도록(visible) 올라갔습니다[10]. 성경을 통해 믿음의 선배들은 승천의 역사성을 믿었습니다. 사도신경이 요약하는 '높아지신' 예수 그리스도에 관한 고백들은 '낮아지신' 상태에서는 가려져 있었던 우리 주님의 영광을 잘 드러내 줍니다. 부활, 그리고 승천으로 완성된 그리스도의 더 높은 영광의 단계를 보여줍니다[11].

그런데 의문이 생깁니다. 예수님이 하늘에 오르셨다면 다음의 약속은 어떻게 됩니까?

> 내가 너희에게 분부한 모든 것을 가르쳐 지키게 하라 볼지어다 내가 세상 끝날까지 너희와 항상 함께 있으리라 하시니라
>
> 마28:20

예수님은 분명 세상 끝날까지 우리와 함께 하시겠다고 약속하셨습니다. 예수님이 지킬 수 없는 약속을 하셨을까요? 하이델베르크 요리문답 제47문답은 이렇게 가르칩니다.

> 하이델베르크 요리문답 제47문
>
> 그렇다면 세상 끝 날까지 우리와 함께 있으리라는 그리스도의 약속은 어떻게 됩니까?
>
> 답
>
> 그리스도는 참 인간이고 참 하나님이십니다. 그의 인성(人性)으로는 더 이상 세상에 계시지 않으나, 그의 신성(神性)과 위엄과 은혜와 성령으로는 잠시도 우리를 떠나지 않습니다.

예수님은 비록 그분의 인성으로는 우리와 함께 계시지 않지만 '신성과 위엄과 은혜와 성령으로' 우리와 항상 함께 계십니다[12]. 우리는 예수님과 분명히 함께 하고 있습니다. 그러나 이 부분에서 성자 하나

님의 신성과 인성이 나누어지는 것이 아니냐는 질문이 나올 수 있기에 하이델베르크 요리문답 제48문답이 이어서 나옵니다.

> 하이델베르크 요리문답 제48문
>
> 그런데 그리스도의 신성이 있는 곳마다 인성이 있는 것이 아니라면, 그리스도의 두 본성이 서로 나뉜다는 것입니까?
>
> 답
>
> 결코 그렇지 않습니다. 신성은 아무 곳에도 갇히지 않고 어디나 계십니다. 그러므로 신성은 그가 취하신 인성을 초월함이 분명하며, 그러나 동시에 인성 안에 거하고 인격적으로 결합되어 있습니다.

예수님은 신성과 인성의 인격적인 결합 안에서도 그분의 초월적인 신성으로 성도들과 분명히 함께 하십니다.

좌정: 전능하신 하나님 아버지의 우편에 앉아 계신다 (sedet ad dexteram Dei Patris omnipotentis)

하나님의 좌편은 어디이며 우편은 어디입니까? 두 방향은 어떠한 차이가 있습니까? 사실 성부 하나님은 영이시기에 왼쪽과 오른쪽은 사실상 존재하지 않습니다. '하나님 아버지의 오른쪽'은 비유적 표현입니다[13]. 성자 하나님이 성부 하나님의 오른쪽에 앉으셨다는 의미는 통치와 다스림의 관점에서 생각해야 합니다[14]. 우리는 이 표현을 '성부와 성자의 동등하심'과 '하나님과 함께 권능과 영예와 영광으로 통치하시는 예수님'으로 이해합니다. 하나님 우편은 호화로운 자리가 아니라 왕의 직무를 수행하는 자리입니다.

이러한 왕의 자리에 예수님은 앉으십니다. 예수님이 보좌 우편에 앉으신다는 말을 좌정(坐停, Session) 또는 재위(在位)라고 부릅니다. 천사들도 하늘에 있지만 하나님 우편에 앉지 못합니다. 그 자리는 오직 그리스도에게만 예비 되었습니다. 따라서 좌정은 그리스도의 왕 되심을 가장 확실히 표현하는 고백입니다.

한편 예수님은 할 일이 다 끝나서 천국 의자에서 편히 쉬고 계신 것이 아닙니다. 하늘에서도 여전히 그분의 일을 수행하십니다.

하이델베르크 요리문답 제50문

"하나님 우편에 앉아 계시며"라는 말이 왜 덧붙여졌습니까?

답

그리스도는 거기에서 자신을 그의 교회의 머리로 나타내기 위해서 하늘에 오르셨으며, 성부께서는 그를 통하여 만물을 다스리십니다.

예수님은 좌정하셔서 무슨 일을 하십니까? 요리문답은 그리스도가 교회의 머리가 되셔서 그분을 통해 아버지께서 만물을 다스리신다고 말합니다. 이것이 성자 하나님이 현재 하고 계시는 일입니다. 나머지 모든 사역은 과거와 미래의 일입니다[15].

한편 우리가 보편적으로 암송하는 사도신경에는 '아버지'(Patris)라는 표현이 빠져 있습니다. 한글 번역이 이를 제대로 살리지 못한 일이 아쉽습니다[16]. 라틴어 공인원문에는 하나님이 '아버지'라는 사실이 다시 강조되었고, 새번역 사도신경은 다행히 이 부분이 반영되었습니다.

승천이 우리에게 주는 유익

그러면 성자 하나님은 왜 승천하셨을까요? 바로 우리의 유익을 위해서입니다.

하이델베르크 요리문답 제49문

그리스도께서 하늘에 오르심은 우리에게 어떤 유익을 줍니까?

답

첫째, 그리스도는 우리의 대언자(代言者)로서 하늘에서 우리를 위해 그의 이비지 앞에서 간구하십니다.

둘째, 우리의 몸이 그리스도 안에서 하늘에 있으며, 이것은 머리 되신 그리스도께서 그의 지체(肢體)인 우리를 그에게로 이끌어 올리실 것에 대한 확실한 보증입니다.

셋째, 그리스도는 그 보증으로 그의 성령을 우리에게 보내시며, 우리는 성령의 능력으로 말미암아 그리스도께서 하나님 우편에 앉아 계신 위의 것을 구하고 땅의 것을 구하지 않습니다.

그리스도의 승천의 첫 번째 유익은 그리스도께서 우리의 대언자로서 하늘에서 우리를 위해 그의 아버지 앞에서 간구하신다는 사실입니다. 영원한 대제사장이신 예수님이 하나님 우편에서 우리의 대표로 계시는 한, 우리는 죄 사함이 완벽하며, 영원하다는 것을 확신합니다. 예수님이 하나님과 가장 가까이 계십니다. 바로 옆에서 우리를 위해 간구하십니다. 우리의 기도가 응답받을 수 있다는 확신이 바로 여기에 근거를 둡니다[17].

> 그러므로 자기를 힘입어 하나님께 나아가는 자들을 온전히 구원하실 수 있으니 이는 그가 항상 살아 계셔서 그들을 위하여 간구하심이라
>
> 히7:25

> 지금 우리가 하는 말의 요점은 이러한 대제사장이 우리에게 있다는 것이라 그는 하늘에서 지극히 크신 이의 보좌 우편에 앉으셨으니
>
> 히8:1

예수님이 하나님 아버지 우편에 계시는 자체가 우리를 위한 가장 강력한 중보입니다. 우리가 날마다 실패해도 은혜의 보좌 앞에 담대히 나갈 수 있는 것은 지금도 변함없이 중보하시는 주님의 사역 덕분입니다. 우리의 불완전한 선행을 하나님이 기꺼이 받으시는 이유도 바로 그리스도의 중보에 있습니다[18]. 우리 간구와 기도를 들으시며 하나님 아버지 앞에서 친히 우리를 대변해 주시는 놀라운 은혜를 우리는 분명히 누릴 수 있습니다.

그리스도 승천의 두 번째 유익은 그리스도께서 확실한 보증으로

우리의 육신을 위한 처소를 마련하신다는 사실입니다. '그리스도 안에서 우리의 육신이 하늘에 있다'는 말은 사실 실감하기 어렵습니다. 그러나 이 말은 그리스도와 성도의 연합의 성격이 어떤 것인지 구체적으로 보여줍니다. 믿음을 통해 한 몸으로 연합되었기에 우리는 승천하신 그리스도와 '함께' 있습니다. 머리이신 그리스도와 몸인 교회는 분리할 수 없으니, 우리 역시 하늘에 계신 그리스도와 함께 있는 것입니다[19].

> 허물로 죽은 우리를 그리스도와 함께 살리셨고 (너희는 은혜로 구원을 받은 것이라) 또 함께 일으키사 그리스도 예수 안에서 함께 하늘에 앉히시니
>
> 엡2:5-6

물론 우리 스스로 하나님 보좌 우편에 앉는 것은 아닙니다. 그러나 분명 우리는 하늘에서 우리 주님과 함께 앉을 것입니다. 그리스도의 부활이 우리의 부활이고, 그리스도의 승천이 우리의 승천입니다. 그리스도가 우리의 머리이시기에, 그분이 하늘에 거하시면 그분의 몸인 우리도 하늘에 속해 있습니다[20].

> 내 아버지 집에 거할 곳이 많도다 그렇지 않으면 너희에게 일렀으리라 내가 너희를 위하여 거처를 예비하러 가노니 가서 너희를 위하여 거처를 예비하면 내가 다시 와서 너희를 내게로 영접하여 나 있는 곳에 너희도 있게 하리라
>
> 요14:2-3

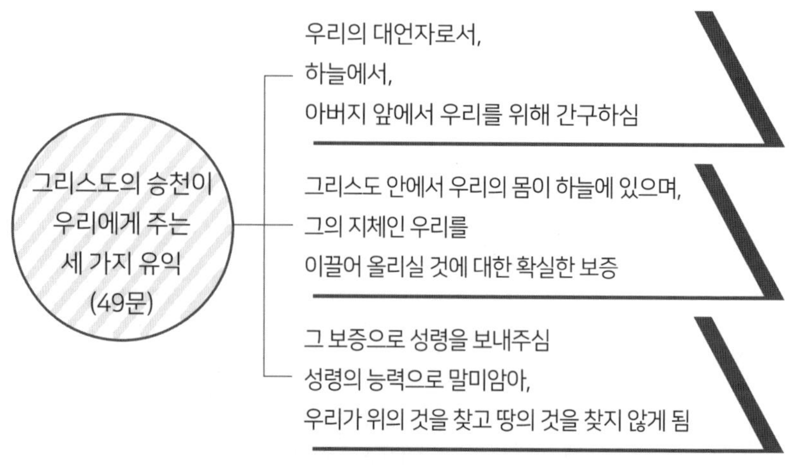

천국의 집에서는 우리는 하나님을 아버지로, 예수님을 흠 없는 신랑으로 모시고 영원히 충만한 삶을 누리며 삽니다. 예수님은 '하나님 아버지의 집'을 우리를 위해 준비하고 계십니다. 현실에서 우리가 작은 집에 산다고 위축되거나, 큰 집에 산다고 자랑할 이유가 없습니다. 내가 건강한 것과 몸이 약한 것도 상관이 없습니다. 우리는 늘 승천의 은혜를 고백하며 하늘에 잇대어 살아갑니다.

그리스도의 승천의 세 번째 유익은 그리스도께서 그의 영을 보내주셔서, 우리가 땅의 것을 찾지 않고 하늘의 것을 찾도록 하신다는 사실입니다. 승천하신 주님은 교회를 위해 가장 먼저 성령을 선물로 주셨습니다. 성령 하나님은 주님이 정말 승천하셨으며, 그 승천하신 주님이 자신의 지체들인 교회를 자신에게 이끌어 올리신다는 사실의 큰 보증이십니다.

성령 하나님은 믿음 안에서 하늘에 계신 그리스도를 보게 합니다.

'하늘'은 성도의 모든 삶의 궁극적인 목표가 되어야 합니다. 그리스도인들은 세상 사람들과 근본적으로 다릅니다. 그들은 세상에 살면서 땅의 것을 바라보다가 결국 땅에 묻혀 흙으로 돌아갑니다. 그러나 우리는 머리이신 그리스도께서 하늘에 계시기에, 비록 이 땅을 살아가지만 땅이 최종 목표가 아닙니다[21). 그러므로 우리는 땅에 있는 우리 육체의 죄악들과 싸우며 점점 더 거룩한 삶을 향해 노력해야 합니다. 사도바울은 이렇게 권면합니다.

> 그러므로 너희가 그리스도와 함께 다시 살리심을 받았으면 위의 것을 찾으라 거기는 그리스도께서 하나님 우편에 앉아 계시느니라 위의 것을 생각하고 땅의 것을 생각하지 말라 이는 너희가 죽었고 너희 생명이 그리스도와 함께 하나님 안에 감추어졌음이라 우리 생명이신 그리스도께서 나타나실 그 때에 너희도 그와 함께 영광 중에 나타나리라 그러므로 땅에 있는 지체를 죽이라 곧 음란과 부정과 사욕과 악한 정욕과 탐심이니 탐심은 우상 숭배니라
>
> 골3:1 5

참된 신앙의 중요한 특징은 '높아지신 그리스도'를 바라보는 신앙입니다. 참된 그리스도인은 오늘도 살아계셔서 나를 위해 일하시는 '높아지신 예수 그리스도'를 믿고 의지하는 사람입니다[22)]. 우리가 구원받은 그리스도인이라면 땅이 아니라 하늘을 우러러 보며 살아야 합니다[23)].

그리스도의 승천은 단지 이천년 전의 역사적 사실일 뿐만 아니라

오늘 우리에게도 여전히 영향을 미치는 그리스도의 중대한 구속사역입니다. 우리는 이러한 확신 가운데 하늘에 있는 것들을 사모합니다. 땅에 살면서도 그 눈을 하늘에 두고 소망 가운데 살아갑니다.

좌정이 우리에게 주는 유익

한편 그리스도의 좌정에 대한 고백은 우리에게 어떤 유익을 줍니까? 예수님이 하나님 보좌 우편에 앉아 계시다는 사실이 무슨 유익이 있기는 할까요? 하이델베르크 요리문답을 살펴봅시다.

하이델베르크 요리문답 제51문

우리의 머리 되신 그리스도의 이 영광은 우리에게 어떤 유익을 줍니까?

답

첫째, 그리스도는 성령으로 그의 지체(肢體)인 우리에게 하늘의 은사들을 부어 주십니다.
둘째, 그는 그의 권능으로 우리를 모든 원수들로부터 보호하고 보존하십니다.

그리스도는 좌정을 통해 교회의 머리가 되시며 하나님은 그리스도를 통해 만물을 다스리십니다.

이러한 그리스도의 좌정의 첫 번째 유익은 교회의 머리이신 그리스도께서 하늘의 은사들을 부어주신다는 사실입니다. 하나님 우편에 앉으셔서 왕으로 즉위하신 성자 하나님은 성부 하나님으로부터 성령을 받아 이 땅에 성령을 보내셨습니다. 사도행전 2장 33절의 말씀을 보겠습니다.

> 하나님이 오른손으로 예수를 높이시매 그가 약속하신 성령을 아버지께 받아서 너희가 보고 듣는 이것을 부어 주셨느니라
>
> 행2:33

영원하신 우리의 왕은 교회의 머리로서 하늘에 속한 모든 은혜를 아버지께 받아 자신의 교회를 위해 주십니다. 하늘의 은사들은 신비적 능력만을 의미하지 않습니다. 성령께서 우리 안에 역사하셔서 우리가 믿음으로 그리스도의 구속을 받아들이고 하나님의 자녀가 되는 일입니다. 복음을 듣고 회개하며 새로운 삶을 다짐하는 일은 우리 스스로 행하는 일이 아니라 하나님 우편에 앉아 세상을 다스리시는 예수님이 성령 하나님을 통해 행하시는 일입니다[24].

그리스도는 이 땅에서 승리하여 하늘에 오르셨고 하나님으로부터 선물을 받아서 우리에게 나누어 주십니다. 이 선물은 바로 교회에 주신 '직분'입니다. 그리스도는 승천 이후 교회가 스스로 알아서 잘 지내도록 내버려두시지 않으셨습니다. 그들에게 꼭 필요한 수단을 주셨는데 바로 사도, 선지자, 복음 선포자, 목사와 교사의 직분입니다. 말씀을 전하는 자들을 교회에 세우셔서 교회가 든든히 설 수 있도록 하십니다[25].

그리스도의 좌정의 두 번째 유익은 그리스도께서 우리를 모든 원수들로부터 보호하시고 지켜 주신다는 사실입니다. 성자 하나님은 좌정하셔서 자신의 교회를 지키십니다.

> 주의 오른쪽에 계신 주께서 그의 노하시는 날에 왕들을 쳐서 깨뜨리실 것이라 뭇 나라를 심판하여 시체로 가득하게 하시고 여러 나라의 머리를 쳐서 깨뜨리시며
>
> 시110:5-6

이 세상에서 그분은 우리 죄를 대신하시려고 세상의 권세자들에게 철저히 고난을 받았습니다. 그는 한 번도 자신의 힘을 사용하여 그들에게 대항하지 않았습니다. 그러나 이제는 다릅니다. 승천하셔서 좌정하신 그리스도는 더 이상 그들을 내버려 두지 않으시고 자신의 교회를 보호하고 보존하십니다.

물론 이 말은 우리가 이 세상에서 행복한 삶을 항상 누린다는 의미가 아닙니다. 교회에 다니면 항상 떵떵거리며 살 수 있다는 뜻도 아닙니다. 때로는 순교자 스데반의 경우처럼 그리스도께서 아무 일도 하지 않으시는 것처럼 보일 수도 있습니다. 그러나 진실로 그러할까요? 결코 그렇지 않습니다. 우리 주님은 스데반에게 자신의 영광스러운 모습을 보이셨습니다.

> 스데반이 성령 충만하여 하늘을 우러러 주목하여 하나님의 영광과 및 예수께서 하나님 우편에 서신 것을 보고
>
> 행7:55

자신이 믿는 주님, 하늘 보좌 우편에 계신 만왕의 왕을 분명히 보았기에 그는 담대히 자신의 믿음을 지킬 수 있었습니다. 그의 실력이 아니라 하나님의 영광을 보았기 때문에, 그의 의지와 결단력, 도덕적 탁월함이 아니라 보좌 우편에 앉으신 예수 그리스도의 영광을 보았기 때문에 스데반은 순교할 수 있었습니다.

사랑하는 이가 떠난 광경은 슬프지만 예수님이 떠난 하늘을 바라보는 제자들은 천사들의 위로를 받았습니다.

> 이르되 갈릴리 사람들아 어찌하여 서서 하늘을 쳐다보느냐 너희 가운데서 하늘로 올려지신 이 예수는 하늘로 가심을 본 그대로 오시리라 하였느니라
>
> 행1:11

우리도 동일한 위로를 받습니다. "슬퍼하지 말라. 너희가 사랑하는 구주를 다시 볼 것이다." 이것이 모든 거듭난 성도의 참된 소망입니다. 그리스도는 자신의 모든 백성을 집으로 데려가시려고 다시 오십니다. 그때까지 구주께서는 하늘의 성소에서 우리를 위해 일하십니다[26].

세상의 눈으로 볼 때 우리의 인생은 연약하고 보잘 것 없습니다. 하지만 1세기의 교회는 더 심한 상황이었습니다. 예수님이 떠나신 후 하나님이 이 적은 무리들이 자신의 힘으로 살도록 내버려두셨다면 어떻게 되었겠습니까? 사방에 핍박이 있던 기독교의 초창기, 보좌에 앉으신 주인이신 그리스도의 도움이 아니라면 교회는 벌써 망

했을 것입니다. 하지만 교회는 망하지 않았고 앞으로도 절대 망하지 않습니다[27].

오늘날까지도 교회는 건재합니다. 우리 개인들 역시 신앙을 버릴 만한 고통이 있어도 인내하며 여기까지 왔습니다. 이 모든 것은 주님의 다스림과 보존하심 때문에 가능한 일입니다[28].

> 이스라엘은 이제 말하기를 여호와께서 우리 편에 계시지 아니하셨더라면 우리가 어떻게 하였으랴 사람들이 우리를 치러 일어날 때에 여호와께서 우리 편에 계시지 아니하셨더라면 그 때에 그들의 노여움이 우리에게 맹렬하여 우리를 산채로 삼켰을 것이며 그 때에 물이 우리를 휩쓸며 시내가 우리 영혼을 삼켰을 것이며 그 때에 넘치는 물이 우리 영혼을 삼켰을 것이라 할 것이로다 우리를 내주어 그들의 이에 씹히지 아니하게 하신 여호와를 찬송할지로다
>
> 시124:1-6

그리스도께서 보좌에 앉아 계심을 믿을 때 하나님의 백성은 위로를 받습니다. 하나님의 백성이 아닌 사람, 그리스도를 믿지 않는 사람은 그리스도의 다스리심과 통치하심으로부터 아무 위로를 받을 수 없습니다. 오직 예수님이 우리 삶의 주인이실 때만 이러한 능력과 위로를 받을 수 있습니다[29].

예수님이 하나님 우편에서 왕이 되신다는 고백은 절대로 메마른 교리나 사변적 개념이 아닙니다. 이것은 날마다 반드시 겪어야 하는 체험의 문제입니다. 승천과 좌정의 교리를 제대로 알면 교회다운 교

회의 회복이 일어납니다.

인도와 다스림과 위로

우리는 예수님의 탄생과 죽음, 그리고 부활의 의미에 대해 나름대로 삶 속에 적용하려 노력했습니다. 그러나 이제 믿음의 눈을 더 크게 떠야 합니다. 예수님이 이천년 전 우리의 구원을 위해 행하신 일뿐만 아니라 지금 이 순간에도 우리의 구원을 위해 행하시는 일에 관심을 가지고 우리의 삶 속에 적용해야 합니다.

우리의 대변인이 되시며, 우리의 몸을 천국으로 데려가시고, 성령을 보내 주시는 승천의 유익을 누려야 합니다. 하늘의 은사들을 부어 주시고, 모든 원수들로부터 보호하시고 지켜 주시는 좌정의 유익을 누려야 합니다. "주 예수께서 통치하신다."이러한 승천과 좌정의 메시지를 고백해야 합니다.

집을 잃은 위기 속에서 하나님을 바라보는 일이 쉽지 않습니다. 사랑하는 자식이 아플 때 마음의 평안을 유지하기 어렵습니다. 끊임없는 위협과 유혹의 소리를 들으며 믿음을 지키는 것은 터무니없어 보입니다. 하나님만을 섬기려고 거듭 다짐하지만 고난의 위기 앞에 넘어지는 약함과 악함이 우리의 모습입니다. 우리 모두는 위험과 위협 앞에 벌거벗은 채 살아가는 연약한 존재입니다.

그러나 세상의 관점이 아닌 승천하시고 좌정하신 성자 하나님이 우리의 위로가 되십니다. 고난과 아픔 중에도, 불안과 염려 중에도 하나님은 우리를 떠나지 않습니다. 우리의 무능에도 불구하고 여전히 그 일은 하나님의 주권적인 다스림 가운데 있다고 확신합니다. 그 하나님이 우리의 힘이요, 소망입니다. 연약한 우리가 삶의 무게를 전혀 감당할 수 없을 때 주님이 말씀하십니다.

> 우리가 사방으로 우겨쌈을 당하여도 싸이지 아니하며 답답한 일을 당하여도 낙심하지 아니하며 박해를 받아도 버린 바 되지 아니하며 거꾸러뜨림을 당하여도 망하지 아니하고 우리가 항상 예수의 죽음을 몸에 짊어짐은 예수의 생명이 또한 우리 몸에 나타나게 하려 함이라
>
> 고후4:8-10

우리는 결코 망하지 않습니다. 우리는 결코 지지 않습니다. 하나님이 우리를 버리지 않습니다. 하나님은 답답한 현실에서도 우리가 하나님의 주권을 신뢰하며, 승천하시고 좌정하신 예수 그리스도로 말미암아 교회다운 교회를 세우기를 원하십니다. 우리가 그 하나님의 신실하신 주권을 믿는다면 고난은 '포기'나 '버림'이 아니라 오히려 '인도하심'과 '다스리심'과 '위로'가 됩니다. 그리스도의 승천하심과 좌정하심의 참된 유익을 누리면 교회의 회복이 시작됩니다.

나눔을 위한 질문 Questions for Group Sharing

1. 예수님이 하늘에 오르시고, 하나님의 보좌 우편에 앉아 계신다는 내용에 대해 우리가 신앙고백을 해야 하는 이유가 무엇일까요? (181–184p)

2. 그리스도께서 하늘에 오르심, 즉 승천이 왜 우리에게 유익이 될까요? (189–194p)

3. 그리스도께서 하나님 보좌 우편에 좌정하심은 왜 우리에게 유익이 될까요? (194–198p)

4. 승천하시고 좌정하신 주님이 현재 그분의 백성들을 어떻게 통치하십니까? (199–200p)

설교 시청 가이드 | A Guide to Sermon Video

2018년 4월 8일(주일), 사월교회당의 공예배에서 강론된 "승천과 좌정, 교회다운 교회의 회복"(히4:14)은 대한예수교장로회 사월교회 홈페이지(www.sawolch.com)와 오른쪽의 QR코드를 통해 언제든지 시청할 수 있습니다.

미주

1) 황원하, 『하이델베르크 요리문답 해설』(평택: CNB, 2015), 243.
"역사적으로 교회는 부활주일을 지키면서 승천주일도 지켰다. 하지만 오늘날 상당수의 교회는 부활주일을 지키면서 승천주일을 지키지 않고 있다.
2) Cornelis Neil Pronk, *Apostles' Creed*, 임정민 역, 『(하이델베르크 교리문답으로 보는)사도신경』(수원: 그책의사람들, 2013), 155.
승천의 사건을 직간접적으로 말하는 몇 구절을 언급해 보면 막16:19; 눅14:50-51, 20;50-53; 요6:61-62, 14:1-4, 16:7; 행1:9-11이 있으니 그리스도의 승천은 충분히 증언된 사실이다.
3) 이성호, 『특강 하이델베르크 요리문답 (상)』(안산: 흑곰북스, 2011), 177.
4) 이운연, 『성경으로 풀어낸 사도신경』(여수: 그라티아, 2016), 130.
5) 황원하, 『하이델베르크 요리문답 해설』, 245; 이상원, 『21세기 사도신경 해설』(서울: 솔로몬, 2004), 72.
6) 이운연, 『성경으로 풀어낸 사도신경』, 131-132.
"성육신 전에는 성자 하나님의 신성만이 하늘에 계셨으나, 승천하실 때는 인성이 함께 하늘로 오르셨다. 성자 하나님께서 승천하실 때 구름이 그분을 가렸으며, 영광 가운데 올라가셨다."
7) 성경에서 하나님을 표현할 때 인간이 자신의 모형을 투영하여 알기 쉽게 표현하는 걸 신인동성동형론(神人同性同形論, 擬人化, Anthropomorphism)표현이라고 한다. John MacArthur, *(The) God who loves*, 조계광 역, 『우리를 사랑하시는 하나님』(서울: 생명의말씀사, 2003), 161-162; 문병호, 『30주제로 풀어 쓴 기독교 강요』(서울: 생명의말씀사, 2011), 58을 참조하라.
8) 손재익, 『사도신경: 12문장에 담긴 기독교 신앙』(서울: 디다스코, 2017), 207.
9) 황원하, 『하이델베르크 요리문답 해설』, 244.
10) 부활과 승천의 차이 중 하나이다. 예수님의 부활 과정을 본 사람은 아무도 없고 '이미 부활하신' 예수님을 보았을 뿐이다. 하지만 승천은 제자들이 두 눈으로 똑똑히 보는 가운데 일어났다.
11) 김진흥, 『교리문답으로 배우는 장로교 신앙』(서울: 생명의양식, 2017), 143.; J. I. Packer, Growing in Christ, 김진웅 역, 『(제임스 패커의 기독교 기본 진리) 사도신경』(서울: 아바서원, 2012), 91.
하늘의 의미는 세 가지이다. "① 영원히 스스로 살아가시는 하나님의 삶이다. 하나님은 지구가 없었을 때에도 항상 '하늘에' 사셨다. ② 하나님의 삶을 공유하는 천사나 사람들의 상태를 말한다. 이런 의미에서 그리스도인의 상급, 보물, 유산은 모두 '하늘에' 있으며, 하늘은 그리스도인의 최후 소망을 모두 함축한 말이다. ③ 무지개가 하나님의 영원한 언약에 대한 표상이듯이 우리 위에 펼쳐진 하늘은 우리가 알고 있는 그 어떤 것보다 무한하신 하나님의 영원한 삶의 시공간에 대한 표상이다."

12) 황원하, 『하이델베르크 요리문답 해설』, 248.

주후 451년에 작성된 칼케톤 신조에 따르면, 그리스도의 신성과 인성은 서로 혼동되거나 변화하지 않으며, 분리되거나 나누어지지 않는다. 그리스도의 신성와 인성은 구분되지만 나누어지지 않고 영원히 함께 있다.

13) Cornelis Neil Pronk, Apostles` Creed, 168.

14) 손재익, 『사도신경: 12문장에 담긴 기독교 신앙』, 216.

15) 손재익, 『사도신경: 12문장에 담긴 기독교 신앙』, 214-215.

"성자 하나님께서 하늘로 오르시는 것은 여러 사람들이 직접 보았다. 하지만 하나님 아버지의 오른쪽에 앉으시는 것은 아무도 본 사람이 없다. 볼 수 있는 사람도 없다. 성자 하나님께서 하나님의 오른쪽에 앉으셨다고 기록한 사람들(마가, 바울, 히브리서 기자, 베드로)조차도 볼 수 없었다. 그럼에도 불구하고 우리는 이 사실을 믿고 고백한다. 오직 성령 하나님의 감동으로 기록된 성경의 가르침에 기초한 고백이다."

16) 이재철, 『성숙자반』(서울: 홍성사, 2007), 315.

17) 이성호, 『특강 하이델베르크 요리문답 (상)』, 181.

18) 김진흥, 『교리문답으로 배우는 장로교 신앙』, 144.

19) 이성호, 『특강 하이델베르크 요리문답 (상)』, 182.

20) 황원하, 『하이델베르크 요리문답 해설』, 249.

21) 이성호, 『특강 하이델베르크 요리문답 (상)』, 183.

종교개혁 당시, 그리스도의 승천에 대해서는 많은 대립이 있었습니다. 그리스도께서 승천하셨음에도 불구하고 로마 가톨릭과 루터파는 승천하신 그리스도의 몸이 어떤 식으로든 이 땅에도 계속 있어야 한다고 주장하였다. 그러나 개혁교회는 그렇게 생각하지 않았다. 비로 그가 높이 계신다 할지라도 이제는 이전과 다른 방식으로 어떻게 보면 훨씬 가까이 우리와 함께 계신다. 승천은 단지 2천 년 전의 역사적 사실일 뿐 아니라 오늘 우리에게도 여전히 영향을 미치는 그리스도의 중대한 구속사역이다.

22) 김진흥, 『교리문답으로 배우는 장로교 신앙』, 144.

23) 이재철, 『성숙자반』, 314.

"예수님께서 하늘에서부터 성령의 능력 속에서 인간 세상으로 잉태되어 들어오셨다가 구원사역을 마치신 뒤에 다시 하늘로 올라가셨다. 구원은 철저하게 하늘 위에서 내려왔음을 강조한다."

24) 황원하, 『하이델베르크 요리문답 해설』, 257.

25) 이성호, 『특강 하이델베르크 요리문답 (상)』, 187.

26) Cornelis Neil Pronk, *Apostles' Creed*, 158.

27) Cornelis Neil Pronk, *Apostles' Creed*, 173.

28) 황원하, 『하이델베르크 요리문답 해설』, 258.

29) Cornelis Neil Pronk, *Apostles' Creed*, 176-177.

8

성도의 황홀한 기다림, 마라나타!

"그러나 주의 날이 도둑 같이 오리니 그 날에는 하늘이 큰 소리로 떠나가고 물질이 뜨거운 불에 풀어지고 땅과 그 중에 있는 모든 일이 드러나리로다 이 모든 것이 이렇게 풀어지리니 너희가 어떠한 사람이 되어야 마땅하냐 거룩한 행실과 경건함으로 하나님의 날이 임하기를 바라보고 간절히 사모하라 그 날에 하늘이 불에 타서 풀어지고 물질이 뜨거운 불에 녹아지려니와 우리는 그의 약속대로 의가 있는 곳인 새 하늘과 새 땅을 바라보도다"

벧후3:10-13

저리로서
산 자와 죽은 자를 심판하러 오시리라

거기로부터 살아 있는 자와 죽은 자를 심판하러 오십니다.(새번역)

and he will come again to judge the living and the dead.
(현대영어)

inde venturus (est) judicare vivos et mortuos.(라틴어 공인원문)

8. 성도의 황홀한 기다림, 마라나타!

그러나 주의 날이 도둑 같이 오리니 그 날에는 하늘이 큰 소리로 떠나가고
물질이 뜨거운 불에 풀어지고 땅과 그 중에 있는 모든 일이 드러나리로다
이 모든 것이 이렇게 풀어지리니 너희가 어떠한 사람이 되어야 마땅하냐
거룩한 행실과 경건함으로 하나님의 날이 임하기를 바라보고 간절히 사모하라
그 날에 하늘이 불에 타서 풀어지고 물질이 뜨거운 불에 녹아지려니와
우리는 그의 약속대로 의가 있는 곳인 새 하늘과 새 땅을 바라보도다
벧후3:10-13

그리스도의 재림을 고대하며

고등학교 시절 고 손양원 목사님이 작사하신 "주님 고대가"를 점심 시간에 등나무 벤치에 앉아 부르곤 했습니다. 어느 날 학생주임 선생님이 그 노래를 들으시고는 상담실로 불렀습니다. "영인아! 공부가 많이 힘드니? 아니면 집에 무슨 문제가 있어? 네 친구들은 가수들 노래를 부르는데 대체 어디서 그런 곡을 배웠니?"

제가 딱히 허무주의자였거나 재림을 간절히 갈망해서 그 찬양을 부른 것은 아닙니다. 그 당시 교회 목사님이 일제강점기와 6.25동란이라는 어두운 현실을 겪으면서 그리스도의 재림을 간절히 사모하며 이 찬양을 불렀습니다. 자주 듣다보니 그 찬양을 저도 모르게 따라한 것입니다.

주님은 정말 다시 오실까요? 오늘날 많은 이들이 예수님을 기다리는 이유를 이렇게 말합니다. "주님이 오시면 좋을 거야! 지금보다 훨씬 행복할 거야!" 틀린 말은 아니지만 막연합니다. 주님의 재림을 지나치게 협소하게 이해했습니다.

사도신경은 무엇을 말합니까? 천국, 상급, 복을 선물로 주겠다고 말하지 않고 이렇게 말합니다. "저리로서 산 자와 죽은 자를 심판하러 오시리라." 딱 잘라 말합니다[1]. 그렇습니다. 바로 이런 이유로 사람들은 예수님의 재림을 더 이상 기다리지 않습니다. 학창 시절에 성적표가 집에 도착하는 것을 기다리지 않는 것과 비슷합니다. 이러한 심판에 대한 거부반응은 초대교회의 성도들에게도 팽배했습니다.

심판을 부인하고 싶은 인간의 욕망

초대교회 성도들은 항상 주님의 재림과 심판을 고대했을 것이라고 생각하지만 심판을 부인한 자들도 있었습니다(벧후3:1-10).

> 이르되 주께서 강림하신다는 약속이 어디 있느냐 조상들이 잔 후로부터 만물이 처음 창조될 때와 같이 그냥 있다 하니
>
> 벧후 3:4

이들의 요지가 무엇입니까? "예수님이 다시 오신다는 약속이 어디 있느냐? 하나님의 심판은 없다. 우리가 지내온 세상을 보라! 세상은 어제도, 일 년 전에도, 십 년 아니 백 년, 심지어 천 년 전에도 그대

로 있었다. 이 세상은 앞으로도 그대로 있을 것이다!" 현대의 성도들의 말이 아닙니다. 예수님이 부활하시고, 승천하신 후 얼마 되지 않았을 때, 불과 몇십 년 지나지 않은 시기에 거짓 교사들이 '경험론'을 가지고 한 말입니다[2].

이처럼 교회를 다니는 사람들조차 은연중에 거부하고 싶은 것이 하나님의 심판입니다. 이것이 인간 본연의 욕망입니다. 베드로는 이러한 거짓 교사들의 주장을 어떻게 반론하며 무효화시킵니까?

> 이는 하늘이 옛적부터 있는 것과 땅이 물에서 나와 물로 성립된 것도 하나님의 말씀으로 된 것을 그들이 일부러 잊으려 함이로다 이로 말미암아 그 때에 세상은 물이 넘침으로 멸망하였으되
>
> 벧후3:5-6

먼저 베드로는 늘 그대로 존재하는 것처럼 보이는 세상이 이미 한 번 물로 심판을 받았던 세상이라고 지적합니다.

> 이제 하늘과 땅은 그 동일한 말씀으로 불사르기 위하여 보호하신 바 되어 경건하지 아니한 사람들의 심판과 멸망의 날까지 보존하여 두신 것이니라
>
> 벧후3:7

이어서 베드로는 다시 한 번 심판이 있는데 이번에는 불로 세상이 심판받을 것이라고 단언하며, 공박(攻駁)합니다.

심판을 부인하고 싶은 욕망은 현대의 교회성도들도 마찬가지입니

다. 재림하시면 우리를 더 좋은 곳으로 데려가시려고, 행복하게 해 주시려고 오신다는 점만 강조합니다. '심판'이라는 명백한 진실을 숨겨 놓고 주의 강림에 대한 약속이 없다고 주장하던 거짓 선지자들과 비슷한 생각을 하고 있지는 않습니까?

오늘날 그리스도의 재림과 심판의 의미가 이토록 퇴색한 이유가 무엇일까요? 아직 인생에 해보지 못한 일들이 많아서 주님의 재림을 미루어야 합니까? 아니면 심판, 지옥, 형벌과 같은 단어는 대단히 거칠고 무서워서 교양이 없어 보이기에 언급하지 않습니까? 우리는 서로 나긋한 목소리로 하나님이 당신을 사랑하시며, 당신은 사랑받기 위해 태어난 사람이라고 말합니다. 결국 내가 원하는 내 편이신 하나님만을 원합니다[3]. 설교자도 심판이나 지옥형벌을 말하면 성도들이 부담을 느낀다고 생각합니다. 하지만 이는 모두 재림, 종말, 심판과 같은 단어를 오해한 결과입니다.

재림과 종말에 대한 오해

힌두교나 불교와 같은 범신론적인 사상의 역사관, 시간관은 어떻습니까? 힌두교, 불교처럼 범신론적인 사상에서 역사관, 시간관은 어떻습니까? 윤회, 즉 원형입니다. 전생에는 인간이어도 잘못 살면 축생으로 태어납니다. 그래서 이 땅에서 선한 일을 하고 업적을 쌓아야 다시 인간으로 태어날 수 있습니다.

하지만 개혁주의 신학의 역사관과 시간관은 직선입니다. 이 관점에서 종말은 어떤 특정한 때가 아니라 승천과 재림 사이의 시기를 말합니다. 종말은 구원과 심판 사이에서 움직이고 있는 행동의 관점으로 이해해야 합니다[4]. 즉 종말은 언젠가 다가올 어떤 때가 아니라 지금 이미 우리가 살아가고 있는 기간입니다. 예수님을 모든 역사의 중심으로 두고 창조, 타락, 구속, 종말로 구분하는 것은 한 시점, 혹은 시간의 개념이 아니라 역사적이며 순서적인 개념입니다[5]. 그래서 종말은 시간이 아니라 기간, 예수님의 초림부터 재림까지를 의미합니다.

그러면 왜 예수 그리스도는 두 번이나 오실까요? 그리스도의 초림은 집의 터를 닦는 일이고 그분의 재림은 건물을 완성하는 일입니다. 초림은 씨를 뿌리는 일이고 재림은 추수를 하는 일입니다. 그리스도의 초림으로 인해 시작된 구속이 그분의 재림으로 인해 완성됩니다[6].

사람들은 이러한 재림과 종말에 대해 때론 잘못된 이해를 가집니다. "성자 하나님은 언제 이 세상에 다시 오실까?" 성경은 분명히 이러한 호기심을 금지했음에도 불구하고 사람들은 그 때를 궁금해 합니다. 이로 인해 두 양단의 오해가 생겼습니다.

먼저 극단적 종말론자, 다른 말로 시한부 종말론자들은 종말의 때와 시기를 알 수 있다고 말합니다. 이들은 "성령을 통해서 얼마든지 그 때를 알 수 있으며, 그 때를 알면 다가올 환란을 면할 수 있다"고 가르칩니다[7]. 어떤 이들은 마태복음 24장 14절을 참고하면서 "복음이 땅 끝까지 전해지면 주님이 다시 오시니까 빨리 복음을 전해서 재림을 앞당기자"라고 말합니다. 주님의 복음을 부지런히 전하는 일은 당연하지만 인위적으로 재림의 시기를 조절하겠다는 것은 전혀 성경적인 발상이 아닙니다. 우리는 결코 재림의 시기를 조절할 수 없습니다. 그날은 전적으로 하나님의 주권 아래 있습니다[8].

또 다른 종말에 대한 극단적 이해는 그리스도가 다시 오시는 일에 대해 아예 긴장감이나 기대감이 없는 무관심입니다. 이들은 "예수님은 아주 먼 훗날에 오시니까, 적어도 수 년 안에는 오시지 않으니까 지나치게 관심을 가지는 것이 비신앙적이야"라고 생각합니다. 이러한 양극단의 태도는 성경을 제대로 이해하지 못한 결과입니다[9].

성경은 주님의 재림에 대해 무엇이라고 말합니까?

> 그러나 그 날과 그 때는 아무도 모르나니 하늘의 천사들도, 아들도 모르고 오직 아버지만 아시느니라
>
> 마24:36

재림의 시기는 성부 하나님 외에는 아무도 모릅니다. 그러면 재림의 시기는 왜 비밀일까요?[10]

> 또한 너희가 이 시기를 알거니와 자다가 깰 때가 벌써 되었으니 이는 이제 우리의 구원이 처음 믿을 때보다 가까웠음이라 밤이 깊고 낮이 가까웠으니 그러므로 우리가 어둠의 일을 벗고 빛의 갑옷을 입자
>
> 롬13:11-12

> 너희도 길이 참고 마음을 굳건하게 하라 주의 강림이 가까우니라
>
> 약5:8

사도들은 주님 재림에 대해 올바른 태도가 무엇인지 알려줍니다. "주님의 재림은 오늘 또는 지금 당장이라도 일어날 수 있다. 예수 그

리스도의 심판대 앞에 우리는 당장 심판을 받을지도 모른다." 이들은 초지일관(初志一貫) 이렇게 말하며 현실적인 긴장감을 유지하며 살았습니다. 초대 교회 성도들의 삶의 태도는 항상 임박한 주님의 재림에 대해 긴장감과 진지함이 있었습니다[11].

재림의 시기를 알지 못한다는 사실이 오히려 그들로 하여금 항상 깨어 있게 만들고, 현재의 삶에 더 충실하게 만들었습니다. 그들은 하나님과의 관계, 현재 나의 영적 상태에 관심을 가지고 점검하며 살았습니다. 그들에게 과거의 경건했던 신앙의 추억은 의미가 없었으며 또 오늘의 경건한 삶을 내일로 미루는 식의 안일함도 없었습니다. 그들은 항상 지금 당장 주님의 심판대 앞에서 설 자들처럼 긴장감과 경외심을 가지고 진지하게 하루하루를 살았습니다[12]. 우리 모두도 이러한 건강한 종말론적 긴장감을 가지며 살아야 합니다.

심판에 대한 오해

어떤 이들은 때로 심판이 없었으면 좋겠나고 말합니다. 심판의 개념을 반쪽만 이해한 결과입니다. 그러면 하나님의 입장에서 심판은 어떤 의미를 가집니까?

> 주의 약속은 어떤 이들이 더디다고 생각하는 것 같이 더딘 것이 아니라 오직 주께서는 너희를 대하여 오래 참으사 아무도 멸망하지 아니하고 다 회개하기에 이르기를 원하시느니라
>
> 벧후3:9

하나님의 입장에서 심판은 하나님의 오래 참으심과 공의의 성품을 드러냅니다. 위의 본문을 읽으면 알곡과 가라지의 비유가 생각납니다. "예수님! 가라지를 뽑을까요?" "아니다. 알곡이 다칠 수 있으니 추수 때까지 그냥 두어라." 하나님이 심판의 날을 늦추신 이유가 무엇입니까? 하나님이 공의로우시지 않거나 공의를 행할 능력이 없으신 것이 아닙니다. 사랑의 하나님이 우리를 오래 참으셔서 인간에게 그의 사랑과 자비를 나타내십니다. 하지만 하나님의 공의로운 판결이 영원히 보류되지는 않습니다[13]. 마지막 심판의 날에 하나님은 분명히 공의로운 판결을 시행하십니다.

하나님의 입장에서 심판의 날은 사람에게 벌을 주는 날이 아닙니다. 심판의 날은 세상에서 악을 일삼고, 하나님이 없다고 의도적으로 거부하던 자들에게 하나님의 살아계심과 공의로우심을 드러내고 그가 만물의 통치자요, 의로운 심판장이라는 사실을 온 우주에 선언하며 모든 것을 바로잡는 날입니다[14]. 하나님은 심판의 연기와 심판의 시행 모두를 통해 분명히 영광을 받으십니다. 우리는 삼위 하나님의 영광과 공의가 드러나는 그날을 사모해야 합니다.

한편 선택받은 하나님의 백성의 입장을 생각해 봅시다. 심판은 반드시 해롭기만 할까요? 하나님은 하나님의 영광만을 생각하면서 무조건 심판의 날을 참으라고 말씀하시지 않습니다. 심판의 날은 우리에게도 분명히 유익한 날이며 은혜의 날입니다[15]. 성부 하나님은 폭군이 아니라 자애로운 아버시이십니다. 이러한 부분을 제대로 이해하려면 사도신경과 하이델베르크 요리문답을 좀 더 살펴야 합니다.

재림과 심판1: '저리로서', '거기로부터'(inde venturus)

사도신경에 나오는 '저리로서', '거기로부터'는 어떤 장소를 말합니까? 지금 성자 하나님은 어디에 계십니까? 하나님의 보좌 우편에 앉아 계십니다. 그분의 다시 오시는 출발점이 '거기'입니다. 하나님 아버지의 오른쪽이며, 하늘로부터 오십니다.

> 인자가 아버지의 영광으로 그 천사들과 함께 오리니 그 때에 각 사람이 행한 대로 갚으리라
>
> 마16:27

> 그 때에 인자의 징조가 하늘에서 보이겠고 그 때에 땅의 모든 족속들이 통곡하며 그들이 인자가 구름을 타고 능력과 큰 영광으로 오는 것을 보리라
>
> 마24:30

> 이르되 갈릴리 사람들아 어찌하여 서서 하늘을 쳐다보느냐 너희 가운데서 하늘로 올려지신 이 예수는 하늘로 가심을 본 그대로 오시리라 하였느니라
>
> 행1:11

> 이것들을 증언하신 이가 이르시되 내가 진실로 속히 오리라 하시거늘 아멘 주 예수여 오시옵소서
>
> 계22:20

예수님의 초림에 대한 구약성경의 예언들은 모두 문자적으로 이루어졌습니다. 이사야 7장의 '처녀가 잉태하여 아들을 낳는다'는 예

언, 미가 5장의 '메시아가 베들레헴에 태어난다'는 예언, 스가랴 9장의 '나귀를 타고 입성'하실 예수님에 대한 예언이 그렇습니다. 또한 이사야 53장은 왕으로 오신 그분이 보좌에 앉으시지 않고 수난을 당하신다고 했습니다. 이 모든 일들은 실제 이루어졌습니다. 우리는 이와 같이 재림과 심판을 하실 예수님이 '하늘 위로부터 내려오신다'는 말씀도 그대로 이루어질 것을 믿습니다.

이 신앙에 대한 고백은 '자칭 재림예수들', 즉 사이비 교주들의 헛된 가르침에 우리들이 현혹되지 않도록 도와줍니다. 사실 이들은 엄밀히 말해 '이단'이 아닙니다. 이단은 삼위일체론, 기독론, 구원론, 교회론 등에 모순이 있는 경우를 뜻합니다. 그러나 자칭 예수들은 이단에도 미치지 못하는 사이비 교주일 뿐입니다[16].

이들은 거의 대부분 자신들이 비밀리에 재림했다고 주장합니다. 그러나 성경은 재림이 반드시 모든 사람들이 볼 수 있도록 이루어진다(행1:11)고 말합니다. 아무도 모르게 재림했다는 거짓은 성경적 가르침에 맞지 않습니다. 하나님의 말씀 앞에서 어떠한 가짜 예수도 받아들여질 수 없습니다[17].

그러면 성자 하나님은 어떤 방식으로 세상에 다시 오실까요? 성경은 재림의 방식이 승천과 동일하다고 명쾌하게 말합니다.

> 이 말씀을 마치시고 그들이 보는데 올려져 가시니 구름이 그를 가리어 보이지 않게 하더라 올라가실 때에 제자들이 자세히 하늘을 쳐다보고 있는데 흰 옷 입은 두 사람이 그들 곁에 서서 이르되 갈릴리 사람들아

> 어찌하여 서서 하늘을 쳐다보느냐 너희 가운데서 하늘로 올려지신 이 예수는 하늘로 가심을 본 그대로 오시리라 하였느니라
>
> 행1:9-11

예수님은 하늘로 가신 그대로 다시 오십니다.

재림과 심판2: 살아 있는 자들과 죽은 자들을 심판하러 오실 것입니다(judicare vivos et mortuos)

전능하신 하나님 아버지의 오른쪽에 앉아 계시는 성자 하나님이 굳이 세상에 왜 다시 오실까요? 재림의 목적은 무엇입니까? 성경과 사도신경은 명확히 '심판'하러 오신다고 증언합니다.

> 우리에게 명하사 백성에게 전도하되 하나님이 살아 있는 자와 죽은 자의 재판장으로 정하신 자가 곧 이 사람인 것을 증언하게 하셨고
>
> 행10:42

> 하나님 앞과 살아 있는 자와 죽은 자를 심판하실 그리스도 예수 앞에서 그가 나타나실 것과 그의 나라를 두고 엄히 명하노니
>
> 딤후4:1

마지막 날 심판 받는 자들은 "살아 있는 자"와 "죽은 자"입니다. 재림 때에 성자 하나님은 살아있는 사람만 심판하시지 않고 이미 죽은 사람들도 모두, 즉 인류 전체를 포괄하여 심판하십니다[18].

많은 사람들은 “죽으면 끝이며 죽음 그 자체가 심판이다”라고 생각합니다. 네로나 히틀러도 이미 죽었으니 역사 속에 한 인물로 모든 것이 끝났다고 여깁니다. 하지만 죽음은 최종적인 심판이 아닙니다. 종말에 있을 하나님의 심판으로부터 제외되는 인류는 없습니다[19].

> 아버지께서 아무도 심판하지 아니하시고 심판을 다 아들에게 맡기셨으니
>
> 요5:22

> 이는 우리가 다 반드시 그리스도의 심판대 앞에 나타나게 되어 각각 선악간에 그 몸으로 행한 것을 따라 받으려 함이라
>
> 고후5:10

한편 심판은 성자 하나님만 하시는 일일까요? 성부와 성령께서 심판에 전혀 관여하지 않으신다고 생각해서는 안 됩니다. 성부와 성령도 이 심판에 관여하십니다. 그리스도의 심판의 권위는 삼위 하나님 모두에게 속하는 일입니다. 다만 보이는 측면에서 그리스도께서 선고를 내리시며 집행하실 뿐입니다[20].

재림과 심판이 우리에게 주는 위로1: 던지시는 심판

믿음의 선배들은 재림과 심판이 우리에게 주는 유익이 있다고 생각했습니다. 하이델베르크 요리문답이 어떻게 이것을 표현할까요?

하이델베르크 요리문답 제52문

그리스도께서 "살아 있는 자들과 죽은 자들을 심판하러 오실 것"은 당신에게 어떠한 위로를 줍니까?

답

내가 어떠한 슬픔과 핍박을 당하더라도, 전에 나를 대신하여 하나님의 심판대 앞에 서시사 내게 임한 모든 저주를 제거하신 바로 그분이 심판자로서 하늘로부터 오시기를 머리 들어 기다립니다. 그가 그의 모든 원수들, 곧 나의 원수들은 영원한 멸망으로 형벌하실 것이며, 나는 그의 택함을 받은 모든 사람들과 함께 하늘의 기쁨과 영광 가운데 그에게로 이끌어 들이실 것입니다.

질문이 독특합니다. 그리스도의 심판이 어떠한 위로를 주는지 묻습니다. 주님이 세상에 처음 오셨을 때, 이미 불의한 재판을 당하는 수모를 겪으셨습니다. 가장 억울한 재판을 당하여 죽으신 분이 바로 우리 주님이십니다. 그분이 부활하셔서 무죄를 입증하셨습니다. 내가 받을 심판을 이미 대신 다 받으신 분이 심판의 주님으로 오십니다[21]. 억울한 심판을 받으신 분이 이제 재판장이 되셔서 심판을 행하십니다.

요리문답 제52문답의 마지막 부분은 그리스도의 심판을 두 가지로 나누어 선명한 대조를 보여줍니다.

처음으로 나타난 심판의 양상은 그리스도께서 자신의 원수들과 우리의 원수들을 영원한 저주(형벌)의 불구덩이에 던지신다는 사실입니다. 이 중 "그와 나의 모든 원수들"이라는 표현이 강렬합니다. 그리스도가 재림하실 때 심판하실 원수들은 그리스도의 원수들이면서 곧 나의 모든 원수들입니다. 무슨 뜻일까요?

사울이 그리스도인들을 핍박하려고 다메섹을 지날 때 주님은 "사울아 사울아 네가 어찌하여 나를 핍박하느냐"라고 말씀하셨습니다. 사울은 이전까지 그리스도를 직접 만난 적이 없습니다. 그런데 "왜 내 교회를 핍박하고 왜 내 자녀들을 핍박하느냐"라고 묻지 않으시고 그리스도를 핍박한다고 하십니다. 예수 그리스도는 교회의 머리이시기 때문에 교회의 대적이 곧 그분의 대적으로 동일시(identification)됩니다.

불의한 재판관 비유에서 주님은 불의한 재판관이 비록 귀찮고, 이 일을 들어주고 싶지 않지만, 결국은 그녀의 원한을 풀어주었다는 이야기를 들려줍니다. 그리고 그 결론부에서 주님은 말씀의 의미를 가르쳐 주십니다. "불의한 재판관도 그의 원한을 풀어주었다. 하물며 공의로우신 재판관이신 하나님, 하늘에 계신 네 아버지께서 그 밤낮 부르짖는 택하신 자들의 원한을 풀어 주지 아니하시겠느냐!" 하나님은 절대로 하나님의 백성들을 그냥 방치하시지 않고 그를 돌보십니다.

한편 시편 기자는 무고한 사람들을 괴롭힌 악인들이 오히려 부와 명예를 축적하며 형통한 모습을 보고 너무나 상심하여 하마터면 큰 시험으로 실족할 뻔 했습니다.

> 나는 거의 넘어질 뻔하였고 나의 걸음이 미끄러질 뻔하였으니 이는 내가 악인의 형통함을 보고 오만한 자를 질투하였음이로다
>
> 시73:2-3

이러한 경우 하나님은 역사 안의 불의의 세력에 대해 어떻게 자신의 공의를 행사하십니까? 그 대답이 바로 예수님의 재림입니다. 역사 안에서 불의가 기승을 부릴 때, 하나님의 공의와 심판이 무너지고 죽은 것이 아닙니다. 하나님은 단지 공의의 엄정한 집행을 잠시 미루십니다. 하나님은 인내하고 계십니다. 그러나 무한정 공의의 집행을 미루시지 않습니다[22].

심판의 날, 하나님 때문에 고통 받고 슬퍼하며, 하나님으로 인하여 땅에서 손해보고, 힘들고, 어려웠던 자들이 영광스러운 주님의 입술에서 "의롭다"는 판결의 선언을 받습니다. 반대로 땅에서 세력을 가지고 하나님을 비웃으며, 하나님을 믿는 자들을 핍박하는 자들은 "악하다"고 판결 선언을 받을 것입니다.

그러므로 심판의 날은 '하나님의 공의가 서는 날'이요, 동시에 그분께서 '우리의 원수를 갚아주시는 날'입니다. 우리는 마땅히 주님의 의로우신 판결을 기다리며 주님의 재림을 소망해야 합니다.

재림과 심판이 우리에게 주는 위로2: 데려가시는 심판

두 번째 심판의 양상을 살피기 위해 베드로후서의 마지막 심판 장면을 봅시다.

> 그러나 주의 날이 도둑 같이 오리니 그 날에는 하늘이 큰 소리로 떠나 가고 물질이 뜨거운 불에 풀어지고 땅과 그 중에 있는 모든 일이 드러나리로다
>
> 벧후3:10

심판의 정확한 의미를 모르고 보면 이 말씀은 무시무시한 그림입니다. 하지만 이 말씀의 뒤에 나타나 있는 베드로의 어조를 보면 이해가 달라집니다.

> 하나님의 날이 임하기를 바라보고 간절히 사모하라 그 날에 하늘이 불에 타서 풀어지고 물질이 뜨거운 불에 녹아지려니와 우리는 그의 약속대로 의가 있는 곳인 새 하늘과 새 땅을 바라보도다
>
> 벧후3:12-13

하나님의 날이 임하는 장면은 무시무시합니다. 하늘이 불에 타서 풀어지고, 세상의 모든 물질들이 뜨거운 불에 녹습니다. 그러나 베드로와 이 서신을 받는 성도들에게는 '공포의 빛'이 없습니다. 오히려 성도는 세계가 녹고 불타는 현상을 새로운 하늘과 새 땅을 창조하기 위한 과정으로 봅니다. 참된 성도는 이 심판을 통해 더 좋은 것이 온다는 확신이 있습니다.

마지막으로 이 구원은 "그의 택함을 받은 모든 사람들과 함께" 이루어집니다. 나 혼자 예수 잘 믿고 구원받는 것이 아니라 구원은 공동체적으로 생각해야 합니다. 이 지점에서 교회가 매우 중요합니다.

"나는 과연 어떠한 교회에 속해 있는가"라는 질문입니다[23]. 생명의 말씀, 정직한 하나님의 말씀을 전하는 교회를 다니는지 여부가 중요합니다. 편리한 시설과 혜택을 기준으로 교회를 결정해서는 안 됩니다.

재림과 심판이 우리에게 주는 위로3: '마라나타', 기다림의 아름다움

성도의 가장 중요하고 확실한 정체성 중 하나는 주님의 최후의 심판을 기다리는 자세입니다. 앞선 요리문답 제52문의 답은 기다림의 아름다움을 말합니다. "그분이 심판자로서 하늘로부터 오시기를 머리 들어 기다립니다." 이것이 진실한 성도의 고백입니다.

이들은 고달픈 현실과 환란에 매여 있지 않습니다. 신자는 이 땅에서 고통과 핍박과 어려움과 손해 가운데 삽니다. 그래서 그 억울함을 해소해 주시는 심판주, 예수 그리스도를 기다립니다. 땅에서는 고통받지만, 마지막 날 하나님이 모든 것을 교정해 주십니다. 우리를 향해서는 징계의 심판이 아니라 구원의 판결이 될 것입니다. 성도는 그러하기에 황홀한 기다림을 누리며 사는 자들입니다. 머리를 들고 그곳으로부터 의로운 재판장이 오시기를 진심으로 기다립니다.

내 사모하는 주님

그리스도의 재림에 대한 소망은 신약의 그리스도인들을 흥분시켰습니다. 재림에 대한 언급은 신약에서 300번 이상, 열세 절에 한 번 꼴로 나옵니다. 그러나 우리에게 재림은 그리 흥미로운 일은 아니었습니다[24].

혹시 이 땅의 삶이 편안하기 때문에 안주하며 성자 하나님의 재림과 심판에 대해 무감각하지는 않습니까? 과연 하나님의 공의와 그분의 통치는 어디로 갔습니까? 하나님이 살아 계신다면 어떻게 역사 안에서 이토록 불의한 사건들이 활개를 칠 수 있으며 그토록 많은 사람들이 가슴에 한을 품고 아무런 위로와 보상도 받지 못한 채 죽어야만 합니까? 묻고 따지고 싶은 분은 없으십니까? 그리스도는 정말 우리가 의지할 분이십니까?

> 그러나 우리의 시민권은 하늘에 있는지라 거기로부터 구원하는 자 곧 주 예수 그리스도를 기다리노니
>
> 빌3:20

> 복스러운 소망과 우리의 크신 하나님 구주 예수 그리스도의 영광이 나타나심을 기다리게 하셨으니
>
> 딛2:1

이러한 말씀들을 알고는 있지만 현실 속에서 정말 유익을 누리는지 질문해야 합니다.

"주님 다시 오실 때까지 나는 이 길을 가리라
좁은 문 좁은 길 나의 십자가 지고
나의 가는 이길 끝에서 나는 주님을 보리라

영광의 내 주님 나를 맞아 주시리
주님 다시 오실 때까지 나는 일어나 달려가리라
주의 영광 온 땅 덮을 때 나는 일어나 노래하리
내 사모하는 주님 온 세상 구주시라
내 사모하는 주님 영광의 왕이시라"

우리 인생의 최종 종착지는 하늘 보좌 우편에 앉아 계신 예수 그리스도입니다. 그리스도인들의 진정한 소망과 위로는 어디에 있습니까? 그리스도의 재림과 심판에 있다는 사실을 믿으십니까? 이 땅에서 누리는 소망과 위로는 잠깐입니다. 하지만 그리스도의 재림과 심판을 통한 소망과 위로는 영원합니다[25].

우리는 내 소유와 내 집이 이 땅에 없는 나그네이기에 세상에서 더 나은 것을 얻으려고 발버둥치지 않습니다. 대신 하늘에 계신 아버지 하나님께 자신을 의탁하고, 훗날 주님이 우리의 눈물을 닦아 주실 것을 기대합니다.

하나님 백성들이 역사의 뒤안길에 그림자처럼 남고, 세상 권력자들이 교만하게 행동하는 모습을 보노라면 우리의 마음은 상심하기 쉽습니다. 삶의 굴곡은 좌절과 불안을 줄 수 있습니다. 그래도 그리스도를 소망으로 삼는 사람들은 수동적이거나 무기력하지 않습니다. 시한부 인생을 살아도 남은 시간에 죽음이 아니라 삶을 생각하는 기다림이, 그리스도의 재림과 심판을 기다리는 성도의 모습과 닮았습니다.

심판은 무서운 일이 아니라 우리의 구원을 여는 열쇠요, 우리 의로움이 만천하에 공표(公表)되는 날입니다. 그러므로 우리는 주님 오시는 날을 고대하며 기다립니다. 마라나타! 주 예수여 어서 오시옵소서! 참된 신자들은 이렇게 영원의 관점에서 일상을 삽니다. 사도신경에서 재림과 심판을 고백할 때는 성자 하나님이 현재 성부 하나님의 우편에 앉아 계시다는 사실을 기억하고, 반드시 다시 오실 그분을 기다리고 소망해야 합니다[26].

우리는 땅의 삶과 현격히 구별되는 하늘의 삶을 누립니다. 우리 주님이 영광의 왕이시므로 우리도 함께 그 왕좌에 앉아 왕 노릇합니다. 우리는 홀로 이 길을 걷지 않습니다. 믿음의 동역자들과 함께 손을 붙잡고 성경의 약속과 건전한 교리의 틀 안에서 하나님이 주시는 확신을 붙잡습니다. 마라타나! 주 예수여 오시옵소서! 아멘.

나눔을 위한 질문 Questions for Group Sharing

1. 개혁주의 신학의 역사관과 시간관 속에서 종말을 어떤 방식으로 이해해야 합니까? (210-212p)

2. 사도들은 주님의 재림에 대한 올바른 태도가 무엇인지를 알려줍니다. 그들은 어떤 재림에 대해 어떤 생각과 태도로 살았습니까? (212-213p)

3. 심판의 날이 '하나님의 입장'에서, 그리고 '선택받은 하나님의 백성의 입장'에서 양면으로 어떤 의미를 지니는지 정리해 봅시다. (213-214p)

4. 그리스도의 재림과 심판이 우리에게 주는 위로 세 가지가 무엇인지 찾아봅시다. (218-223p)

설교 시청 가이드 | A Guide to Sermon Video

2018년 4월 15일(주일), 사월교회당의 공예배에서 강론된 "성도의 황홀한 기다림, 마라나타!"(벧후3:10-13)은 대한예수교장로회 사월교회 홈페이지(www.sawolch.com)와 오른쪽의 QR코드를 통해 언제든지 시청할 수 있습니다.

미주

1) 이성호, 『특강 하이델베르크 요리문답 (상)』(안산: 흑곰북스, 2011), 190-191.
2) 윤석준, 『하이델베르크 요리문답 설교 1』(서울: 부흥과개혁사, 2016), 83.
3) 윤석준, 『하이델베르크 요리문답 설교 1』, 84-85.
4) Michael Scott Horton, We believe: recovering the essentials of the *Apostles' Creed*, 윤석인 역, 『(사도신경의 렌즈를 통해서 보는)기독교의 핵심』(서울: 부흥과개혁사, 2005), 188.
5) Albert M. Wolters, Michael W. Goheen, *Creation regained : biblical basics for a reformational worldview*, 양성만 역, 『창조 타락 구속』(서울: IVP, 2007)을 참조하라.
"신학자들이 좀 더 쉽게 예를 든 게 1944년 연합군이 독일군을 무찌르기 위해 노르망디 해안을 상륙한다. 이때 연합군이 독일군의 허리를 두 동강 냄으로 결정적인 승리를 거두었다. 이 날을 D-day(Decision day)라고 불렀다. 하지만 독일군의 저항은 계속 있었죠. 결국 수도 베를린을 점령해 전쟁을 종식하며 승리를 거두었다. V-day(Victory day)라고 불렀다."
6) 황원하, 『하이델베르크 요리문답 해설』(평택: CNB, 2015), 259.
7) 김민호, 『사도신경 강해: 참된 성도의 신앙고백』(서울: 푸른섬, 2010), 161.
"여호와의 증인은 여러 번 재림의 날짜를 말했고 또 수정했다. 나운몽장로는 1980년대가 끝이라고 주장했고, 다미선교회의 이장림은 1998년 10월28일로, 심지어 우리가 잘 아는 빌리 그래함(Billy Graham)목사가 1968년 6월 미국 아라목 운동장에서 집회를 하다가 1972년 11월13일에 주님께서 재림하실 것 같다고 말했다."
8) 황원하, 『하이델베르크 요리문답 해설』, 261.
9) 이성호, 『특강 하이델베르크 요리문답 (상)』, 193.
10) 손재익, 『사도신경: 12문장에 담긴 기독교 신앙』(서울: 디다스코, 2017), 225.
11) 김민호, 『사도신경 강해: 참된 성도의 신앙고백』, 164.
12) 김민호, 『사도신경 강해: 참된 성도의 신앙고백』, 164.
13) 윤석준, 『하이델베르크 요리문답 설교 1』, 87.
14) 윤석준, 『하이델베르크 요리문답 설교 1』, 87.
15) 윤석준, 『하이델베르크 요리문답 설교 1』, 88.
16) 손재익, 『사도신경: 12문장에 담긴 기독교 신앙』, 235.

"'자칭 재림예수'라 칭하는 사람들은 '이단'이라고 생각하지 않는다. '이단'은 삼위일체를 부정하거나, 기독론과 구원론, 교회론 등에 모순이 있는 경우를 말하는 것이지, 자칭 예수는 이단에도 미치지 못하는 사이비 교주일 뿐이다."

17) 더 이상 여자의 몸에서 태어난 자는 재림의 주가 아니다. 따라서 문선명씨가 아무리 자기가 다시 온 그리스도라 주장해도 가짜이다. 어머니 아버지에게서 태어났기 때문이다. JMS 교주인 정명석 씨를 비롯해 우리나라에 재림주가 얼마나 많았는가? 그런데 말씀에 비춰보면 분명히 다 가짜이다.

18) 손재익, 『사도신경: 12문장에 담긴 기독교 신앙』, 231.

19) 이상원, 『21세기 사도신경 해설』(서울: 솔로몬, 2004), 90.

20) 손재익, 『사도신경: 12문장에 담긴 기독교 신앙』, 232.

21) 이운연, 『성경으로 풀어낸 사도신경』(여수: 그라티아, 2016), 150.
"이 점을 특히 '빌라도 치하에서 재판 받으신 모습'으로 고백을 했다."

22) 이상원, 『21세기 사도신경 해설』, 93.

23) 이성호, 『특강 하이델베르크 요리문답 (상)』, 192.

24) J. I. Packer, *Growing in Christ,* 김진웅 역, 『(제임스 패커의 기독교 기본 진리) 사도신경』(서울: 아바서원, 2012), 101; 이상원, 『21세기 사도신경 해설』, 88.

25) 황원하, 『하이델베르크 요리문답 해설』, 259.

26) 손재익, 『사도신경: 12문장에 담긴 기독교 신앙』, 236.

9

성령 하나님,
참을 수 없는 존재의 가벼움이 아닌
영원한 인격의 무거움

"내가 아버지께로부터 너희에게 보낼 보혜사 곧 아버지께로부터 나오시는 진리의 성령이 오실 때에 그가 나를 증언하실 것이요"

요15:26

성령을
믿사오며

나는 성령을 믿으며.(새번역)

I believe in the Holy Spirit.(현대영어)

Credo in Spiritum Sanctum(라틴어 공인원문)

9. 성령 하나님, 참을 수 없는 존재의 가벼움이 아닌 영원한 인격의 무거움

내가 아버지께로부터 너희에게 보낼 보혜사 곧 아버지께로부터 나오시는
진리의 성령이 오실 때에 그가 나를 증언하실 것이요
요15:26

가벼운 성령님?

프랑스로 망명한 체코 출신의 작가 밀란 쿤데라가 1984년 발표한 『참을 수 없는 존재의 가벼움』이라는 소설이 있습니다[1]. 1988년에 『프라하의 봄』이라는 영화로 만들어지기도 했습니다. 아버지가 없이 자란 의사 토마시(Tomáš), 토마시의 아내이자 사진작가인 테레자(Tereza), 예술가이자 토마시의 불륜상대인 사비나(Sabina), 사비나의 또 다른 연인인 프란츠(Franz)를 주인공으로 하는 소설입니다. 이 소설은 1968년 프라하의 봄을 배경으로 네 인물의 사랑을 그립니다. 책의 한 대목에서 "사랑이란 참을 수 없을 정도로 가벼운, 깃털처럼 가벼운, 바람에 날리는 먼지처럼 가벼운, 내일이면 사라질 그 무엇처럼 가벼운 것인가"라는 질문이 나오는데 이처럼 독자 역시 역사와 인

간이 가벼운지, 혹은 무거운지에 대해 동일한 질문을 하게 됩니다.

우리는 매주일 공예배를 드리며 "성령을 믿사오며"라는 신앙고백을 합니다. 이 때 성령은 우리에게 참을 수 없는 존재의 가벼움입니까? 아니면 영원한 인격의 무거움입니까? 지난 30년간 한국교회가 성령 하나님을 어떻게 대우했는지 몇 가지 예를 들어 봅니다.

첫째, 은사주의나 기도원 운동은 성령을 신비한 능력이나 힘으로 생각합니다. "성령 받으셨습니까?" 이 질문에 장로교인들은 대부분 소금에 절인 배추처럼 주눅이 팍 듭니다. 교회도 열심히 출석하고 직분도 있지만 방언도 하지 못합니다. 그러면 이들은 어김없이 당신은 그리스도인이라 말할 수 없다고 지적하며 다음의 성경 구절을 말합니다.

> 만일 너희 속에 하나님의 영이 거하시면 너희가 육신에 있지 아니하고 영에 있나니 누구든지 그리스도의 영이 없으면 그리스도의 사람이 아니라
>
> 롬8:9

부흥회나 은사집회에서 강사들이 시골장터의 뱀 장수처럼 입으로 쉭쉭거리는 소리를 내면서 "불 받아라! 성령 받아라!" 외쳤습니다. 부흥강사들은 자신을 '성령을 발사하는 발사대'로, 성령을 '여기저기 떠돌아다니는 기운, 던질 수 있는 물건, 플러그를 꽂아 쓸 수 있는 에너지원'으로 취급했습니다. 성령의 능력을 구한다면서 성령을 강하게 부르는 통성기도와 대적기도, 축사(逐邪)의 외침과 권능의 선포 등

에 열을 올렸습니다.

이런 자들 중 특히 빈야드 운동을 하는 사람들은 성령님이 임하시면 짐승의 소리를 지르고, 바닥에 뒹굴고, 깔깔대고 웃게 된다고 말합니다. 과연 성령님은 이런 비인격적인 존재입니까? 이는 명백히 기독교가 본래 가지고 있던 성령에 대한 이해에서 이탈한 것입니다. 우리가 부르는 찬송가 속에서도 "성령을 부어 달라", "뜨거운 불길을 내려 달라"는 은유적 표현들이 이런 현상을 부추깁니다. 조심해야 할 필요성이 있습니다.

둘째, 삼위 하나님이 각각의 한 시대를 담당하는 것으로 구분하는 자들이 있습니다. 창조로부터 성부의 시대, 십자가 구속부터 성자의 시대, 예수님의 승천 이후 지금까지는 성령의 시대라고 주장하며 성령 하나님을 성부와 성자로부터 분리시켰습니다[2]. 이들은 이전에 오직 예수님만 지나치게 높였다고 말하면서 현재는 성령님의 시대이기에 성령님이 최고라고 말합니다. 과연 그렇습니까?

성부와 성자와 성령은 특정한 시대를 따로 담당하시지 않습니다. 즉 성부의 시대, 성자의 시대, 성령의 시대로 구분할 수 없습니다. 성부와 성자와 성령은 한 분 하나님이시면서 동시에 세 분으로 존재하십니다[3]. 세 분은 항상 독단적으로 어떤 일을 행하지 않으십니다.

셋째, 비교적 건전한 교단에 있는 성도들 중에는 성령을 자신의 내면에 있는 존재로 제한하는 경우가 있습니다. 이들은 성령을 어떠한 특정한 기운이거나 초자연적이지는 않지만 자신의 마음을 움직이는 자신의 내면 속의 어떠한 존재 정도로 생각합니다. 하나님이신 성령과 자신의 종교적 감정을 혼동합니다. 성경이 증언하는 성령이 아니라 자신의 경험에서 나온 종교심이라는 이상한 영입니다. 현대 교회는 슐라이어마허(Schleiermacher) 방식의 이해로 성령을 감화력, 교회의 공동정신으로 이해합니다.

이 시대의 교회들이 성령님을 부르며 기도하는 동기가 무엇입니까? 오순절주의의 영향을 받은 사람들은 겉으로는 성령을 높이지만 실제로는 성령을 통해 어떠한 영적 기운을 얻고, 은사를 받아 자신의 유익을 위해 성령을 써먹고 이용하고 부려먹습니다. 성령 하나님의 구원의 적용과 신적인 인격이 나타나는 것보다는 그들이 원하는 영향력과 감화력, 그리고 시대정신이 나타나기를 바랍니다. 그래야 사람들이 감동하고 은혜를 받았다고 말하며, 교회가 부흥이 되기 때문입니다[4]. 그러나 정작 성령 하나님에 합당한 찬송과 영광을 돌리는 일에는 인색합니다. 그저 물건으로 취급하고 신비한 능력으로만 취급합니다.

마지막으로 개혁신앙을 따르는 장로교회에는 성령체험이 없고 성령론도 없다는 비판이 있습니다. 그리고 장로교회는 냉랭하다고 말합니다. 우리는 이러한 비판을 겸허히 받아들여야 합니다. 그러나 이는 사실 장로교회가 성경과 신앙고백과 요리문답을 통해 성령 하나님이 어떠한 분이시며 어떠한 일을 하시는지 제대로 가르치지 않기 때문입니다. 좀 더 바른 성령 하나님에 대한 이해를 위해 사도 요한을 만나보겠습니다.

예수님의 약속(요 13-17장): 고별강화(farewell discourse)

요한복음 13-17장에는 예수님이 세상을 떠나시기 전날 밤에 제자들에게 하신 긴 설교, 고별강화(farewell discourse)가 있습니다. 예수님은 이제 육신으로 세상에 계시지 않지만 그분의 영이신 성령께서 세상에 오셨기 때문에 그분이 계시는 것과 동일합니다. 그러므로 예수님의 고별강화는 제자들을 향한 예수님의 작별인사가 아니라 오히려 영원히 그들 가운데 계시겠다는 약속입니다[5]. 예수님의 약속을 통해 성령 하나님이 이 땅에 공식적으로 오셔서 그분의 활동은 더욱 왕성해졌습니다.

그렇다면 성령께서 이 땅에 오시기 전에는 그분이 이 땅에 계시지 않았을까요? 성자 하나님이 이 세상에 육신으로 오시기 전에도 그분이 항상 계셨던 것처럼 성령 하나님도 항상 이 땅에 계셨습니다. 구약성경은 성령 하나님의 사역을 아주 다양하게 소개합니다. 천지를 창조하시는 일에 직접 관여 하셨고(창 1:2), 브살렐과 오홀리압에게 성막을 만드는 지혜와 기술을 주셨으며(출 35:30-33), 사사 삼손이 사자를 염소 새끼 찢듯이 찢고, 아스글론의 블레셋 사람 삼십 인을 쳐 죽일 힘을 주셨으며(삿 14:6, 19), 모든 피조물을 창조하시고 지면을 새롭게 하시고(시 104:30), 모든 선지자들을 통하여 하나님의 뜻을 이스라엘과 모든 사람들에게 알리시는데, 때로는 책망하시고(미 3:8), 때로는 위로 하셨습니다(사 40:1).

요엘의 계시(욜 2:28-32)와 베드로의 해석(행 2:1-41)

오순절에 성령이 엄청난 현상과 함께 강림하셨을 때(행2:1-13), 베드로는 이를 어떻게 해석을 합니까? 그는 하나님이 맥추절을 통하여 요엘에게 계시하신 일이 드디어 오순절에 이루어졌다고 해석합니다(행2:14-41). 그러므로 성령의 강림은 우발적이거나 즉흥적인 사건이 아닙니다. 환상과 꿈과 예언은 하나님의 말씀이 임하는 다양한 방식입니다.

> 그 후에 내가 내 영을 만민에게 부어 주리니 너희 자녀들이 장래 일을 말할 것이며 너희 늙은이는 꿈을 꾸며 너희 젊은이는 이상을 볼 것이며
>
> 욜2:28

> 하나님이 말씀하시기를 말세에 내가 내 영을 모든 육체에 부어 주리니 너희의 자녀들은 예언할 것이요 너희의 젊은이들은 환상을 보고 너희의 늙은이들은 꿈을 꾸리라
>
> 행2:17

요엘은 '그 후에'로 기록했는데 베드로는 왜 '말세에'라고 표현하며 성령의 강림을 주장합니까? 그 이유는 성령의 강림이 바로 말세의 도래를 알리기 때문입니다. 그리고 이 말세의 기간에 성령께서는 하나님의 구원의 심판을 이 땅에 성취하는 언약의 영이 되십니다[7]. 성령의 역사는 항상 언약과 관계가 있습니다. 성령 하나님은 나의 경험에 따라 제한되시는 분이 아닙니다. 우리가 조작하거나 우리가 초

청하거나 우리의 필요에 따라 움직이시는 분이 아니십니다.

성부 하나님은 구원을 계획하시고, 성자 예수님은 구원을 성취하시며, 성령 하나님은 구원을 적용하시는 언약의 영이십니다. 이러한 성령에 대한 사도신경의 성경적인 고백을 살펴봅시다.

나는 성령을 믿습니다(Credo in Spiritum Sanctum)

사도 신경의 여덟 번째 고백은 '성령님을 믿는다', '성령님께 내 심장을 드린다'는 표현입니다. 사도신경은 크게 성부와 성자와 성령에 관한 세 부분으로 되어 있습니다.

첫 번째 문장은 성부 하나님을, 두 번째부터 일곱 번째 문장까지는 성자 하나님을, 여덟 번째 문장부터 열두 번째 문장까지는 성령 하나님에 대해 다룹니다[8]. 성령에 대한 고백이 여덟 번째 문장에만 제한되어 짧은 것처럼 보이지만 사실 열두 번째 문장까지 모두 성령 하나님에 대한 고백입니다[9]. 교회, 속죄, 몸의 부활, 영생의 모두가 성령 하나님에 대한 고백입니다.

개혁주의 교의학은 철저히 사도신경에 근거를 두고 성령론을 아래에서 교회론(9번째 문장), 구원론(10번째 문장), 종말론(11-12번째 문장)을 다룹니다. 교회론, 구원론, 종말론이 곧 개혁교회의 성령론입니다[10]. 우리의 신앙은 오히려 성령 하나님의 사역을 대단히 중요하게 가르칩니다. 종교개혁자 칼뱅은 모두 네 권으로 구성된 『기독교

강요』(The Christian Institute)의 제3권에서 성령의 내적 사역(구원론)을, 그리고 제4권에서 성령의 외적 사역(교회론)을 설명합니다.

칼뱅의 성령론의 근본적인 특징은 '성경이 가르치는 대로' 성령의 사역을 철저하게 고백한다는 점입니다. 벤자민 워필드 박사의 평가대로 칼뱅은 참으로 '성령의 신학자'였습니다[11]. 그의 신학이 얼마나 '성경적인 성령론'을 잘 가르치는지 개혁신앙을 고백하는 장로교회는 성령론에 있어서도 철저하게 '성경 중심적'입니다[12]. '성령운동' 혹은 '성령은사론'을 강조하는 오순절 계통의 교회들이 개혁주의 신학자들의 교의학 저술에서 성령론을 따로 다루지 않기에 성령론이 약하다고 말하는 비판은 편견에 불과합니다.

성령 하나님의 존재

하이델베르크 요리문답은 사도신경을 우리의 눈높이에서 잘 풀어냅니다. 제53문답은 성령 하나님에 대해 두 부분으로 나누어 설명합니다. 먼저 '성령은 누구신가', 그리고 '성령의 사역은 어떤 것인가'하는 부분입니다[13].

> 하이델베르크 요리문답 제53문
>
> 성령께 관하여 당신은 무엇을 믿습니까?
>
> 답
>
> 첫째, 성령은 성부와 성자와 함께 참되고 영원한 하나님이십니다.

> 둘째, 그분은 또한 나에게도 주어져서 나로 하여금 참된 믿음으로 그리스도와 그의 모든 은덕에 참여하게 하며 나를 위로하고 영원히 나와 함께하십니다.

첫 번째, 요리문답은 성령의 존재에 대하여 하나님이라고 강조합니다. 성령님은 하나님이십니다. 하이델베르크 요리문답의 멋진 표현에 따르자면 그분은 '성부와 성자와 함께' 영원한 하나님이십니다. 성령이 동일한 하나님이라는 사실은 성경을 통해 확인할 수 있습니다[14].

① 예수 그리스도의 대위임령(大委任令)에 성부, 성자, 성령이 나란히 등장합니다.

> 그러므로 너희는 가서 모든 민족을 제자로 삼아 아버지와 아들과 성령의 이름으로 세례를 베풀고
>
> 마28:19

아버지, 아들, 성령님은 분명히 세 분인데 '이름'이라는 단어는 단수로 되어 있습니다. 세 분이시지만, 하나의 이름을 쓰십니다. 분명히 한 하나님이십니다[15]. 예수님은 성령님을 하나님으로 가르치셨습니다.

② 하나님과 성령은 교호적(交互的)으로 성경에 나타납니다.

> 베드로가 이르되 아나니아야 어찌하여 사탄이 네 마음에 가득하여 네

> 가 성령을 속이고 땅 값 얼마를 감추었느냐 땅이 그대로 있을 때에는 네 땅이 아니며 판 후에도 네 마음대로 할 수가 없더냐 어찌하여 이 일을 네 마음에 두었느냐 사람에게 거짓말한 것이 아니요 하나님께로다
>
> 행5:3-4

사도행전 5장의 부부는 밭을 팔아 예루살렘 교회에 헌금을 했습니다. 일부를 감추었지만 전부를 바친 것처럼 행동을 하자 사도 베드로는 이를 꿰뚫어 보고 온 교회 앞에 말합니다. "너는 성령님을 속였다. 사람에게 거짓말한 것이 아니라 하나님께 거짓말을 했다." 성령님과 하나님이 교호적으로 나타납니다. 그러므로 성령이 곧 하나님이십니다[16). 예수님의 제자들도 성령에 대하여 하나님으로 이해했습니다.

두 번째, 이러한 성령 하나님은 인격이십니다. 삼위 하나님의 관계 속에서도, 우리와의 관계 속에서도 성령님은 인격이십니다. 은사를 추구하는 이들은 성령의 은사와 능력을 사모하지만 그분의 거룩하심과 인격에는 관심이 없습니다. 성령에 의한 구원의 적용보다는 성령에 대한 주술적 이해와 신비주의적 경향을 가집니다. 이러한 태도는 거룩하신 삼위일체 하나님의 제3위격이신 성령님을 하나의 인격체로 인식하지 않고 단지 어떠한 힘의 원리로 축소시킵니다[17)]. 이들은 단지 체험과 이적에만 관심을 가지는 "체험적 성령론"을 주장할 뿐입니다. 우리는 성령이 성부, 성자와 동일하게 작정과 창조와 섭리에 참여하셨고, 성도들의 구원에 영원히 중요한 일을 하시는 인격이라는 사실을 알아야 합니다[18)].

J. I. Packer는 성령에 대한 바른 믿음을 이렇게 정의합니다[19].

첫째, 성령을 통해 알게 된, 살아 계신 신약의 그리스도와 시공을 뛰어넘는 인격적 교제를 믿는 겁니다.
둘째, 지금 내 안에 머무시며 그리스도인의 지식, 순종, 섬김으로 인도하시는 성령께 나를 맡기고, 날마다 그런 인도하심을 바라는 겁니다.
셋째, 내가 하나님의 자녀이며 상속자임을 확신시켜 준 성령을 찬미한다는 고백입니다.

계속해서 신약성경을 봅시다.

> 보혜사 곧 아버지께서 내 이름으로 보내실 성령 그가 너희에게 모든 것을 가르치고 내가 너희에게 말한 모든 것을 생각나게 하리라
>
> 요14:26

> 오직 하나님이 성령으로 이것을 우리에게 보이셨으니 성령은 모든 것 곧 하나님의 깊은 것까지도 통달하시느니라
>
> 고전2:10

신약성경은 성령님이 거룩하시고 지성이 있으시기에 '우리를 가르치고, 통달하게 하시는 인격'이라는 사실을 분명히 가르칩니다[20]. 유서 깊은 신앙고백들이 잘 가르치듯이 성령님은 우리의 찬송을 받기에 합당하신 하나님이십니다. 성령 하나님은 우리가 필요할 때 언제든지 끌어서 쓰는 심부름꾼이 아니라 우리의 경배와 찬양을 받으시기에 합당한 하나님이십니다.

마지막으로 성령 하나님은 성부와 성자로부터 '나오시는 분'이십니다[21]. 성경은 다양하게 성령 하나님을 소개합니다. 어떤 곳에서는 '하나님의 영'으로, 어떤 곳에서는 '그리스도의 영'(갈 4:6; 롬 8:9; 빌 1:19)으로 표현합니다. 그럼에도 불구하고 성령은 성부나 성자에게 종속되는 존재가 아닙니다. 교회는 성경을 통하여 성부와 성자로부터 나오신 성령 하나님을 고백했습니다.

성부와 성자의 관계에서는 분명히 '낳다'라는 표현이 사용되었습니다. 그러나 성령에 대해서는 그렇게 표현하지 않습니다. 만약 성부께서 성령을 낳으셨으면 예수님과 성령은 형제가 되고, 성자께서 성령을 낳으셨으면 성령은 성부의 손자가 되기 때문입니다.

또한 성령에 대해서는 '발출'이라는 표현도 사용하지 않는데 이는 이 단어가 원인자로부터 다른 원인자가 나온다는 신플라톤주의적 사고이기 때문입니다. 성령님은 성부, 성자 하나님께 제2원인자가 아니라 원인자이십니다[22].

성령 하나님의 사역

성경과 사도신경, 그리고 요리문답은 성령님이 인격이시며, 신적 인격이라는 사실을 고백합니다. 성령님이 성부와 성자와 같은 하나님이 아니시라면, 우리는 결코 구원을 받지 못했습니다[23]. 인격이신 성령님은 그리스도의 구속을 내 삶에 친히 적용하십니다. 그리고 이러한 구속의 적용은 크게 두 가지의 사역으로 나눌 수 있습니다.

① 성도들 각 사람에게 그리스도의 구속을 적용하시는 성령의 내재 사역(구원론)

② 교회에 그리스도의 구속 사역을 적용하시는 성령의 외적 사역(교회론)

성령의 일을 구체적으로 논의하면 풍성하고 다양합니다. 하지만 우리 한국교회는 이 부분을 아주 협소하게 가르쳤습니다. 하이델베르크 요리문답 제53문답에서는 성령 하나님의 사역을 크게 네 가지로 정리합니다.

하이델베르크 요리문답 제53문

성령께 관하여 당신은 무엇을 믿습니까?

답

첫째, 성령은 성부와 성자와 함께 참되고 영원한 하나님이십니다.

둘째, 그분은 또한 나에게도 주어져서 나로 하여금 참된 믿음으로 그리스도와 그의 모든 은덕에 참여하게 하며 나를 위로하고 영원히 나와 함께하십니다.

첫 번째, 성령은 나에게 주어졌습니다. 성령은 우리에게 선물이 되십니다. 성령의 사역에 대해서 우리는 전적으로 수동적인 존재입니다. 이 말은 이천 년의 교회 역사에서 갈고 닦여진 표현입니다. 성령님은 우리에게 주어졌습니다. 우리가 불러온 것도 아니고 초청한 것도 아니고 조작해서 데려온 것도 아닙니다. 이 말을 바꾸면 "성령 하나님은 내가 마음대로 내 속에서 만들어 내거나, 내가 어떠한 방법으로 모셔 올 수 있는 분이 아니다", "내 스스로 구원할 수 없으며 우리가 무엇을 노력해서 구원을 얻어내는 것이 아니다", "구원이 사람의 결정에 맡겨졌다면 이제껏 아무도 구원받지 못했다" 등의 의미를 담고 있습니다.

"나로 하여금"이란 표현도 독특합니다. 성령은 누군가에게 독점되거나 특별히 주어지지 않았습니다. 성령은 다른 사람들에게도, 또한 나에게도 주어졌습니다. 성령은 모든 사람들에게 차별이 없이 임하셔서 다양한 표징들을 보이셨습니다. 구약시대에 하나님은 특별한 사람들에게만 말씀을 주셨지만 신약시대에는 거듭난 모든 사람들에게 말씀을 주십니다. 성령은 예수를 믿는 믿음을 가진 자에게, 하나님의 백성들에게 주신 동일한 선물입니다. 하나님은 우리를 무조건적으로 선택하셨고 우리에게는 아무 선한 요소가 없었지만 그분의 사랑 가운데 성령을 주셨습니다. 그렇다고 아무 일도 하지 않는데 성령을 주시는 것은 아닙니다.

너희가 악할지라도 좋은 것을 자식에게 줄 줄 알거든 하물며 너희 하늘 아버지께서 구하는 자에게 성령을 주시지 않겠느냐 하시니라

눅11:13

우리를 너희와 함께 그리스도 안에서 굳건하게 하시고 우리에게 기름을 부으신 이는 하나님이시니 그가 또한 우리에게 인치시고 보증으로 우리 마음에 성령을 주셨느니라

고후1:21-22

그러면 누가 성령을 간절히 구하는 자입니까? 간절히 필요한 사람들입니다. 성령님이 그들을 위해 어떠한 일을 하시는지 제대로 아는 성도들에게 주십니다. 그러므로 사람들은 교회를 떠나서 하나님의 성령을 알 수 없습니다. 바울은 이렇게 말합니다.

> 너희 몸은 너희가 하나님께로부터 받은바 너희 가운데 계신 성령의 전인 줄을 알지 못하느냐 너희는 너희 자신의 것이 아니라
>
> 고전6:19

구원받은 우리의 몸은 우리 자신의 것이 아닙니다. 성령님이 우리 안에 거하시기에 우리는 성령을 모시고 사는 사람들입니다. 우리가 성전이 되었습니다. 사도 베드로는 우리를 '거룩한 나라, 성도'라고 부릅니다. 그러면 이제 우리는 어떻게 살아야 할까요?

> 값으로 산 것이 되었으니 그런즉 너희 몸으로 하나님께 영광을 돌리라
>
> 고전6:20

성령이 내주하는 성전이 된 우리에게 요구되는 삶은 하나님께 영광을 드리는 거룩한 삶입니다.

두 번째, 성령은 나를 그리스도의 모든 은덕에 참여하게 하십니다. 성령은 복음서의 예수, 신약의 그리스도가 실제로 살아 계시며 '우리를 위해, 우리의 구원을 위해 존재하는 분'이심을 믿게 해 주십니다[24]. 그리스도는 무려 2천 년 전에 세상에 계셨습니다. 지금은 하늘 보좌 우편에 계시기에 시공간적으로 너무 멀리 떨어져 계십니다. 하지

만 성령님은 놀라운 능력으로 우리를 그리스도와 하나가 되게 하십니다. 뿐만 아니라 그리스도께서 우리를 위해 행하신 모든 유익에 하나도 빠지지 않고 우리를 참여하게 하십니다[25). 그 방법이 무엇입니까?

하이델베르크 요리문답 제21문

참된 믿음이란 무엇입니까?

답

참된 믿음은 하나님께서 그의 말씀에서 우리에게 계시하신 모든 것이 진리라고 여기는 확실한 지식이며, 동시에 성령께서 복음으로써 내 마음속에 일으키신 굳은 신뢰입니다. 곧 순전히 은혜로, 오직 그리스도의 공로 때문에 하나님께서 죄 사함과 영원한 의로움과 구원을 다른 사람뿐 아니라 나에게도 주심을 믿는 것입니다.

성령은 참된 믿음으로 나를 그리스도와 그분의 모든 유익에 참여하게 하십니다. 우리는 성령을 통해 예수님을 믿고 구원을 받습니다. 성령은 이전에 죽었던 우리의 영을 다시 살게 만드시는 분이십니다. 그리고 그 불을 피우는 장작은 '복음'입니다. 성령은 교회 안에 거하시면서, 교회를 하나님의 성전으로 삼으시고, 교회에서 전파되는 말씀을 사용하셔서 하나님의 백성들을 불러 모으고 보호하고 보존하십니다.

쉽게 말하자면 성령은 자기의 것을 말씀하지 않고 그리스도의 은혜를 우리에게 입혀 주십니다. 성령은 우리 속에 믿음을 불러 일으키셔서 이 일을 하십니다.

성령께서 교회에 주신 은사를 소개하고 있는 성경 구절을 비교해 봅시다. 우리의 일반적인 생각과 다른 부분이 많습니다[26].

성령께서 교회에 주신 은사를 소개하고 있는 성경 구절의 비교

고전 12:8-11	고전 12:28	롬 12:6-8	엡 4:11	벧전 4:11
지혜의 말씀	사도들	예언	사도들	말씀 전하는 일
지식의 말씀	선지자들	섬김	선지자들	섬기는 일
믿음	교사들	가르치는 일	복음 전하는 자들	
병 고치는 은사	능력	위로하는 일	목사들	
능력 행함	병 고치는 은사	구제하는 일	교사들	
예언하는 일	돕는 것	다스리는 일		
영들 분별함	다스리는 것	긍휼 베풂		
각종 방언 말함	방언			
방언 통역함				

성령의 은사의 핵심은 하나님의 말씀을 전하는 사역입니다. 은사는 하나님 뜻에 따라 나누어 주신 것으로 자기 자신의 유익이 아니라 다른 사람을 위해 봉사하도록 주어졌습니다. 그러므로 성령의 은사와 선물은 철저하게 그리스도의 몸인 교회를 위해 사용됩니다. 우리가 그리스도와 연합되지 않으면 그분의 모든 유익은 우리와 상관이 없습니다. 교회에 속하지도 않고 "내 은사는 이런 것이니까 내 은사로 섬길 교회를 찾겠다"는 말은 마차를 말 앞에 두고 가려는 일과 마찬가지입니다.

아브라함 카이퍼는 성부와 성자 없이 성령께 나아가는 위험에 대하여 다음과 같이 언급합니다. "우리 안에서의 성령의 역사를 예수의 역사로부터 분리시키게 되며, 성령의 사역은 성화와 관련해서만 내세우고 예수의 구속은 뒷전으로 밀리게 되며, 우리 안에서의 성령의 역사만을 강조하는 나머지 그리스도와 교회와 성경으로부터 독립하는 데로 기울어진다. 성화가 칭의보다, 성령과의 주관적인 교통이 객관적인 교회생활보다, 그리고 성령의 조명이 성경보다 더 중요시될 우려가 있다."[27)]

오늘날 한국교회가 정확히 이 모양입니다. 카이퍼의 지적이 그대로 들어맞았습니다. 소위 성령집회에 가면 성령에 대해서 생각할 때 성부, 그리고 성자와 분리해서 생각하는 경향이 있습니다. 성부나 성자를 고려하지 않아도 언제든지 성령을 향하여 쉽게 나아갑니다. 은사집회, 치유집회, 성령축제에서는 '성부 하나님 없이, 성자 예수님이 없이' 직통으로 곧바로 성령께 나아갑니다.

성령의 역사를 통해 사람들이 직접적으로 제어된다고 생각하기 때문에 하나님의 말씀도 필요 없습니다. 이 모든 것이 어디에서 나옵니까? '성자 없는 성령'을 강조한 결과 아닙니까?[28)]

개혁주의 성령론은 놀라울 정도로 그리스도를 강조합니다. 성령께서 믿음을 일으키셔서 우리로 하여금 그리스도와 연합하게 하시고 그 은혜를 받게 하십니다. 우리는 모든 면에서 그리스도를 내세워야 합니다. 티끌같이 작은 부분에서도 그리스도가 전면에 나서야 합니다. 성령론에서도 동일합니다.

세 번째, 성령은 나를 위로하십니다. 사도행전과 서신서들을 보면 사도들과 신실한 제자들이 커다란 두려움에 직면해 있습니다. 그들은 간혹 위험한 것이 아니라 항상 위험했습니다.

> 지금은 너희가 근심하나 내가 다시 너희를 보리니 너희 마음이 기쁠 것이요 너희 기쁨을 빼앗을 자가 없으리라
>
> 요16:22

제자들은 예수님이 세상을 떠나신다는 소식을 듣고 마음에 근심했습니다. 그러나 성경은 성령이 오시면 그들이 예수님을 다시 보는 것처럼 기쁠 것이라고 말하며, 그 기쁨을 빼앗을 자가 없다고 하십니다.

예수 그리스도의 이름으로 치욕을 당하는 자들은 실망하거나 낙심하지 말아야 합니다. 왜냐하면 그들 위에 영광의 영이신 성령이 계시기 때문입니다. 우리는 따뜻하고 다정하신 성령 하나님과 인격적 관계를 누리고 그분이 주시는 신령한 은사를 누립니다.

네 번째, 성령은 영원히 나와 함께 하십니다.

> 내가 아버지께 구하겠으니 그가 또 다른 보혜사를 너희에게 주사 영원토록 너희와 함께 있게 하리니
>
> 요14:16

> 너희가 그리스도의 이름으로 치욕을 당하면 복 있는 자로다 영광의 영 곧 하나님의 영이 너희 위에 계심이라
>
> 벧전4:14

이 얼마나 큰 복입니까? 아무리 나를 아껴주고 사랑하고 신뢰해 주던 이들도 언젠가는 나를 떠납니다. 재물과 영화도 영원하지 않습니다. 그러나 우리를 떠나지 않는 유일한 분이 있습니다. 바로 우리 안에 계시는 성령님이십니다. 우리는 종종 주님을 버립니다. 하지만 주님은 결코 우리를 버리지 않으십니다.

우리 구원에 대한 보증은 우리 자신의 의지와 행실과 신실함에 있지 않습니다. 그것은 오로지 성령의 변하지 않은 언약에 있습니다. 비록 우리가 타락하고 믿음의 많은 부분을 상실할 수는 있지만 완전히 타락하고 믿음을 완전히 잃어버리지는 않습니다. 왜냐하면 성령께서 우리를 보존하시고 지키시기 때문입니다[29].

성령 하나님, 영원한 인격의 무거움

우리가 "성령을 믿사오며"라고 고백할 때 주눅 들 필요가 없습니다. 개혁신앙에서 성령 하나님은 영원한 인격의 무거움으로 더 풍부하게 강조됩니다. 성령님의 신비한 능력을 거부하거나 폄훼하는 것이 아닙니다. 하지만 우리는 '성령을 예배한다'라는 의미를 강조합니다. 성령 하나님은 참을 수 없는 존재의 가벼움을 가지신 분이 아닙니다. 오히려 영원한 인격의 무거움을 지니십니다. 성부와 성자에 대한 신앙고백을 삶 속에서 구체적으로 나타나게 하는 궁극적 주체가 바로 성령님이십니다. 그리고 이러한 내용이 바로 "성령을 믿사오며"라는 신앙고백으로 나타납니다. 우리 가운데 성령이 거하시고 이로 인해 우리는 성부와 성자께 대한 신앙고백으로 인도를 받고 있습니다.

성령 하나님, 참을 수 없는 존재의 가벼움이 아닌 영원한 인격의 무거움

나눔을 위한 질문 Questions for Group Sharing

1. 구약 성경에 나타난 성령 하나님의 다양한 사역들은 어떤 것들이 있나요? 정리해 봅시다. (237p)

2. 성령의 강림에 대해 요엘은 '그 후에' 라고 기록한 것을 두고 베드로는 왜 '말세에' 라고 표현했을까요? 이러한 성령의 역사는 무엇을 성취하는 것과 깊은 관련을 맺고 있습니까? (238-239p)

3. 사도신경은 성령에 대한 가르침 안에 어떤 3가지 가르침을 두고 있습니까? 그리고 칼뱅과 같은 이들은 무엇을 중심으로 성령의 사역을 고백했습니까? (239-240p)

4. 은사주의자들은 성령 하나님에 대해 어떤 방식으로 잘못 이해하고 있나요? (242p)

5. 하이델베르크 요리문답 제53문답에서 말하는 성령 하나님의 사역 네 가지를 정리해 보세요. (245-252p)

설교 시청 가이드 | A Guide to Sermon Video

2018년 4월 29일(주일), 사월교회당의 공예배에서 강론된 "성령 하나님, 참을 수 없는 존재의 가벼움이 아닌 영원한 인격의 무거움"(요15:26)은 대한예수교장로회 사월교회 홈페이지(www.sawolch.com)와 오른쪽의 QR코드를 통해 언제든지 시청할 수 있습니다.

미주

1) 체코 태생의 작가인 밀란 쿤데라(Milan Kundera:1929~)의 대표작 『참을 수 없는 존재의 가벼움』(체코어: Nesnesitelná lehkost bytí; The Unbearable Lightness of Being, 1984)은 표면적으로는 연인간의 사랑이야기를 다룬 멜로 소설로 보이지만, 주제의식과 서술형식을 비롯한 작품 전반에는 니체의 철학이 깊게 관통하고 있다.
2) 이성호, 『특강 하이델베르크 요리문답 (상)』(안산: 흑곰북스, 2011), 199.
3) 황원하, 『하이델베르크 요리문답 해설』(평택: CNB, 2015), 264.
4) 김민호, 『사도신경 강해: 참된 성도의 신앙고백』(서울: 푸른섬, 2010), 182. "18세기 미국에 부흥의 역사가 불일 듯 일어날 때 조나단 에드워즈는 부흥의 역사가 참된 성령의 역사인지 아닌지 구분하는 다섯 가지 기준을 제시했습니다." ① 사람들이 예수의 이름을 높일 때 그들 속에 있는 영은 하나님의 영입니다. ② 죄를 증오하고 사탄의 왕국의 이익에 빈대하는 작용이 성령의 역사입니다. ③ 사람들로 하여금 성경을 더 존중하게 만들어 그들로 하여금 그 진리와 신성을 더 확신하게 하는 것은 분명한 성령의 역사입니다. ④ 성령은 사람들을 진리로 인도하여 그들로 하여금 진리를 확신케 합니다. ⑤ 하나님과 사람들에 대한 사랑의 영으로 작용하는 것은 분명한 성령의 역사입니다.
5) 황원하, 『하이델베르크 요리문답 해설』, 265.
6) J. I. Packer, *Growing in Christ*, 김진웅 역, 『(제임스 패커의 기독교 기본 진리) 사도신경』(서울: 아바서원, 2012), 147.
7) 김민호, 『사도신경 강해: 참된 성도의 신앙고백』, 174. "성령님의 강림은 종말의 도래이고, 종말의 날은 구원과 심판의 날입니다. 종말은 초림부터 재림까지의 기간을 말합니다. 베드로 사도가 언급한 '말세'도 영어로 'in the last days'라고 하여 어떤 특정한 날이 아니라 특정 기간을 언급합니다."
8) 윤석준, 『하이델베르크 요리문답 설교 1』(서울: 부흥과개혁사, 2016), 100.
9) 황원하, 『하이델베르크 요리문답 해설』, 263.
10) 손재익, 『사도신경: 12문장에 담긴 기독교 신앙』(서울: 디다스코, 2017), 237.
11) 김진흥, 『교리문답으로 배우는 장로교 신앙』(서울: 생명의양식, 2017), 155.
12) 김진흥, 『교리문답으로 배우는 장로교 신앙』, 155.
13) 윤석준, 『하이델베르크 요리문답 설교 1』, 100.
14) Cornelis Neil Pronk, *Apostles' Creed*, 임정민 역, 『(하이델베르크 교리문답

으로 보는)사도신경』(수원: 그책의사람들, 2013), 195.
15) 이운연, 『성경으로 풀어낸 사도신경』(여수: 그라티아, 2016), 155-156.
16) 윤석준, 『하이델베르크 요리문답 설교 1』, 102-103.
17) Michael Scott Horton, *We believe: recovering the essentials of the Apostles' Creed*, 윤석인 역, 『(사도신경의 렌즈를 통해서 보는)기독교의 핵심』(서울: 부흥과개혁사, 2005), 204.
18) 정요석, 『하이델베르크 교리문답 (상)』(서울: 새물결플러스, 2017), 438.
19) J. I. Packer, *Growing in Christ*, 110.
20) Cornelis Neil Pronk, *Apostles' Creed*, 194.
21) 손재익, 『사도신경: 12문장에 담긴 기독교 신앙』, 241.
"성령께서 성부와 성자에게서 나오셨다는 표현을 가리켜 '필리오케'(Filioque)라고 하는데, 이는 역사적인 의미가 있다. 원래 하나였던 교회가 1054년에 처음으로 나뉘게 되는데, 동방교회와 서방교회로 나뉜다. 그 계기는 '필리오케(Filioque) 논쟁'이다. 두 교회가 나뉘게 된 이 논쟁은 '아들로부터'라는 뜻을 가진 라틴어 '필리오케'(filioque)라는 말을 통해서 엿볼 수 있는데, 성령께서 성부로부터만 나오시느냐 아니면 성부와 성자로부터 나오시느냐 하는 논쟁이다. 동방교회(러시아 정교회, 그리스 정교회)는 성령이 성부로부터 성자를 통하여 나오신다(processio per Filium)라고 고백하고, 서방교회(로마 가톨릭, 개신교)는 성령께서 성부와 성자로부터 나오신다고 고백한다. 이 두 차이로 인하여서 두 교회가 갈라졌다. 동방교회는 필리오케 교리를 비정상적인 과정을 통해서 들어온 잘못된 조항으로 폄하하면서, 이를 수용하면 삼위일체 하나님 안에 두 시작, 두 근원, 두 원인을 인정하는 결과를 낳을 수밖에 없다고 여긴다. 문병호, 『기독론 : 중보자 그리스도의 인격과 사역』(서울: 생명의말씀사, 2016), 171. 그러나 우리는 동방교회의 가르침을 따를 수 없다. 성경(요14:16,26; 15:26; 롬 8:9)과 신앙고백(BC 제11조; WCF 제2장 제3절; WLC 제10문답)은 성령께서 성부와 성자로부터 나오신다고 가르친다."
22) 윤석준, 『하이델베르크 요리문답 설교 1』, 105-106.
23) Cornelis Neil Pronk, *Apostles' Creed*, 196.
24) J. I. Packer, *Growing in Christ*, 108.
25) 이성호, 『특강 하이델베르크 요리문답 (상)』, 201.
26) 백금산, 『만화 사도신경』(서울: 부흥과개혁사, 2008), 203.
27) Edwin H. Palmer, *(The) Holy Spirit*, 최낙재 역, 『감동적인 성경적 성령론』(서

울: 개혁주의신행협회, 2009), 29.

28) 윤석준, 『하이델베르크 요리문답 설교 1』, 109.

29) 황원하, 『하이델베르크 요리문답 해설』, 271.

10

거룩한 공교회 '내가'와 '나도', 성도의 교제 '모두' 또한 '각각'

"너희는 사도들과 선지자들의 터 위에 세우심을 입은 자라 그리스도 예수께서 친히 모퉁잇돌이 되셨느니라 그의 안에서 건물마다 서로 연결하여 주 안에서 성전이 되어 가고 너희도 성령 안에서 하나님이 거하실 처소가 되기 위하여 그리스도 예수 안에서 함께 지어져 가느니라"

엡2:20-22

거룩한 공회와
성도가 서로 교통하는 것과

거룩한 공교회와

성도의 교제와(새번역)

the holy catholic church,

the communion of saints.(현대영어)

sanctam ecclesiam catholicam ;

sanctorum communionem ;(라틴어 공인원문)

10. 거룩한 공교회 '내가'와 '나도', 성도의 교제 '모두' 또한 '각각'

너희는 사도들과 선지자들의 터 위에 세우심을 입은 자라
그리스도 예수께서 친히 모퉁잇돌이 되셨느니라
그의 안에서 건물마다 서로 연결하여 주 안에서 성전이 되어 가고
너희도 성령 안에서 하나님이 거하실 처소가 되기 위하여
그리스도 예수 안에서 함께 지어져 가느니라
엡2:20-22

하나님은 왜?

초등학교 2학년 아이가 쓴 '아빠는 왜?'란 시입니다.

엄마가 있어 좋다 / 나를 예뻐해 주셔서
냉장고가 있어 좋다 / 나에게 먹을 것을 주어서
강아지가 있어 좋다 / 나랑 놀아 주어서
아빠는 왜 있는지 모르겠다.

오늘날 아버지 부재 시대를 상징적으로 말해주는 것 같아 씁쓸합니다. 왠지 모르게 제 가슴도 뜨끔합니다. 분당우리교회의 이찬수 목사님이 설교 중에 이 시를 모방하여 '하나님은 왜?'라고 바꾸었습니다.

담임목사가 있어 좋다 / 나를 예뻐해 주셔서

장로가 있어 좋다 / 나에게 먹을 것을 주어서
리더가 있어서 좋다 / 나랑 놀아 주어서
그런데 하나님은 왜 있는지 모르겠다.

오늘날의 교회 현실이 드러나지 않습니까? 눈에 보이는 목사, 눈에 보이는 장로의 설교와 기도가 있으며, 찬양대원들이 찬양도 드리지만 인간들만의 잔치로 예배가 전락하지는 않았습니까? 하나님이 왜 계시는지 알지 못하고, 하나님이 보이지 않아도 하나도 불편하지 않은 상태가 교회의 변질된 증거가 아닐까요?[1)]

초등학생 아이는 아직 어려서 눈에 보이는 것만 봅니다. 그래서 먹을 것을 주는 엄마, 먹을 것이 많은 냉장고가 고맙고, 심지어 집에서 키우는 강아지도 고맙습니다. 그러나 자신이 누리는 그 모든 것이 가능하도록 돕는 한 사람이 더 있습니다. 그 어린아이가 눈도 뜨기 전 이른 아침부터 회사로 달려가 온갖 욕을 먹고 뼈 빠지게 수고하는 아버지는 보지 못합니다. 아이가 철이 든다는 의미가 무엇입니까? '아버지가 새벽부터 나가 우리 가정을 지키려 애쓰셨구나! 눈에 보이는 것이 전부가 아니구나!' 이런 사실을 깨달을 때, 아이는 철이 듭니다. 교회도 영적으로 철이 드는 성도의 모임이 되어야 합니다. 눈에 보이는 것을 넘어선 무엇이 성도의 교제에 있어야 합니다. 사도신경의 열 번째 고백은 교회와 성도들이 철이 들도록 돕습니다.

사도신경은 삼위일체 하나님에 대한 신앙고백입니다. 그리고 사도신경의 세 번째 부분에서는 성령 하나님을 믿는다고 고백합니다.

그런데 왜 이러한 성령론과 연관지어서 거룩하고 보편적인 교회와 성도의 교제를 믿는다고 고백할까요? 왜 교회나 교제가 믿음의 대상이 됩니까?

또한 교회가 거룩하다는 의미는 죄와 더러움이 없다는 뜻입니까? 많은 교회가 스캔들에 시달리고 세속적인 형태의 유흥과 정치권력, 유행에 영합하기 때문에 "진리의 기둥과 터"(딤전3:15)라는 보편적 인정을 받지 못합니다[2]. 교회가 세상 사람들의 손가락질을 받고, 세상이 교회를 걱정합니다. 교회를 안 나가는 일명 '가나안 성도들'은 교회를 다니지 않고도 얼마든지 신앙생활을 잘할 수 있다고 주장하기도 합니다.

성도의 교제는 어떻습니까? 우리교회는 너무 냉랭하고 목사님은 말씀과 성경공부만 강조하지 성도의 교제를 강조하지 않는다고 생각하는 분들이 있습니까? 등산과 각종 친목회, 야유회, 운동 모임들을 활성화시켜야 한다고 생각하십니까? 네, 우리는 그러한 부분들에 동의할 수 있습니다. 하지만 세상도 이러한 모임은 다 가진다는 사실을 기억합시다. 과연 교회가 말하는, 사도신경이 고백하는 성도의 교제가 이러한 친목 모임일까요? 이러한 종류의 궁금증을 해결하기 위해 하나님의 말씀 속으로 들어가 봅시다.

거룩한 보편적 교회(the holy catholic church)의 밑그림(엡 2:1-19)

> 그는 허물과 죄로 죽었던 너희를 살리셨도다 그 때에 너희는 그 가운데서 행하여 이 세상 풍조를 따르고 공중의 권세 잡은 자를 따랐으니 곧 지금 불순종의 아들들 가운데서 역사하는 영이라 전에는 우리도 다 그 가운데서 우리 육체의 욕심을 따라 지내며 육체와 마음의 원하는 것을 하여 다른 이들과 같이 본질상 진노의 자녀이었더니
>
> 엡2:1-3.

에베소서 2장에서 바울은 이제 그리스도를 믿게 된 이방인 에베소 사람들을 향하여 "너희"라고 부릅니다. "너희"라고 지칭된 이들은 1절에 따르면 죽은 이들이었으며, 2절에 따르면 세상 풍속을 쫓고 사탄을 따르는 이들이었습니다. 그러나 3절부터는 "너희"와는 다른 먼저 그리스도를 믿은 이들인 "우리"가 등장합니다.

> 긍휼이 풍성하신 하나님이 우리를 사랑하신 그 큰 사랑을 인하여 허물로 죽은 우리를 그리스도와 함께 살리셨고 (너희는 은혜로 구원을 받은 것이라)
>
> 엡2:4-5

> 너희는 그 은혜에 의하여 믿음으로 말미암아 구원을 받았으니 이것은 너희에게서 난 것이 아니요 하나님의 선물이라
>
> 엡2:8

이어지는 말씀에서는 "우리" 유대인들과 "너희" 이방인들 모두 예수 그리스도로 말미암아 은혜의 선물로 동일한 구원을 받았다고 증언합니다.

> 그 때에 너희는 그리스도 밖에 있었고 이스라엘 나라 밖의 사람이라 약속의 언약들에 대하여는 외인이요 세상에서 소망이 없고 하나님도 없는 자이더니 이제는 전에 멀리 있던 너희가 그리스도 예수 안에서 그리스도의 피로 가까워졌느니라
>
> 엡2:12-13

> 그러므로 이제부터 너희는 외인도 아니요 나그네도 아니요 오직 성도들과 동일한 시민이요 하나님의 권속이라
>
> 엡2:19

이제 이방인들도 교회 안에서 동일한 하나님 나라의 시민이요, 하나님의 권속입니다. 이것이 그리스도의 거룩한 보편적 교회에 대한 믿그림입니다.

성도의 사귐(the communion of saints)의 밑그림(엡 2:20-22; 요일 1:3)

> 너희는 사도들과 선지자들의 터 위에 세우심을 입은 자라 그리스도 예수께서 친히 모퉁잇돌이 되셨느니라 그의 안에서 건물마다 서로 연결하여 주 안에서 성전이 되어 가고 너희도 성령 안에서 하나님이 거하

> 실 처소가 되기 위하여 그리스도 예수 안에서 함께 지어져 가느니라
>
> 엡2:20-22

이어서 에베소서 2장은 성도의 교제를 설명합니다. 성도의 교제를 이해할 때는 반드시 사람과 사람 사이의 관계 이전에 '우리가 함께 그리스도 안에 들어가며 예수 안에서, 성령 안에서 함께 지어져 간다'고 이해해야 합니다.

> 아버지여 창세 전에 내가 아버지와 함께 가졌던 영화로써 지금도 아버지와 함께 나를 영화롭게 하옵소서
>
> 요17:5

> 아버지여 내게 주신 자도 나 있는 곳에 나와 함께 있어 아버지께서 창세 전부터 나를 사랑하시므로 내게 주신 나의 영광을 그들로 보게 하시기를 원하옵나이다
>
> 요17:24

성도의 교제는 영원 전부터 삼위일체 하나님 사이의 관계와 사귐에 기초하여 이루어집니다. 삼위 간의 위격적 관계 속에서 하나님은 영원의 삶에 필수적인 것을 채우시며 사랑의 충만한 관계를 누리십니다. 우리가 하나님과 교제할 수 있는 이유는 하나님의 존재 방식 자체가 교제이기 때문입니다.

믿음의 선배들은 이 사실을 잘 알았기 때문에 성도의 교제를 '거룩한 교제'라고 칭했습니다. 성도의 교제는 사람의 사귐에 그치지 않고

예수 그리스도의 몸이신 교회 안에서 그리스도와의 교제를 통해 사람들 사이에 베풀어지는 관계라는 사실을 전제합니다. 이것이 성도의 교제, 성도의 사귐에 대한 밑그림입니다.

거룩하고 보편적인 교회(sanctam ecclesiam catholicam)와 성도의 교제(sanctorum communionem)

거룩의 반대말은 죄나 더러움이라고 생각할 수 있습니다. 하지만 성경이 거룩하다고 할 때 1차적인 의미는 '~과 다르다, ~과 구별되었다'는 뜻입니다. 이것이 거룩의 핵심적인 개념입니다[3]. 에베소서는 우리의 거룩함이 하나님의 거룩함에 기인한다고 말합니다.

> 남편들아 아내 사랑하기를 그리스도께서 교회를 사랑하시고 그 교회를 위하여 자신을 주심 같이 하라 이는 곧 물로 씻어 말씀으로 깨끗하게 하사 거룩하게 하시고 자기 앞에 영광스러운 교회로 세우사 티나 주름 잡힌 것이나 이런 것들이 없이 거룩하고 흠이 없게 하려 하심이라
>
> 엡5:25-27

신부인 교회의 거룩은 신랑이신 예수 그리스도의 거룩함에 달려 있습니다. 그리스도께서 교회를 사랑하시고 깨끗하게 거룩하게 하셔서 주님의 교회가 되었습니다[4].

> 곧 하나님 아버지의 미리 아심을 따라 성령이 거룩하게 하심으로 순종

> 함과 예수 그리스도의 피 뿌림을 얻기 위하여 택하심을 받은 자들에게 편지하노니 은혜와 평강이 너희에게 더욱 많을지어다
>
> 벧전1:2

우리는 하나님께 구별되어 선택을 받은 이들이기에 마찬가지로 '거룩하다'고 칭할 수 있습니다.

> 그러나 너희는 택하신 족속이요 왕 같은 제사장들이요 거룩한 나라요 그의 소유가 된 백성이니 이는 너희를 어두운 데서 불러 내어 그의 기이한 빛에 들어가게 하신 이의 아름다운 덕을 선포하게 하려 하심이라
>
> 벧전2:9

위의 말씀에 따르면 우리는 어떠한 존재입니까? "선택, 제사장, 거룩, 소유", 이 네 가지 단어는 모두 하나님의 교회의 거룩함을 나타내는 단어들입니다. 선택과 거룩이 밀접하게 연결되어 있고, 선택은 거룩의 시작입니다. 정리하면 다음과 같습니다.

① 교회는 그리스도로 말미암아 구원받은 백성들로 구성되어 있기 때문에 거룩하다.

② 교회는 세상과 구별되어 하나님께 드려진 공동체이기 때문에 거룩하다.

한편 사도신경의 옛 번역이 '공회'(公會)라고 한 것을 새번역은 '공교회'(公敎會)로 번역했습니다. 공회는 공교회의 줄임말입니다. 너무

줄여서 사람들이 말의 본뜻을 잘 알지 못합니다. 좀 더 이해하기 쉬우려면 공교회라는 표현이 낫습니다[5]. '공교회'란 영어로 'catholic church'로 되어 있습니다. 이는 천주교, 즉 로마 가톨릭교회를 의미합니까? 로마 가톨릭교회가 보편적이니 이를 떠난 개신교는 이단이거나 배교일까요? 본래 'catholic'은 '보편적'이라는 의미입니다. 이에 따르면 교회는 하나이며 보편적입니다. 가톨릭교회의 억지 주장으로 인해 개신교회에서는 'catholic'이라는 용어 대신 'Universal church'로 바꾸어 쓰기도 합니다[6]. 이런 측면에서는 공(公)보다는 보편(普遍)이 좀 더 나은 표현이라 할 수 있습니다.

우리는 이러한 거룩하고 보편적인 교회를 믿습니다. 그런데 교회를 믿는다는 고백에 혼동을 일으키는 양 극단이 있습니다[7].

첫째는 교회를 절대화하고 우상화하는 경향입니다. 교회와 하나님을 혼동하거나 로마 가톨릭처럼 교회의 권위를 절대적으로 올려 우상화시킵니다. 교회에 가면 목사님, 장로님, 권사님들이 있습니다. 기도도 하고 설교도 하고 성도들도 있습니다. 이는 모두 다 볼 수 있고 들을 수 있습니다. 그러나 아무리 교회에서 중요한 기능과 직분이라도 그것들이 신앙의 대상이 될 수는 없습니다.

둘째는 경험에 근거하여 교회를 무시하는 경향입니다. 우리는 주변에서 흔히 수적 성장만을 추구하며 비상식적인 일을 하는 교회, 성경과 괴리되어 있는 교회들을 봅니다. 그들은 교회를 신앙의 요람이 아니라 개혁과 타도의 대상으로 여깁니다. 교회에 대하여 회의를 느끼고 선교단체나 기도원으로 교회를 대체하려는 경향이 있습니다.

또한 교회의 지도자들이 교회성장에 조급해지면 성경의 원리가 아닌 실용적 대처방안과 세속적 방법으로 눈을 돌리기 쉽습니다. 우리가 이러한 성령체험과 자기체험, 자기 판단력에 근거한다면 교회를 믿지 않고 그저 교회를 안다고 주장하며 자기 견해에 따라 교회를 이끌 것입니다. 그러나 교회는 주님의 몸이며, 보이지 않는, 혹은 알려질 수 없는 신비한 신적 기관이며 실체입니다. 교회의 깊고 신비한 내용을 우리의 이성으로 다 알 수 없습니다. 교회는 아는 대상이 아니라 믿음의 주제 중 하나이며, 신앙의 대상입니다.

이러한 교회의 모든 회원은 성도(聖徒)입니다. 말 그대로 거룩한 무리라는 뜻입니다. 예수 믿는 사람을 성도라고 부르는 이유는 우리의 조건이나 어떠한 유능함에 있지 않습니다. 우리의 거룩을 결정하는 분은 거룩하신 성령님이십니다[8].

성도의 교제는 신자의 일이지만 동시에 성령 하나님의 사역입니다. 그래서 사도신경의 아홉 번째 문장은 여덟 번째 문장에서 이어집니다. 우리는 의식하든지 못하든지 새벽기도회, 매 주일예배마다 거룩한 공회와 성도의 교제를 믿는다고 고백합니다. 그리고 하이델베르크 요리문답은 이 의미를 더 잘 이해하는 일에 좋은 길잡이가 됩니다.

그리스도가 보호하시고 보전하시는 교회

하이델베르크 요리문답 제54문

"거룩한 보편적 교회"에 관하여 당신은 무엇을 믿습니까?

답

> 나는 하나님의 아들이 세상의 처음부터 마지막 날까지 모든 인류 가운데서 영생을 위하여 선택하신 교회를 참된 믿음으로 하나가 되도록 그의 말씀과 성령으로 자신을 위하여 불러 모으고 보호하고 보존하심을 믿습니다. 나도 지금 이 교회의 살아 있는 지체(肢體)이며 영원히 그러할 것을 믿습니다.

교회의 속성은 사도신경과 니케아신조에서 잘 나타납니다[9]. 사도신경은 교회에 관하여 거룩성과 보편성을 말합니다. 그러나 우리가 일반적으로 교회의 속성을 말할 때는 니케아신조를 참고하여 단일성, 거룩성, 보편성, 사도성의 4대 속성을 말합니다. 하이델베르크 요리문답 제54문답은 사도신경이 말하는 교회의 두 가지 속성만 해설하지만 내용적으로 네 가지 속성을 다 담고 있습니다[10].

교회를 믿는다고 말할 때 위의 네 가지 속성을 제대로 알고 믿어야 합니다. 그리고 이 기준들이 곧 건강한 교회를 판단하고 선택하는 기준입니다. 하나씩 살펴보겠습니다.

첫째, 교회의 단일성(통일성)입니다. 사도신경은 이를 직접 표현하지 않지만 사도신경에 대한 하이델베르크 요리문답 제54문답의 해설은 "참된 믿음으로 하나가 되도록"이라고 표현합니다. 교회는 참된 믿음으로 하나가 되도록 부르심을 받았다는 고백입니다.

사실 현대의 복음주의자들, 그리고 자유주의자들도 교회라는 간판만 걸면 어떤 종류의 집단과 연합해도 된다고 외칩니다. 세계교회

협의회(W.C.C)와 같은 기구가 대표적입니다. 신앙고백을 무시한 채 모든 것을 포용하는 껍데기 기구로 연합하는 일은 '교회의 단일성'과는 전혀 상관이 없습니다.

'교회는 하나'라는 고백의 중심에는 "그리스도께서 교회의 머리가 되시며 교회를 불러 모으고, 보호하고, 보존하는 모든 일은 목사나 성도가 아니라 하나님의 아들이 주체적으로 하신다" 근원적인 명제가 있습니다. 그러므로 그리스도가 교회의 머리가 아니라면 모든 종류의 연합은 '거짓 연합'입니다[11]. 건강한 선교를 하며 바른 교회를 세우려고 한다면 반드시 신앙고백의 일치를 통해서 교회의 통일성을 이루어야 합니다.

둘째, 교회의 거룩성입니다. 많은 교회들이 부정과 부패, 말씀에서의 이탈, 악한 행위들과 타락한 생활을 보여 줍니다. 세상에서도 행하지 않는 패악을 행합니다. 겉으로 볼 때 불신자들과 차이점이 하나도 없습니다. 그들보다 나은 점이 없습니다. 하지만 우리의 경험으로 교회는 거룩하지 않다고 말할 수는 없습니다.

> 기록되었으되 내가 거룩하니 너희도 거룩할지어다 하셨느니라
>
> 벧전1:16

> 너희는 하나님으로부터 나서 그리스도 예수 안에 있고 예수는 하나님으로부터 나와서 우리에게 지혜와 의로움과 거룩함과 구원함이 되셨으니
>
> 고전1:30

성경이 우리에게 "교회는 거룩하다"고 가르치는 가장 큰 이유는 하나님이 교회를 선택하셨기 때문입니다. 교회가 거룩한 것은 참된 거룩함이신 그리스도 때문입니다. 우리가 아닌 예수 그리스도로 인하여 교회는 거룩함에 있는 것이 가능합니다.

요리문답 제54문답은 "영생을 위하여 선택하신 교회를 불러 모으고 보호하고 보존하신다"고 말합니다. 하나님이 그분의 절대적인 주권으로 영생 얻을 자들을 선택하셨기 때문에 거룩합니다. 바울은 이렇게 표현했습니다.

> 하나님이 미리 아신 자들을 또한 그 아들의 형상을 본받게 하기 위하여 미리 정하셨으니 이는 그로 많은 형제 중에서 맏아들이 되게 하려 하심이니라 또 미리 정하신 그들을 또한 부르시고 부르신 그들을 또한 의롭다 하시고 의롭다 하신 그들을 또한 영화롭게 하셨느니라
>
> 롬8:29-30

위의 본문은 구원의 서정에 대하여 말합니다. 이에 따르면 아무나 교회의 회원이 될 수 없습니다. 오로지 주 예수 그리스도로부터 선택함을 받은 사람들만 교회의 회원(참된 그리스도인)이 될 수 있습니다. 주 예수님은 자신의 의지로 선택하신 자들을 타락한 세상으로부터 불러내셔서 교회를 이루게 하셨습니다[12].

셋째, 교회의 보편성입니다. 오늘날 사람들은 보편보다는 개성을 중시합니다. 교회도 덩달아 개교회 중심으로 특화되기를 바랍니다. 교회마다 '다름'을 강조하며 로고를 만들었습니다. 우리교회만 잘되

면 다른 것은 상관이 없습니다. "더 좋은 교회에서 더 위대한 교회로"와 같은 구호를 외치며 교회와 교회를 비교의 대상으로 놓고, 성공과 실패를 논하며 경쟁관계를 만듭니다. 주의 교회가 어떠한 상처를 받고 그리스도의 몸이 훼손되는지는 아랑곳하지 않습니다. 교회 안에서조차 인종, 성, 지역, 학벌 등의 온갖 차별로 벽을 쌓습니다. 교회의 보편성을 무시하는 이런 처사는 얼마나 가슴 아픈 일입니까?

교회의 보편성은 두 가지 측면이 있습니다. 하나는 '믿음의 동일성'이고, 다른 하나는 '시간의 보편성'입니다.

먼저 하이델베르크 요리문답 제54문답은 '모든 인류 가운데서'라는 표현을 통해 믿음의 동일성을 강조합니다. 우리가 고백하는 내용은 시공간과 상관없이 항상 동일해야 합니다. 그러하기에 교회는 신앙고백이 같은 교회와 교제하기를 힘써야 합니다. 또한 할아버지로부터 아버지, 그리고 손자까지 모든 세대가 동일한 신앙고백을 해야 합니다.

또한 '세상의 처음부터 마지막 날까지'라는 표현을 통해 시간의 보편성을 강조합니다. 로마 가톨릭교회는 베드로에 의해 지상교회가 비로소 시작되었다고 주장합니다. 하지만 개혁교회의 신앙고백서들은 교회의 시작을 오순절이 아니라 세상의 처음이라고 주장합니다. 하나님이 선택하신 무리로서의 교회는 아담과 하와가 창조되었을 때부터 존재했습니다. 예수님은 새로운 교회를 세우신 것이 아니라 기존의 교회를 새롭게 하셨습니다.

그러면 우리 주위에 새롭게 생겨나는 교회들은 무엇입니까? 이런 경우는 이미 있는 교회에 새로 가입한 것으로 봅니다. 따라서 누군가 기존 교회와 선을 긋고 자신들만이 새로운 교회라고 주장한다면 그곳은 반드시 이단입니다.

주님은 세상의 처음부터 끝까지 교회를 세우십니다. 비록 미약하고 연약해도 주님의 한 몸 된 교회입니다. 참된 교회는 세상의 처음부터 마지막 날까지 항상 있습니다. 하나님이 다윗의 등불을 끄지 않으신 것처럼, 이 세상에서 교회를 없애신 적이 없습니다.

즉 교회가 보편적이라는 말은 교회가 모든 장소와 모든 사람, 남녀노소와 빈부귀천을 막론하고 모든 시대에 걸쳐 있다는 의미입니다. 모두 와서 한데 어울릴 수 있어야 합니다. 그리스도 안에서 부자인 아리마대 요셉과 산헤드린 의원 니고데모, 창녀, 세리, 백부장 모두가 어울릴 수 있는 것처럼 교회는 보편적이고 건강한 교회가 되어야 합니다.

넷째, 교회의 사도성입니다. 이 말은 교회가 사도와 선지자들의 터 위에, 즉 말씀 위에 서 있다는 의미입니다. 하이델베르크 요리문답에 보면 머리이신 그리스도께서 교회를 부르실 때의 방편을 '말씀과 성령'이라고 말합니다. 그리스도께서는 교회에 찾아 오셔서 속한 모든 자들에게 구원을 주시며 그들을 다스리시고 보호하시며 보존하십니다. 그리스도께서 교회 안에서 일하는 방식이 '성령과 말씀'입니다[13].

여호와께서 이르시되 내가 그들과 세운 나의 언약이 이러하니 곧 네 위에 있는 나의 영과 네 입에 둔 나의 말이 이제부터 영원하도록 네 입

> 에서와 네 후손의 입에서와 네 후손의 후손의 입에서 떠나지 아니하리라 하시니라 여호와의 말씀이니라
>
> 사59:21

성령님은 말씀을 통해서 일하십니다. 사망의 길을 가는 사람이 갑자기 생명의 길로 옮기는 일이 '사람의 말' 때문에 일어나지는 않습니다. 성령께서 함께 하시는 '설교'(복음 설교)일 때만 가능합니다[14]. 따라서 목사들은 말씀을 성실히 전해야 하며 회중들은 그들을 존경하면서 그들이 전하는 말씀을 주의 깊게 들어야 합니다. 주일 공예배가 얼마나 중요한 시간입니까?

우리는 그리스도께서 오직 말씀과 성령을 통하여 교회를 모으신다고 믿습니까? 말씀과 함께 일하시는 성령님을 통해서 교회가 생겨나고 보호됨을 믿습니까? 물론 그것도 믿지만 부족하니까 다른 것도 있어야 한다고 생각하지 않습니까?

주님의 교회는 하나님이 세우신 신적 기관으로 단일성, 거룩성, 보편성, 사도성이 분명한 바르고 건강한 교회로 나아갈 수 있어야 합니다. 하지만 여기에 그쳐서는 안됩니다. 하이델베르크 요리문답 제54문답은 "나도 지금 이 교회의 살아 있는 지체(肢體)이며 영원히 그러할 것을 믿습니다"라고 고백합니다. 우리는 교회에 대해 말할 때 자신이 깊이 개입되어 있다는 사실을 기억해야 합니다. 나는 관찰자가 아니라 그 속에 포함되어 있으며, 교회의 속성들을 겪으며, 나도 또한 함께 공동체를 세우며 살아갑니다.

여기에서 말하는 "살아있는 지체"라는 표현은 로마 가톨릭의 교회론에 대한 반박입니다. 그들은 교회의 권위, 혹은 교황의 권위에만 복종하면 교회의 회원이 됩니다. 세례를 받고 성찬에 참여하며 고해성사를 하는 것으로 회원이 됩니다.

우리는 오직 믿음으로만 주님의 교회의 살아 있는 지체가 됩니다. 교회는 인간의 이성과 경험으로 이해하기 불가능한 신비로운 공동체입니다. 교회는 믿음의 공동체입니다. 그러면 '가나안 성도'가 가능할까요? 인터넷 교인이 가능할까요? 혼자 성경을 읽고 기도하면서 신앙을 유지할 수 있을까요? 믿음의 선배들은 그러한 종류의 말을 단호히 거부합니다.

> 웨스트민스터 신앙고백 제25장 교회
>
> 2. 유형 교회 또한 복음 시대에는 보편적이요 일반적인 교회이다(이전 율법 시대처럼 한 민족에게만 제한되어 있지 않다.). 이 유형 교회는 선 세계적으로 참 종교를 신봉하는 모든 사람들과 그들의 자녀들로 구성되어 있다. 그리고 이 교회는 주 예수 그리스도의 왕국이며, 하나님의 집이며, 권속이다. 이 교회를 떠나서는 즉 교회 밖에는 통상적으로 결코 구원 받을 수가 없다.

웨스터민스터 신앙고백과 벨직 신앙고백 등도 "교회 밖에는 구원이 없다"는 언급을 합니다[15]. 보이는 교회, 즉 사람들 눈에 보이는 교회를 떠나 그 밖에서는 구원 받을 가능성은 없습니다.

교회는 신적인 기관이지만 그곳에 모인 자들은 타락한 죄인들입니다. 따라서 교회 안에는 많은 문제들이 있습니다. 그럼에도 불구하고 우리는 교회를 무시하지 말아야 하며 교회를 떠나지 말아야 합니다. 그리스도께서는 목숨을 지불하시면서 그분의 양 무리들을 모으셔서 교회를 세우셨고, 지금도 교회 안에서 구원을 베푸시며 교회를 통하여 은혜를 부어주십니다. 그러므로 교회가 타락하고 교인들 사이에 문제가 발생한다 하더라도 교회 안에서 주님의 은혜 가운데 문제를 해결해야 합니다. 어떤 경우에도 교회 자체를 파괴하거나 무시해서는 안 됩니다. 그것은 주님의 몸을 찢고 짓밟는 것과 마찬가지입니다.

그리스도 안에서의 교제

고대교회의 교부인 키프리아누스(Cyprianus)와 아우구스티누스(Augustinus), 종교개혁자인 칼뱅(John Calvin)은 "하나님이 아버지가 되는 사람에게는 교회가 어머니가 되어야 한다"[16]고 말합니다. 하나님은 갓 태어난 당신의 자녀들을 교회라는 어머니의 품에서 자라게 하십니다. 자라난 아이는 다시 교회를 섬기는 사람이 되어야 합니다. 그 관계를 '성도의 교제'라는 고백에 담았습니다. 우리가 성도의 교제에 대해 잘 모르는 이유가 무엇입니까? '성도들끼리 친하게 지내는 것'과 '성도의 교제'가 어떻게 다른지 배운 적이 없기 때문입니다. 하이델베르크 요리문답 제55문답을 봅시다.

하이델베르크 요리문답 제55문

"성도의 교제"를 당신은 어떻게 이해합니까?

답

첫째, 신자는 모두 또한 각각 그리스도의 지체로서 주 그리스도와 교제하며 그의 모든 부요와 은사에 참여합니다.

둘째, 각 신자는 자기의 은사를 다른 지체의 유익과 복을 위하여 기꺼이 그리고 즐거이 사용할 의무가 있습니다.

이 질문은 우리가 이미 성도의 교제를 잘못 이해하고 있다는 사실을 전제합니다. 성도의 교제의 본질은 사람의 즐거운 모임일까요? 이것은 여행, 식사, 친목과 같은 일을 싫어해서 나온 말이 아닙니다. 성도의 교제에는 진정한 의미가 있기 때문입니다.

첫째, 성도의 교제는 그리스도와 교제하는 것입니다. 성도의 교제가 무엇인지에 대한 첫 번째 대답을 봅시다. "주 그리스도와 교제하며 그의 모든 부요와 은사에 참여"하는 일이 성도의 교제라고 말합니다. '너와 나'가 아니라 '주님과 나', '주님과 우리'입니다. 주님과 교제하는 일이 성도의 교제의 본질입니다. 세상이 줄 수 없는 그리스도의 모든 부요와 은사는 신적인 선물로 주어집니다.

우리가 보고 들은 바를 너희에게도 전함은 너희로 우리와 사귐이 있게 하려 함이니 우리의 사귐은 아버지와 그의 아들 예수 그리스도와 더불어 누림이라

요일1:3

요한일서도 “너희로 우리와 사귐이 있게 하려 함이니”라고 성도의 교제를 언급합니다. 그런데 그 내용은 “우리의 사귐은 아버지와 그의 아들 예수 그리스도와 더불어 누림”이라고 말하며 그리스도와의 교제를 말합니다. 즉 너와 내가 사귀는 것이 아니라 너와 내가 함께 그리스도 안으로 들어가는 것입니다.

둘째, 성도의 교제는 받은 은사를 자원하는 마음으로 기쁘게 사용하는 것입니다. 우리는 예수님 덕분에 누리는 모든 은사, 즉 선물을 하나님의 은혜로 그리스도 안에서 한 몸 된 다른 성도들의 유익과 복을 위하여 사용해야 합니다. 우리가 얻은 모든 부요와 은사는 그리스도와의 교제를 통해 받았기 때문입니다. 우리가 가진 것 중에서 우리 자신의 것은 아무것도 없습니다.

오늘날 은사주의자들은 은사를 개인의 영달을 위해 사용합니다. 하지만 성경에서 은사는 항상 교회를 세우기 위해, 혹은 봉사를 위해 주어졌습니다. 주님은 우리가 그분으로부터 받은 것들을 다른 사람들을 위하여 사용하기를 원하십니다.

특히 우리 각자는 자신의 은사를 다른 지체의 유익과 복을 위하여 기꺼이 그리고 즐거이 사용해야 합니다. 할까 말까 망설이지도 말고, 억지로 해서도 안 됩니다. 요리문답은 이것을 ‘성도의 의무’라고 가르칩니다.

은사는 우리 주님이 부활승천하시면서 교회에 주신 ‘선물’입니다. 교회 안에서 은사는 ‘하나님이 주신 선물’이고, 특별히 은사는 ‘직분을 위하여’ 주어졌습니다.

이는 성도를 온전하게 하여 봉사의 일을 하게 하며 그리스도의 몸을 세우려 하심이라

엡4:12

위 성경말씀에서 은사나 직분은 "성도를 온전케 하고, 봉사하게 하고, 그리스도의 몸을 세우게 하는데" 사용하기 위해 주어졌다고 정의합니다. "성도의 교제를 믿습니다"는 고백은 앞에 나오는 교회의 의미를 더욱 분명하게 해 줍니다. 우리는 우리 존재와 우리의 은사를 다함께 교회를 이루고 있는 이들을 위해서 사용해야 하고 나눠주어야 합니다. 신자는 개인으로 존재하지 않고 반드시 한 몸 된 교회의 한 지체로 존재합니다[17].

만약 어떤 신자가 혼자만의 영적 유익을 생각한다면 굳이 교회에 올 이유가 하나도 없습니다. 그러므로 자신의 모든 은사를 발휘하여 지체들을 섬기고 사랑해야 합니다. 우리는 하나님이 자신에게 주신 은사들을 잘 살려서 다른 지체들과 교회를 세웁니다.

이 교제는 예배를 통해 가장 잘 느러납니다. 동일한 말씀을 듣고, 성찬을 통해 그리스도의 살과 피를 나눕니다. 헌금 역시 마찬 가지 아주 중요한 교제입니다. 교회 내의 인간관계에서 이것을 자꾸 잊어버리기 때문에 성도의 교제가 세속화됩니다. 친밀한 관계를 유지하려고 하고, 서로 사랑한다고 말하지만 그것이 그리스도 안에서의 교제가 아니라 '인간적인 친목'이 되어 버리기에 성도의 교제와 세속적 교제의 차이가 없어집니다.

성도는 '하나님이 세상에서 구별하여 끄집어 내셨을 뿐만 아니라, 삼위 하나님 안으로 불러들인 사람'입니다. '성도'라 부르는 순간, 이미 거룩하신 예수님 안으로 들어갔기 때문에 예수님과 사랑의 교제가 있는 사람입니다.

"지체를 바라보는 것은 한 사람이 다른 사람을 바라보는 것이지만, 거기에 그치지 않고 사실은 그 사람의 눈동자를 통해 그를 나와 함께 구속하여 교회의 지체로 세우신 그리스도를 바라보는 것입니다."[18] 다른 성도들과 교제하기 전에 삼위일체 하나님과 교제합니다.

삼위일체 하나님의 이름으로 모인 자들이 삼위일체 하나님과 더불어 교제하며 다른 성도들과 교제하여 삼위일체 하나님에 대한 신앙을 더욱 풍성하게 합니다. 그리고 삼위일체 하나님의 임재와 동행과 교제와 약속을 받고 파송을 받아 세상으로 나아갑니다.[19]

그리스도와 연결된 교회

교회는 연약한 자들이 모인 공동체이며, 그들을 아우르고 품어주면서 강한 자가 연약한 자를 용납하는 공동체(롬15장)입니다. 우리는 어떤 힘에 의해, 어떤 강권에 의해 삶을 지탱하고 있습니까? 목회자가 새벽부터 일어나 설교를 준비하고, 성도들을 심방하고, 기도하고, 눈물을 닦아주는 일을 쉼 없이 하는 원동력이 어디에서 나올까요? "거룩한 공회와 성도가 서로 교통하는 것을 믿습니다." 우리는 이 신앙의 고백 위에 서 있습니다.

우리가 왜 교회에 갑니까? 그 답은 교회의 본질과 속성을 알아야만 대답할 수 있습니다. 교회는 세련된 인간들의 조직으로 세워지고 유지되지 않습니다. 예수 그리스도가 주인이시며 삼위 하나님이 일하시는 교회입니다. 거룩한 공교회 안에서 내가 먼저 교회의 '단일성, 거룩성, 보편성, 사도성'을 믿으며 고백합니까? 방관자나 구경꾼이 아니라 나도 함께 그 회원이라는 사실을 믿습니까?

또한 참된 성도의 교통을 믿으십니까? 이 말은 "내가 오늘 교회에 왜 왔는지, 무엇을 해야 하는지"에 대한 근원적인 질문입니다. 예수 그리스도와 사귐이 있습니까? 그리스도와 연결되어 있습니까? 모두 그리스도의 유익을 누리는 교제를 하셨다면 이제부터 또한 각각, 기꺼이 즐거운 마음으로 그 보화와 선물과 은사를 서로 나누며 섬겨야 합니다. 이러한 고백이 주님의 교회에 풍성히 넘치기를 바랍니다.

나눔을 위한 질문 Questions for Group Sharing

1. 에베소서 2장 1-3절에 등장하는 "너희"와 "우리"는 각각 누구를 가리킬까요? 또한 이들이 동일하게 예수 그리스도께 받은 것은 무엇입니까? (264-265p)

2. "거룩하고 보편적인 교회를 믿는다"는 고백에 혼동을 주는 양극단의 주장들은 무엇일까요? (269-270p)

3. "교회를 믿는다"고 말할 때, 필수적으로 우리가 알고 믿어야할 기준 네 가지는 무엇인지 정리해 봅시다. (271-278p)

4. 우리가 일반적으로 생각하는 교제란 무엇인지 서로 나누어 봅시다. 그리고 하이델베르크 요리문답 55문이 말하는 "성도의 교제"의 진정한 의미 두 가지는 무엇일까요? (279-280p)

5. "성도의 교제"는 어떤 요소들을 통해 가장 잘 드러납니까? (282-283p)

설교 시청 가이드 | A Guide to Sermon Video

2018년 5월 6일(주일), 사월교회당의 공예배에서 강론된 "거룩한 공교회 '내가'와 '나도', 성도의 교제 '모두' 또한 '각각'"(엡2:20-22)은 대한예수교장로회 사월교회 홈페이지(www.sawolch.com)와 오른쪽의 QR코드를 통해 언제든지 시청할 수 있습니다.

미주

1) 이찬수, 『에클레시아: 부르심을 받은 자들』(서울: 규장, 2017), 45.
2) Michael Scott Horton, *We believe: recovering the essentials of the Apostles' Creed*, 윤석인 역, 『(사도신경의 렌즈를 통해서 보는)기독교의 핵심』(서울: 부흥과개혁사, 2005), 228-229.
3) 하나님의 속성으로서의 거룩을 논할 때 '① 구별: 하나님은 창조주로서 모든 피조물과 구별되는 분이시다, ② 순결: 하나님은 도덕적으로 완전하면 탁월한 분이시다'라는 이중적 의미를 지닌다.
4) 이운연, 『성경으로 풀어낸 사도신경』(여수: 그라티아, 2016), 171.
5) 손재익, 『사도신경: 12문장에 담긴 기독교 신앙』(서울: 디다스코, 2017), 249.
6) 이재철, 『성숙자반』(서울: 홍성사, 2007).
7) 이성호, 『특강 하이델베르크 요리문답 (상)』(안산: 흑곰북스, 2011), 203.
8) 이성호, 『특강 하이델베르크 요리문답 (상)』, 210.
"로마 가톨릭교회는 여기서 말하는 성도를 '성인'으로 해석한다. 순교자와 같이 탁월한 공을 쌓아서 하늘에 있는 성도들과 사귀는 것을 진정한 의미에서 성도의 교제라고 한다. 그러나 이는 완전히 잘못된 해석이다. 왜냐하면 성도의 거룩은 그가 행한 업적이나 공로에 의해 결정되는 게 아니다."
9) 백금산, 『만화 사도신경』(서울: 부흥과개혁사, 2008), 211; 윤석준, 『하이델베르크 요리문답 설교 1』(서울: 부흥과개혁사, 2016), 114.
10) 윤석준, 『하이델베르크 요리문답 설교 1』, 114.
11) 윤석준, 『하이델베르크 요리문답 설교 1』, 119.
"역사적으로 수많은 거짓 교사들과 혼합주의자들이 있었다. 자신들의 순결만을 내세운 부류들이 많았는데 몬타누스, 노비타아누스, 재세례파 등이 그 예이다."
12) 황원하, 『하이델베르크 요리문답 해설』(평택: CNB, 2015), 275.
13) 황원하, 『하이델베르크 요리문답 해설』, 276.
14) 이운연, 『성경으로 풀어낸 사도신경』, 173.
15) Michael Scott Horton, *We believe: recovering the essentials of the Apostles' Creed*, 253.
16) 손재익, 『사도신경: 12문장에 담긴 기독교 신앙』, 252 각주 209 재인용.
17) 손재익, 『사도신경: 12문장에 담긴 기독교 신앙』, 267.

18) 윤석준, 『하이델베르크 요리문답 설교 1』, 131.

19) 손재익, 『사도신경: 12문장에 담긴 기독교 신앙』, 267.

11

죄 사함, 믿음 나무에 핀 가장 순수한 꽃송이

"내 영혼아 여호와를 송축하라 내 속에 있는 것들아 다 그의 거룩한 이름을 송축하라 내 영혼이 여호와를 송축하며 그의 모든 은택을 잊지 말지어다 그가 네 모든 죄악을 사하시며 네 모든 병을 고치시며 네 생명을 파멸에서 속량하시고 인자와 긍휼로 관을 씌우시며 좋은 것으로 네 소원을 만족하게 하사 네 청춘을 독수리 같이 새롭게 하시는도다"

시103:1-5

죄를 사하여 주시는 것과

죄를 용서받는 것과(새번역)

the forgiveness of sins(현대영어)

remissionem peccatorum ;(라틴어 공인원문)

11. 죄 사함, 믿음 나무에 핀 가장 순수한 꽃송이

내 영혼아 여호와를 송축하라 내 속에 있는 것들아
다 그의 거룩한 이름을 송축하라
내 영혼아 여호와를 송축하며 그의 모든 은택을 잊지 말지어다
그가 네 모든 죄악을 사하시며 네 모든 병을 고치시며
네 생명을 파멸에서 속량하시고 인자와 긍휼로 관을 씌우시며
좋은 것으로 네 소원을 만족하게 하사
네 청춘을 독수리 같이 새롭게 하시는도다
시103:1-5

용서의 미학(The Art of Forgiving)

박지웅 목사님의 책『믿음의 눈을 뜨라』중의 한 부분을 소개합니다.

실직한 아버지는 어깨를 축 늘어뜨린 채 무거운 발걸음으로 집으로 향합니다. 멀리서부터 현관 불빛이 보였지만, 가족들을 볼 면목이 없었습니다. 미래가 두렵습니다. 더욱 힘든 것은 더 이상 아무런 의욕과 용기가 일어나지 않는다는 사실입니다. 현관에 들어서자 여느 때와 마찬가지로 게임에 열중하는 아들이 보입니다. 평소 같으면 공부하지 않는다고 핀잔을 주었겠지만, 그날은 잔소리 할 의욕도 없었습니다. 그저 우두커니 게임을 하는 아들을 지켜봅니다.

그런데 이상합니다. 게임에 져서 'fail'이란 단어가 화면에 떠오르는데 아들은 오히려 기뻐합니다. "너 fail이 무슨 뜻인지 모르니?"

"실패라는 뜻이죠!" "그런데 왜 그렇게 기뻐하니?" "에이, 아빠도! 게임에서 실패란 '다시 한 번 더 해보라'는 뜻이잖아요! 새로 한 번 더 할 수 있으니까 얼마나 좋아요!"

아들 녀석을 보면서 아빠는 그만 눈물이 왈칵 쏟아졌습니다. '그래! 네가 나보다 낫구나. 실패란 네 말처럼 끝이 아니라 다시 한 번 해보라는 뜻이구나! 새롭게 시작하라는 뜻이니 오히려 신나는 일이 맞구나!' 아빠는 다시 용기를 내어 일어났습니다.

사회와 교회가 혼란 속에 있을 때 인간적으로 보면 절망적이고, 초라하기 짝이 없습니다. 그러나 조금 전의 이야기처럼 다른 시각으로 문제를 바라볼 때 하나님의 사랑이 여전히 우리와 함께 하신다는 사실에 용기를 얻습니다. 실패가 아니라 오히려 새로운 시작을 할 수 있습니다. 인간의 절망에서 하나님의 희망을 발견할 수 있습니다.

우리는 예수 그리스도의 십자가 공로를 의지하여 하나님의 자녀가 되었습니다. 이후 성령의 조명으로 말씀을 나의 심령에 비추어 보면 내면 깊숙이 자리 잡은 '죄'를 속속들이 발견하게 됩니다. '나는 얼마나 더러운 존재인가? 나는 얼마나 악한 존재인가?' 양심의 가책, 추함과 부끄러움을 절실히 느낍니다. 내 힘으로 할 수 있는 것이 아무것도 없으며 스스로 절망적인 존재라는 사실을 깨닫습니다.

이 순간 우리는 양 극단의 주장을 경계해야 합니다. 착한 일을 많이 하면 죄를 용서받는다는 로마 가톨릭의 공로 개념이나 죄 고백만 하면 쉽게 용서받는다는 값싼 복음주의자들의 주장이 그것입니다. 이는 둘 다 죄의 심각성을 알지 못하기 때문에 생기는 현상입니다.

죄의 덫은 벗어나려고 애를 쓸수록 살을 파고들어서 우리를 옴짝달싹하지 못하게 합니다. 우리는 도대체 어떻게 해야 할까요?

자비로운 아버지, 여호와를 송축하라(시103편)

시편 103편은 이러한 죄의 덫에서 탈출하여 믿음의 나무에 순수한 꽃송이를 피우는, 실패가 아니라 새로운 시작을 노래하는 목소리가 있습니다. 이 시편은 따뜻한 봄날에 피는 라일락보다는 엄동설한(嚴冬雪寒)을 이기고 첫 봄의 향기를 터뜨리는 매화와 같습니다. 출애굽과 가나안 입성 때에 이스라엘은 하나님 백성의 행복을 누렸습니다. 그러나 바벨론 포로로 끌려갈 때 그들은 깊은 계곡으로 추락하는 것처럼 느꼈습니다. 이들에게 가장 큰 숙제가 무엇이었을까요? 시인은 이렇게 찬양합니다.

> 내 영혼아 여호와를 송축하라 내 속에 있는 것들아 다 그의 거룩한 이름을 송축하라 내 영혼아 여호와를 송축하며 그의 모든 은택을 잊지 말지어다
>
> 시103:1-2

> 능력이 있어 여호와의 말씀을 행하며 그의 말씀의 소리를 듣는 여호와의 천사들이여 여호와를 송축하라 그에게 수종들며 그의 뜻을 행하는 모든 천군이여 여호와를 송축하라 여호와의 지으심을 받고 그가 다스리시는 모든 곳에 있는 너희여 여호와를 송축하라 내 영혼아 여호와를 송축하라
>
> 시103:20-22

"여호와를 송축하라!"는 표현은 시편 103편의 처음과 끝에 무려 7번 반복됩니다. 포로로 끌려가는 상황에서 어떻게 이런 찬양의 꽃이 만발할까요? 이 시편의 저자는 하나님의 거룩한 이름과, 그의 모든 은택을 통해 하나님이 누구이시며, 무슨 일을 하시는지를 잘 알고 있습니다.

> 그가 네 모든 죄악을 사하시며 네 모든 병을 고치시며 네 생명을 파멸에서 속량하시고 인자와 긍휼로 관을 씌우시며 좋은 것으로 네 소원을 만족하게 하사 네 청춘을 독수리 같이 새롭게 하시는도다
>
> 시103:3-5

시인은 5개의 동사를 통해 하나님이 자기 백성을 어떻게 '전인적, 총체적'으로 돌보시는지 소개합니다. 구약의 말씀이지만 마치 골고다 언덕의 십자가, 그 위의 그리스도의 보혈을 경험하듯 그려냅니다. 그래서 이 시편은 새 언약 백성이 된 신약의 성도들에게도 여전히 가슴 뛰는 찬양입니다. 시인은 어떻게 지긋지긋한 죄의 굴레를 벗어나 천사들과 만물들까지 찬양하라고 명령하는 찬양대장이 될 수 있었을까요? 우리는 그 해답을 찾기 위해 사도신경으로 들어갑니다.

죄의 용서에 대한 사도신경의 고백

사도신경에서 "죄를 사하여 주신다"는 고백은 성령 하나님에 대한 5개의 문장 속에 포함되어 있습니다. 즉 죄의 용서를 성령 하나님의

사역 중 하나로 다룹니다. 그러므로 '죄를 용서 받는 것'보다는 성령 하나님을 주체로 '죄를 용서해 주시는 것'으로 번역하는 것이 자연스럽습니다[1].

사도신경이 성령의 은총 속에서 죄가 사해졌음을 믿는다고 고백하는 것은 우리가 죽을 수밖에 없는 죄인이라는 사실을 전제합니다[2]. 자신이 죄인이 아니라고 생각하는 사람은 예수 그리스도의 복음이 필요 없습니다. 죄의 비참함을 인식하지 않는 사람은 굳이 죄 용서를 필요하지 않습니다. 우리는 옆 사람을 볼 필요가 없습니다. 인간이 죄인이라는 사실을 증명하기 위해 우리를 다른 사람들과 비교하여 평가하면 안 됩니다. 오직 '하나님의 말씀'과 비교해야 합니다[3]. 이 말의 의미를 우리 각자가 곱씹어야 합니다.

모든 사람이 죄를 범하였으매 하나님의 영광에 이르지 못하더니

롬3:23

죄를 깨닫게 되는 것은 사람의 힘과 노력으로 되는 게 아닙니다. 오직 하나님의 말씀으로 가능합니다.

성경이 말하는 죄(Sin)는 우리가 흔히 말하는 범죄(Crime)와는 다릅니다. 하나님을 모르는 사람들은 죄를 단지 다른 사람과의 관계 속에서만 정의합니다. 죄는 단지 사람들 사이에 정해 놓은 강제적 규범인 법률을 어기는 것으로만 생각합니다. 하지만 웨스트민스터 소요리문답은 죄를 다르게 정의합니다.

웨스트민스터 소요리문답 제14문

죄가 무엇입니까?

답

죄는 하나님의 율법을 순종함에 부족한 것이나 어기는 것입니다.

죄에 대한 생각이 얄팍하면 용서에 대한 생각도 얄팍합니다. 죄를 참되고 깊게 깨달으면 용서도 참되고 깊게 깨닫습니다[4].

눈에 보이지 않는 하나님이 나의 죄를 용서해 주신다는 사실을 믿는 것은 전적으로 말씀과 성령의 역사를 통해서만 가능합니다. 성령의 거울 앞에서만 내가 죄인이라는 사실을 깨닫고, 그리스도께 나를 의탁하고, 거룩한 삶을 살아갈 수 있습니다. 성령의 거울 앞에서만 그리스도 안에서 믿음으로 거룩하게 된, 의인이 된 나도 동시에 볼 수 있습니다[5]. 더불어 궁극적으로 육적, 영적으로 죽음에 이르게 하는 죄의 문제가 해결되고, 죄 용서함을 받아야 몸의 부활과 영생의 문제가 논리적으로 해결됩니다[6].

공교회와 죄 사함

하이델베르크 요리문답은 52주에 걸쳐 가르칠 수 있도록 구분이 되어 있습니다. 그중 제21주일에는 "거룩한 공교회", "성도의 교통", "죄의 용서"에 대한 세 가지 문답이, 제22주일에는 "몸의 부활"과

"영생"에 대한 두 가지 문답이 있습니다. 이 중 "죄의 용서"라는 주제는 부활과 영생에 대한 제22주일에 오는 것이 더 자연스럽지 않을까요? 하지만 하이델베르크 요리문답은 이를 제21주일에 두었습니다. 그 답은 간단하고 분명합니다. 죄의 용서에 대한 교리는 공교회와 성도의 교제에 관한 교리이기 때문입니다.

우리는 복음주의의 영향으로 인해 "교회 없는 죄의 용서"에 익숙합니다. 하나님의 말씀을 듣고, 나 자신이 그리스도와 독단적으로 주고받는 은혜로 죄의 용서를 얻으니 교회와는 관련이 없다고 생각합니다. 그래서 우리에게는 "죄를 용서하는 공동체로서의 교회"라는 개념이 희박합니다. 죄의 용서는 주님, 특히 거룩한 영이신 성령께서 그리스도의 몸된 지체들에게 베푸시는 영적 실체입니다[7]. 교회야말로 하나님이 죄를 소멸하시기 위해 세우신 능력의 공동체입니다. 교회는 죄의 용서에서 결정적인 역할을 합니다. 성령께서 교회에 말씀을 주셨고, 선포되는 말씀을 매개로 사용하여 역사하십니다. 그렇게 할 때 사람들은 죄를 깨닫고 자백하며 주님께 죄의 용서를 받습니다[8]. 믿음의 선배들은 이 부분을 어떻게 이해했을까요?

종교개혁자 루터는 그의 대교리문답에서 "교회는 용서의 장소다"라는 제목과 함께 위의 내용을 상세히 기술합니다[9].

루터의 대교리문답 2부 신조, 3조 54-56항

54항 "우리는 교회 안에 있는 죄 용서를 믿습니다. 이것은 거룩한 성례전과 죄를 용서하는 사죄 선언, 그리고 모든 복음에 서려 있는 위로의 선포를 통해 일어납니다."

55항 "왜냐하면 죄 용서의 권세가 있는 공동체 안에서 우리는 성령과 함께 살아가기 때문입니다. 그러므로 교회에는 두 가지 의미가 내포되어 있습니다. 첫째는 '하나님이 우리를 용서하신다.'는 것이며, 둘째는 '우리가 서로를 용서하고 짐을 함께 지며 돕는다.'는 겁입니다."

56항 "그러므로 죄 용서가 없는 곳이라면 어디나 '교회 밖'입니다. 죄 용서가 없는 곳은 교회가 아닙니다. 그런 곳에는 진정한 거룩함도 없습니다. 그러므로 누구든지 복음과 죄 용서 없이 자기 행위와 공로로 거룩함을 얻으려는 자가 있다면, 그는 스스로를 교회에서 축출하고 분리시키는 꼴이 됩니다."

우리의 죄의 용서는 근본적으로 개인적인 경건의 노력이나 그리스도와의 내밀한 만남을 통해 주어지는 것이 아닙니다. 우리는 교회 안에서 말씀과 성례를 통해 죄의 용서를 받습니다. 그리고 죄의 용서는 그리스도께서 세우신 교회를 통하여 우리에게 흘러내립니다. 우리는 교회의 일원이 되어 그 구성원으로서 죄의 용서를 받습니다[10]. 칼뱅도 제네바 교리문답에서 교회와 사죄의 관계를 다음과 같이 정리합니다[11].

칼뱅의 제네바 교리문답

104문 왜 교회에 관한 언급 이후, 죄의 용서를 말씀하십니까?

답 왜냐하면 우선적으로 하나님의 백성에 소속되며, 그리스도의 몸과 하나됨을 끝까지 보존하지 않는 이의 죄의 용서를 받을 수 없기 때문입니다. 이를 통하여 그는 참된 교회의 지체가 됩니다.

105문 교회 외부에는 저주와 파멸만이 있다고 주장하시는 겁니까?

답 그렇습니다. 스스로를 그리스도의 몸으로부터 구별하여, 교회의 일치를 저해시키는 이들의 분열의 상황 속에서 존재하는 한, 그들은 구원의 희망을 포기해야 합니다.

죄의 용서에 관하여 교회는 전혀 관계가 없어진 현대의 풍토 속에서 이에 대한 믿음의 선배들의 분명한 강조는 우리가 귀를 쫑긋 세우고 들어야 할 귀한 가르침입니다[12].

성령 하나님은 교회라는 공적 기관을 중심으로 일하십니다. 교회에 사도적 복음이 선포되게 하셔서 죄 용서의 역사를 일으키십니다. 성령께서 교회를 세우신 사역에 기초하여 죄를 깨닫게 해 주신다는 점에서 교회를 떠나서는 구원이 없습니다[13]. 따라서 '죄 사함'이란 항상 교회와 관련하여 생각해야 합니다.

우리는 각자 주님을 영접하고 죄의 용서를 받아 그 다음에 교회에 들어간다고 착각할 수 있지만 오히려 그 반대입니다. 교회를 통해 은혜를 받고, 죄의 용서에 대한 복음을 듣습니다. 죄의 용서를 통해 구원을 받습니다. 그러므로 교회 밖에는 구원이 없습니다. '가나안 성도'는 엄밀히 말하면 존재할 수 없습니다. 그들은 그저 예전에 교회를 다니다가 지금은 다니지 않는 사람일 뿐입니다[14].

"거룩한 공교회를 믿는다"는 표현은 제가 스스로 만든 교리나 주장이 아닙니다. 오히려 사도신경과 하이델베르크 요리문답을 비롯한 수많은 믿음의 선배들의 신앙고백입니다. 눈에 보이는 지역교회, 혹은 건물을 신앙의 대상으로 삼으라는 의미가 아닙니다. 그렇게 해석하면 중세 로마 가톨릭의 오류에 빠집니다.

공교회가 거룩한 것은 성부, 성자, 성령 하나님의 신적 기관이기 때문입니다. 성자 예수님이 공교회의 머리이시며 우리는 그분의 몸으로써 잇대어 있습니다. 우리는 바로 그 공교회를 믿습니다. 그 공교회를 사랑합니다. 그 교회는 분명히 건물도 인간도 아닌 삼위 하나님이 주인으로 좌정하십니다.

성도의 교제와 죄 사함

> 서로 친절하게 하며 불쌍히 여기며 서로 용서하기를 하나님이 그리스도 안에서 너희를 용서하심과 같이 하라
>
> 엡4:32

죄의 용서는 또한 성도의 교제와도 긴밀히 연결됩니다. 우리는 그리스도와 교제하면서 죄의 용서를 받을 뿐만 아니라 성도의 교제와도 긴밀하게 연결됩니다. 우리는 다른 그리스도인들과 교제하는 가운데 우리 자신이 그들에게 잘못한 일에 대해서 용서를 구해야 하며 다른 사람들이 자신에게 잘못한 일에 대해서 기꺼이 용서해 주어야 합니다. 실로 성도들 간의 교제는 웃고 즐기는 것으로 끝나지 않습니다. 안타깝게도 오늘날 어떤 성도들의 교제는 죄를 서로 부추기는 계

기가 됩니다. 그런 일이 결코 일어나서는 안 됩니다. 오히려 성도의 교제는 죄를 억제해야 합니다.

『내면 세계의 질서와 영적 성장』 등 다수의 베스트셀러로 유명한 고든 맥도날드 목사님은 30년 전, 당시 예배 시간에 간음죄를 저질렀다고 고백한 후 바로 물러났습니다. 주위 목사님들이 그와 그의 가족들의 치료를 도왔고, 결국 그는 죄의 고백으로부터 공적 치료와 회개까지 3년이 걸린 후 교회에 돌아왔습니다.

참 부러운 사례입니다. 성적 범죄이든 금전적 범죄이든 목회자 스스로 부끄러운 수치를 드러내고 도움을 청하는 일이 얼마나 어려운지, 사람들에게 들키기 전에 자발적으로 자기 잘못을 고백하고 용서를 구하는 일이 얼마나 어려운지 잘 알기 때문입니다. 조국교회에 스스로 죄를 고백하고 성도들이 용납하는 사례가 거의 없다는 사실에 아픔을 느낍니다. 공교회가 거룩하고 성도들이 거룩한 교제를 하는 이유는 교회가 '죄의 용서'를 가지고 있기 때문입니다. 교회는 실패를 새로운 시작으로 만들 수 있습니다. 거룩한 공교회 안에서 참된 사죄와 용서가 넘치는 성도의 교제가 이루어집니다.

죄 사함1: 나의 죄를 기억하지 아니하신다

하이델베르크 요리문답 제56문

"죄 사함"에 관하여 당신은 무엇을 믿습니까?

답

> 그리스도께서 하나님의 의를 만족시키셨기 때문에 하나님께서는 나의 모든 죄와 내가 일평생 싸워야 할 나의 죄악된 본성을 더 이상 기억하지 않으십니다. 오히려 하나님께서는 은혜로 그리스도의 의를 나에게 선물로 주셔서 결코 정죄함에 이르지 않게 하십니다.

하이델베르크 요리문답의 제56문답은 우리가 죄의 용서에 대해 구체적으로 무엇을 믿어야 하는지 잘 알려줍니다.

첫째, 하나님은 그리스도로 인해 나의 모든 죄를 더 이상 기억하지 않으십니다. 하나님이 죄를 기억하지 않으신다는 의미는 무엇일까요? 누군가가 저지른 잘못을 기억하지 않겠다는 말이 가능합니까? 남에게 준 상처는 쉽게 잊혀 지지만 내가 받은 상처는 쉽게 잊을 수 없습니다. 과거를 기억하지 않겠다는 말은 그렇게 하려는 의지나 노력일 뿐입니다. 또한 사람들에게 쌓인 경험은 선입견을 만들기 때문에 죄를 여러 번 지은 이에게 순수한 마음으로 접근하는 일은 불가능합니다.

여기서 말하는 '기억'이라는 단어는 '신인동형론적인 표현'입니다. 따라서 이 말을 문자 그대로 해석해서는 안됩니다. 하나님이 어떻게 우리가 한 일, 그리고 죄악된 본성을 잊으실 수 있겠습니까? 하나님의 기억상실을 어떻게 설명해야 할까요?

> 그들이 다시는 각기 이웃과 형제를 가리켜 이르기를 너는 여호와를 알

라 하지 아니하리니 이는 작은 자로부터 큰 자까지 다 나를 알기 때문이라 내가 그들의 악행을 사하고 다시는 그 죄를 기억하지 아니하리라 여호와의 말씀이니라

렘31:34

이 예수를 하나님이 그의 피로써 믿음으로 말미암는 화목제물로 세우셨으니 이는 하나님께서 길이 참으시는 중에 전에 지은 죄를 간과하심으로 자기의 의로우심을 나타내려 하심이니

롬3:25

하나님은 우리의 죄를 더 이상 문제 삼지 않으시고 간과하십니다. 완전하신 하나님은 인간처럼 기억의 찌꺼기를 가지고 계시지 않습니다. 기억하지 않겠다는 표현은 기억하지 않으려 노력하는 일이 아닙니다. 하나님은 그리스도를 보시고 우리의 죄를 없는 것으로 여기십니다. 그러한 의미에서 하나님은 우리의 과거의 죄악들을 기억하지 않으십니다[15].

우리가 죄의 용서를 구할 때 하나님은 우리의 모든 죄를 기억조차 하지 않으십니다. 그리고 나아가 하나님은 우리의 모든 죄 뿐만 아니라 우리가 일평생 싸워야 할 죄의 성향까지도 더 이상 기억하기를 원하지 않으십니다. 그러므로 그리스도인들의 죄 자백은 놀라운 결과를 가져옵니다[16].

또한 성령이 우리에게 증언하시되 주께서 이르시되 그 날 후로는 그들과 맺을 언약이 이것이라 하시고 내 법을 그들의 마음에 두고 그들의

생각에 기록하리라 하신 후에 또 그들의 죄와 그들의 불법을 내가 다시 기억하지 아니하리라 하셨으니 이것들을 사하셨은즉 다시 죄를 위하여 제사 드릴 것이 없느니라

히10:15-18

하나님이 죄를 기억하지 않으신다는 근거가 무엇입니까? 하나님의 용서는 사람의 연약함을 그저 눈감아 주는 것이 아닙니다. 용서의 근거는 바로 언약에 있습니다. 이 언약은 새로운 언약이고 영원한 언약입니다. 옛 언약이 돌에 새겨진 것과 달리 새 언약은 마음속에 새겨졌습니다. 옛 이스라엘은 불순종으로 이 언약을 파기했지만 하나님은 자기 아들을 보내셔서 이 언약을 회복시켰습니다. 옛 제사장은 자기 백성들을 위해 날마다 성소에 들어가 제사를 드렸지만 새 언약의 유일하신 대제사장 그리스도는 자신의 몸으로 영원한 제사를 하나님께 드렸습니다. 누구도 이 언약을 지울 수 없습니다.

성경이 전하는 용서는 예수 그리스도의 십자가와 뗄 수 없는 관계에 있습니다. 하나님이 사람의 죄를 용서하는 것은 하나님의 아들이 사람의 죗값을 치렀기 때문입니다. 죄를 용서하려면 반드시 먼저 죄를 처벌해야 합니다[17].

그리스도 예수 안에 있는 속량으로 말미암아 하나님의 은혜로 값없이 의롭다 하심을 얻은 자 되었느니라

롬3:24

우리는 그리스도 안에서 그의 은혜의 풍성함을 따라 그의 피로 말미암

> 아 속량 곧 죄 사함을 받았느니라
>
> 엡1:7

'속량'이란 말은 '종의 신분에서 풀려남'을 뜻합니다. 에베소서에 따르면 속량은 곧 죄의 용서입니다. 죄의 용서는 그리스도의 피를 통해서 받습니다. 다시 말해 예수님이 우리를 대신해서 죽어주셨기에 죄의 용서를 받을 수 있습니다. 우리의 노력과 업적 때문이 아닙니다.

이 모든 일이 무엇 때문에 가능합니까? 그리스도께서 하나님의 의를 만족시키셨기 때문에 그렇습니다. 하나님은 나의 모든 죄와 죄의 본성을 더 이상 기억하지 않으십니다.

한편 성경에는 죄를 기억하신다는 하나님의 말씀도 있습니다.

> 큰 성이 세 갈래로 갈라지고 만국의 성들도 무너지니 큰 성 바벨론이 하나님 앞에 기억하신 바 되어 그의 맹렬한 진노의 포도주 잔을 받으매
>
> 계16:19

> 그의 죄는 하늘에 사무쳤으며 하나님은 그의 불의한 일을 기억하신지라
>
> 계18:5

요한계시록에 보면 하나님은 음녀 바벨론을 멸절시키시면서 그의 모든 죄악을 빠짐없이 기억하시리라고 선언합니다. 하나님이 죄에 대한 대가를 치르시기 위해 인간의 행실을 기억하신다니 얼마나 두렵고 떨리는 일입니까?[18)]

우리의 형편을 음녀 바벨론과 비교하면 얼마나 낫습니까? 우리

가 이 죄의 형벌, 하나님의 진노하심에서 벗어나게 된 것은 전적으로 "그분의 기억하지 않으심" 때문입니다. 하나님이 우리의 죄를 속속들이 기억하신다면 우리는 그 죄에 대한 형벌을 피할 수 없습니다. 하지만 그분이 우리의 죄를 기억하지 않으실 때 우리는 하나님과의 참된 화목과 평강을 얻을 수 있습니다[19].

죄 사함2: 그리스도의 의를 나에게 선물로 주신다

죄의 용서는 단지 죄를 기억하지 않는 것에 그치지 않습니다. 죄를 사하여 주시는 하나님의 능력을 그저 미래의 일로 피상적으로 생각하지는 않습니까? 물론 하나님이 우리의 죄를 기억하지 않으시고 진노하지 않으신다는 사실만으로도 우리에게는 큰 은혜입니다. 하지만 이보다 더 적극적인 면도 살펴보아야 합니다.

하나님은 더 나아가서 그리스도의 의를 우리에게 선물로 입혀 주십니다. 그 결과 우리가 결코 정죄함에 빠지지 않도록 하십니다. 죄의 용서는 그리스도의 의를 선물로 받는 일입니다. 이것이 은혜의 핵심입니다.

우리의 죄가 그리스도께 전가되고, 그의 의가 우리에게 전가되는 것이 바로 죄의 용서입니다. 이 이중 전가(Double Imputation)에 의해 우리는 어떤 정죄도 당하지 않습니다.

하이델베르크 요리문답 제56문답의 둘째 부분의 "결코 정죄함에 이르지 않게 하십니다"라는 표현은 우리를 향해 너는 무죄하며 옳다

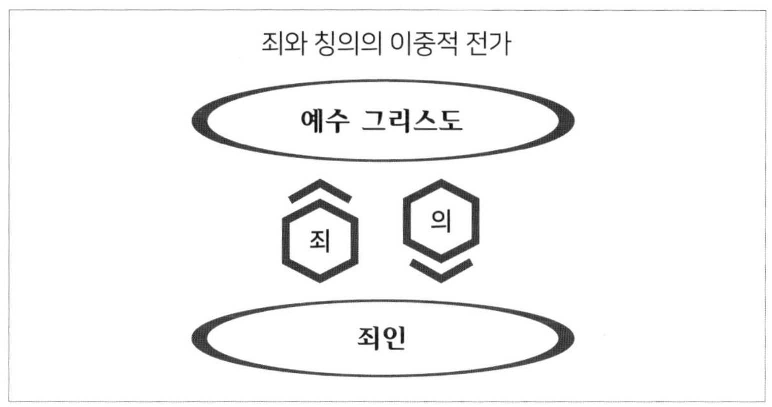

고 말씀하시는 법정적 용어입니다. 즉 '의'는 법정에서 '정죄함'의 판결을 받지 않습니다. 하나님이 우리 죄를 기억하지 않는 상태는 단지 죄의 사함을 받은 상태가 아닙니다[20]. 우리 주님은 우리를 벌거벗은 채로 두시지 않고 '의의 옷'을 입혀 주십니다. 따라서 우리는 하나님이 보실 때 의로운 자가 되었습니다. 죄의 용서와 함께 의의 덧입음은 우리의 신앙생활에서 거듭 확인되어야 할 일입니다.

용서의 가능성은 하나님의 본성에 견고히 뿌리를 내리고 있습니다. 우리는 하나님의 용서하시는 성향을 기억하고 의지해야 합니다.

> 주는 선하사 사죄하기를 즐거워하시며 주께 부르짖는 자에게 인자함이 후하심이니이다
>
> 시86:5

> 여호와는 긍휼이 많으시고 은혜로우시며 노하기를 더디 하시고 인자하심이 풍부하시도다 자주 경책하지 아니하시며 노를 영원히 품지 아

> 니하시리로다 우리의 죄를 따라 우리를 처벌하지는 아니하시며 우리의 죄악을 따라 우리에게 그대로 갚지는 아니하셨으니 이는 하늘이 땅에서 높음 같이 그를 경외하는 자에게 그의 인자하심이 크심이로다 동이 서에서 먼 것 같이 우리의 죄과를 우리에게서 멀리 옮기셨으며 아버지가 자식을 긍휼히 여김 같이 여호와께서는 자기를 경외하는 자를 긍휼히 여기시나니
>
> 시103:8-13

> 주와 같은 신이 어디 있으리이까 주께서는 죄악과 그 기업에 남은 자의 허물을 사유하시며 인애를 기뻐하시므로 진노를 오래 품지 아니하시나이다 다시 우리를 불쌍히 여기셔서 우리의 죄악을 발로 밟으시고 우리의 모든 죄를 깊은 바다에 던지시리이다
>
> 미7:18-19

성도는 날마다 '죄 사함의 능력'을 통해서만 삽니다. 하나님이 자신의 독생자를 우리에게 주셔서 나의 죄를 가져가셨다는 사실을 분명히 믿어야 합니다. 죄의 용서에 관한 분명한 교리를 붙들 때 우리의 삶이 주님 안에서 승리할 수 있습니다.

성도의 영적 생활이란 한 마디로 정의하면 '투쟁하는 삶'입니다. 이 때 투쟁의 대상은 죄입니다. 죄의 뿌리와 싸워야 합니다. 우리에게는 죄의 성향이 일평생 죽지 않고 반복되며 우리를 괴롭힙니다. 실제로 우리가 이 땅에서 육체를 가지고 있는 한 계속해서 죄를 지을 수밖에 없습니다. 따라서 죄의 용서를 받는 일도 일평생 반복되어야

하는 일입니다.

다윗은 밧세바와 간음죄를 지은 후, 죄를 자백하지 않고 숨겼을 때 그의 상태에 대해 다음과 같이 표현하였습니다.

> 내가 입을 열지 아니할 때에 종일 신음하므로 내 뼈가 쇠하였도다 주의 손이 주야로 나를 누르시오니 내 진액이 빠져서 여름 가뭄에 마름 같이 되었나이다
>
> 시32:3-4

죄의 용서를 위해 회개는 필수입니다. 죄의 용서는 처음 예수님을 믿을 때 일어나는 일이지만 신자의 삶에서 계속 반복되는 일이기도 합니다. 예수 그리스도를 믿어 의롭다 하심을 받았지만 죄의 본성과 부패는 여전히 남아 있습니다. 그러므로 성도는 계속 회개해야 합니다. 날마다 죄를 고백하고 용서를 구하며 믿음과 회개를 갱신해야 합니다. 하지만 그렇다고 해서 회개가 사람의 공로나 사죄의 원인이 될 수는 없습니다. 왜냐하면 회개를 가능하게 하는 일은 전적으로 성령 하나님의 사역이기 때문입니다[21].

하나님은 회개하는 자에게 한없는 사랑을 베풀어주십니다. 하나님은 우리의 연약함을 아시고 놀라운 자비를 베풀어 주십니다.

> 자기의 죄를 숨기는 자는 형통하지 못하나 죄를 자복하고 버리는 자는 불쌍히 여김을 받으리라
>
> 잠28:13

> 만일 우리가 우리 죄를 자백하면 그는 미쁘시고 의로우사 우리 죄를 사하시며 우리를 모든 불의에서 깨끗하게 하실 것이요
>
> 요일1:9

확신하라

오늘날 설교자들은 성도들의 눈치를 보며 현세에서 각종 복 받는 비결과 성공의 삶에 대한 말씀을 전합니다. 괜히 죄와 죽음이라는 주제로 사람들의 마음을 불편하게 만들지 않습니다. 따라서 죄라는 원색적 표현보다 상처라는 말을 씁니다. 또한 용서라는 말 되신에 위로와 회복이라는 표현을 씁니다. 하지만 건강한 교회는 분명 죄와 그 죄의 용서를 말합니다. 십자가 앞에 우리가 정직한 실존으로 설 때, 죄 사함을 주시는 하나님의 은총이 드러날 때 거기에 진정한 교회가 있습니다.

또한 우리는 자신이 죄인이라는 사실을 아는데 머물러서는 안됩니다. 죄인이었지만 그리스도께서 죄 사함을 주셨다는 사실에 기초를 두어야 합니다. 이것이 사도신경이 "죄의 용서를 믿는다"고 고백하는 이유입니다. 의의 옷을 당당히 입고 다른 사람들도 넉넉히 용서하는 믿음의 영역 안에서 살아야 합니다.

죄 사함과 관련해서는 더 이상 어떤 증거도 필요 없습니다. 죄의 용서를 받아도 삶이 어느 정도는 달리지고 확신에 도움을 줄 수 있지만 궁극적인 확신을 줄 수는 없습니다. 그래서 우리는 매주 사도신경

을 통해서 "나는 죄 사함을 받습니다"라고 고백합니다[22]. 교회는 끝없이 죄를 책망하고 그 죄를 용서 받는 길을 가르쳐야 합니다.

죄 사함의 확신은 나의 선함과 의와는 관계가 없습니다. 아버지의 재산을 탕진한 아들을 위해 예수 그리스도, 하나님의 맏아들을 십자가에 탕진하시는 하나님이야말로 탕부(蕩父)이십니다. 이로 인해 우리의 죄가 예수께로, 그리고 예수님의 의가 우리에게로 전가되었습니다. 하나님은 우리를 '완전한 의미'에서 깨끗하게 보십니다. 우리 스스로 의로운 것이 아니라, 여전히 더럽고 악하지만 그리스도께서 우리를 그분의 옷자락으로 덮으시고 의의 옷을 주셨기에 우리는 의롭습니다.

오늘도 질척거리는 죄 속에서 우리의 신앙을 갉아 먹고, 죄의 고백에 대해 용기를 내지 못하며, 용서하는 일에 담대하지 못했다면 "나는 죄 용서하심을 믿습니다"는 고백을 진실하게 드려야 합니다. 이때 믿음의 나무에 핀 가장 순수한 꽃송이, 죄 사함의 복과 은혜를 누릴 수 있습니다.

나눔을 위한 질문 Questions for Group Sharing

1. 시편 103편 3-5절이 미리 경험이라도 한 듯 그려내는 신약의 사건은 무엇일까요? (291-292p)

2. 죄의 용서는 무엇을 통해 이루어진다고 그동안 이해했나요? 오늘 본문이 말하는 죄의 용서는 무엇을 통하여 이루어진다고 가르칩니까? (295-298p)

3. 하나님이 우리 죄를 기억하지 않으시는 근거를 어디에서 찾을 수 있을까요? (302-303p)

4. 하나님이 우리에게 선물로 주시는 것은 무엇이며, 그로 인해 우리에게 이루어지는 역사는 무엇입니까? (304-308p)

5. 성도의 영적 생활을 어떻게 정의할 수 있으며 우리는 어떻게 살아야 할까요? (306-307p)

설교 시청 가이드 | A Guide to Sermon Video

2018년 4월 15일(주일), 사월교회당의 공예배에서 강론된 "성도의 황홀한 기다림, 마라나타!"(벧후3:10-13)은 대한예수교장로회 사월교회 홈페이지(www.sawolch.com)와 오른쪽의 QR코드를 통해 언제든지 시청할 수 있습니다.

미주

1) 손재익, 『사도신경: 12문장에 담긴 기독교 신앙』(서울: 디다스코, 2017), 269.
2) 이상원, 『21세기 사도신경 해설』(서울: 솔로몬, 2004), 160.
3) 이운연, 『성경으로 풀어낸 사도신경』(여수: 그라티아, 2016), 188.
4) Cornelis Neil Pronk, *Apostles' Creed*, 임정민 역, 『(하이델베르크 교리문답으로 보는)사도신경』(수원: 그책의사람들, 2013), 238.
5) 이재철, 『성숙자반』(서울: 홍성사, 2007), 322.
6) 손재익, 『사도신경: 12문장에 담긴 기독교 신앙』, 272.
7) 이성호, 『특강 하이델베르크 요리문답 (상)』(안산: 흑곰북스, 2011), 235.
8) 황원하, 『하이델베르크 요리문답 해설』(평택: CNB, 2015), 280.
9) Martin Luther, *Deudsch Catechismus : Deutsch Deutscher Katechismus Große Katechismus*, 최주훈 역, 『(마르틴 루터) 대교리문답』(서울: 복있는사람, 2017), 222-223.
10) 윤석준, 『하이델베르크 요리문답 설교 1』(서울: 부흥과개혁사, 2016), 148-149.
11) 요한네스 칼빈, 『제네바의 교리문답』 (서울: 한들출판사, 2010), 90-91.
12) 윤석준, 『하이델베르크 요리문답 설교 1』, 152.
13) 황원하, 『하이델베르크 요리문답 해설』, 280.
14) 이운연, 『성경으로 풀어낸 사도신경』, 191-192.
15) 윤석준, 『하이델베르크 요리문답 설교 1』, 158.
16) 황원하, 『하이델베르크 요리문답 해설』, 281.
17) Cornelis Neil Pronk, *Apostles' Creed*, 236.
18) 윤석준, 『하이델베르크 요리문답 설교 1』, 155.
19) 윤석준, 『하이델베르크 요리문답 설교 1』, 156.
20) 윤석준, 『하이델베르크 요리문답 설교 1』, 157.
21) 손재익, 『사도신경: 12문장에 담긴 기독교 신앙』, 285.
22) 이성호, 『특강 하이델베르크 요리문답 (상)』, 235-236.

12

몸의 부활, 육체 밖에서 하나님을 보는 유쾌한 멘붕(mental breakdown)

"내가 알기에는 나의 대속자가 살아 계시니 마침내 그가 땅 위에 서실 것이라 내 가죽이 벗김을 당한 뒤에도 내가 육체 밖에서 하나님을 보리라"

욥19:25-26

몸이
다시 사는 것과

몸의 부활과(새번역)

the resurrection of the body.(현대영어)

carnis resurrectionem : (라틴어 공인원문)

12. 몸의 부활, 육체 밖에서 하나님을 보는 유쾌한 멘붕(mental breakdown)

내가 알기에는 나의 대속자가 살아 계시니 마침내 그가 땅 위에 서실 것이라
내 가죽이 벗김을 당한 뒤에도 내가 육체 밖에서 하나님을 보리라
욥19:25-26

쇠약한 육신 속에서

박완서의 소설집 『너무도 쓸쓸한 당신』은 노인들 삶의 이모저모를 실감나게 그립니다. 그중에서도 단편 <마른 꽃>은 노년의 사랑을 주제로 다루고 있습니다.

자녀들을 모두 결혼시키고 몇 해 전에 남편을 잃은 주인공은 대구에서 열리는 조카의 결혼식에 참석했습니다. 고속버스 막차를 타고 상경하는 중에 우연히 옆에 앉은 노신사와 연정(戀情)이 생겼습니다. 내년이면 환갑이 되는 그녀였지만 그 남자 앞에서 열여섯 살 먹은 소녀처럼 깡총거리는 자신의 모습에 소스라치게 놀랐습니다. 회갑을 앞둔 초로(初老)의 과부가 멋쟁이 홀아비 조박사를 만나 "달콤한 노년의 연애"를 꿈꾸었습니다. 하지만 주인공은 목욕 직후 거울에 비친

자신의 노추(老醜)를 발견하고는 재혼을 단념합니다. "잔인한 육체에 대한 진실"을 다음과 같이 묘사합니다.

> 배꼽 아래는 참담했다. 볼록 나온 아랫배가 치골을 향해 급경사를 이루면서 비틀어 짜 말린 명주빨래 같은 주름살이 늘쩍지근하게 처져 있었다. 내복을 갈아입을 때마다 드러날 기름기 없이 처진 속살과 거기서 우수수 떨굴 비듬, 태산준령을 넘는 것처럼 버겁고 자지러지는 코곪, 카악 기를 쓰듯이 목을 끓어 올린 진한 가래, 일부러 엉덩이를 들고 뀌는 줄방귀, 제아무리 거드름을 피워봤댔자 위액 냄새만 나는 트림, 그런 것들이 너무도 빤히 보였다.

동서고금 남녀노소 할 것 없이 우리 몸이 늙고 죽는 것을 좋아하는 사람은 아무도 없습니다. 오늘도 수많은 사람들이 영원한 젊음을 기대하며 성형수술을 하고, 보톡스와 필러 시술을 받고, 몸에 좋다는 약과 건강보조식품을 찾습니다.

하지만 여전히 우리 중에는 이 시대 의학도 어쩔 수 없는 난치병에 시달리고 있는 분들이 있습니다. 또 갑작스럽게 교통사고나 질병으로 꽃다운 나이에 먼저 하나님 품에 안긴 자녀들, 남편, 아내, 친구를 둔 분들도 있습니다. 사랑하는 사람들과 영원한 이별한다는 점에서 죽음은 가장 극심한 고통입니다. 그래서 모든 사람들은 죽음에 대한 공포심을 가지고 있습니다. 병원이나 어떤 건물들은 엘리베이터에 4층이라는 표기 대신 'F'라고 표기합니다. 숫자 4의 발음이 한자로 죽을 사(死)를 연상시키기 때문입니다. 그만큼 세상 사람들은 죽음을 싫

어합니다. 믿음이 없는 이들은 죽음을 저주와 멸망으로 여깁니다[1].

> 또 죽기를 무서워하므로 한평생 매여 종 노릇 하는 모든 자들을 놓아 주려 하심이니
>
> 히2:15

인간의 생애는 세월 앞에 무기력하며 끝내는 환경 앞에 무릎을 꿇고 죽음을 맞이합니다. 하지만 이와 같은 처절한 패배 속에서 오히려 육체 밖에서 하나님을 보는 유쾌한 멘붕을 즐기는 사람들이 있습니다. 우리는 욥기를 통해 이러한 사람을 만날 수 있습니다.

육체 밖에서 하나님을 보는 유쾌한 멘붕[2](욥 19:25-26)

죽음에 대한 잘못된 생각은 쾌락주의와 허무주의의 양 극단을 낳습니다. 쾌락주의자는 죽으면 어차피 끝나는 인생을 살아 있는 동안 최대한 즐기려 합니다. 반면 허무주의자는 죽으면 끝인데 살아봐야 의미가 없다고 말하며 스스로 죽음을 앞당기기도 합니다[3].

욥은 인간이 겪을 수 있는 가장 극심한 고통들을 겪었습니다. 그는 어떻게 엄청난 고난을 이겨내고 고통을 견딜 수 있었을까요?

> 내가 알기에는 나의 대속자가 살아 계시니 마침내 그가 땅 위에 서실 것이라 내 가죽이 벗김을 당한 뒤에도 내가 육체 밖에서 하나님을 보리라
>
> 욥19:25-26

"육신의 죽음이 끝이 아니며 나의 대속자가 살아계시니 죽음 이후에 또 다른 세상이 펼쳐질 것이다." 그러한 믿음으로 인해 그는 고난 앞에서도 절망하지 않았습니다.

사도 바울 역시 죽음을 부정적으로 보지 않고 두려워하지도 않았습니다[4].

> 우리가 담대하여 원하는 바는 차라리 몸을 떠나 주와 함께 있는 그것이라
>
> 고후5:8

> 이는 내게 사는 것이 그리스도니 죽는 것도 유익함이라
>
> 빌1:21

> 내가 그 둘 사이에 끼었으니 차라리 세상을 떠나서 그리스도와 함께 있는 것이 훨씬 더 좋은 일이라 그렇게 하고 싶으나
>
> 빌1:23

사도 바울은 우리와 전혀 다른 믿음을 지닌 사람입니까? 어떻게 죽음을 두려워하지 않을 수 있습니까? 복음을 전하다가 감옥에 갇힌 것도 억울한데 어떻게 죽는 것이 유익하다고 할 수 있습니까? 이 비밀을 풀기 위해 성경이 말하는 인간의 죽음을 자세히 살펴봅시다.

성경이 말씀하는 인간의 죽음

성경이 증언하는 인간의 죽음은 크게 세 가지로 나눌 수 있습니다.

첫째, 영혼의 죽음입니다. 사람은 죄로 인해 하나님과 분리되어 있습니다. 하나님과 분리된 영혼이 살아나는 것을 '중생', 혹은 '거듭남'이라고 부릅니다. 사람의 영혼은 하나님과 바른 관계 속에 있으면 살아 있는 것이며, 그렇지 않다면 죽은 것입니다.

둘째, 육체의 죽음입니다. 우리는 육체의 죽음을 심장이 멈추고 호흡히 끊어지는 현상으로 흔히 생각합니다. 하지만 성경은 영혼과 육신이 분리되는 것을 죽음이라고 정의합니다. 인간은 살아 있는 동안 영혼과 육신이 결합되어 있는 전인격적 존재인데, 죽음으로 인해 영혼과 분리된 몸은 그 기능이 정지되어 땅에서 흙으로 돌아가고(창3:19), 영혼은 하늘로 갑니다(전12:7). 영혼은 하늘에서 그리스도와 함께 하나님 앞에 거합니다(빌1:23; 고후5:8). 몸과 영혼이 분리될 때 구원받은 영혼은 천국(낙원)으로, 구원받지 못한 영혼은 지옥(음부)으로 갑니다. 몸과 분리된 영혼은 인격적인 특성을 유지하며, 생각하고 느낄 수 있습니다. 그러나 영혼과 분리된 몸은 아무런 기능이 없으며 썩어 흙으로 돌아갑니다.

> 예수께서 이르시되 내가 진실로 네게 이르노니 오늘 네가 나와 함께 낙원에 있으리라 하시니라
>
> 눅23:43

그러므로 장례식은 살아 있는 자들을 위로하는 의식일 뿐 죽은 이들과는 직접적인 관계가 없습니다.

셋째, 영원한 죽음입니다. 예수님이 재림하실 때, 신자와 불신자

모두 다 부활합니다.

> 선한 일을 행한 자는 생명의 부활로, 악한 일을 행한 자는 심판의 부활로 나오리라
>
> 요5:29

> 그들이 기다리는 바 하나님께 향한 소망을 나도 가졌으니 곧 의인과 악인의 부활이 있으리라 함이니이다
>
> 행24:15

> 사망과 음부도 불못에 던져지니 이것은 둘째 사망 곧 불못이라 누구든지 생명책에 기록되지 못한 자는 불못에 던져지더라
>
> 계20:14-15

성경은 '불 못'에 던져져 영원히 하나님과 분리되는 죽음, 이런 영원한 죽음을 '둘째 사망'이라고 합니다. 물론 성도들은 '둘째 사망'이나 '영원한 죽음'을 맛보지 않습니다[5].

예수님의 비유 중에 '부자와 거지 나사로 이야기'가 있습니다. 거지 나사로는 죽은 후에 아브라함의 품에서 편히 쉬지만, 부자는 죽은 후에 음부에 떨어져서 극심한 고통을 당합니다. 예수님은 이 이야기를 통해서 이 세상의 삶이 끝이 아니라 다음 세상에서 영원히 살아야 한다는 교훈을 주십니다. 주님과 연합된 자들은 죽어서 천국에 들어가 영원히 살지만 그렇지 않았던 이들은 지옥에서 영원히 삽니다. 그러므로 우리는 이 세상의 삶이 전부가 아니라 죽음 이후의 영원한 삶이 있다는 사실을 알고 그 삶을 준비해야 합니다[6]. 사도신경의 열한

번째 고백은 죽음이 마지막이 아니라 부활이 있다는 사실을 통해 우리가 영원의 삶을 준비하도록 권면합니다.

몸의 부활1: 몸(carnis)

사도신경의 열한 번째 고백은 몸에 대하여 다룹니다. 우리말에서 '몸'이란 팔, 다리, 머리를 제외한 부분을 가리키는 표현입니다. 따라서 육신(肉身), 육체(肉體)로 바꾸자는 주장도 있습니다. 하지만 사실상 몸, 육신, 육체, 혹은 육 모두 같은 말입니다. 오히려 사도신경의 원래 언어인 라틴어나 신약성경의 헬라어에서는 그 의미가 조금 다릅니다[7].

> 육신의 생각은 하나님과 원수가 되나니 이는 하나님의 법에 굴복하지 아니할 뿐 아니라 할 수도 없음이라 육신에 있는 자들은 하나님을 기쁘시게 할 수 없느니라
>
> 롬8:7-8

헬라어 신약성경의 육신, 육체, 육과 같은 단어들은 단순히 사람의 '몸'을 의미하지 않습니다. 하나님을 대항하는 성향을 가진 몸, 하나님의 율법에 순종하지 않고 순종할 수도 없는 육신, 언제나 죄로 기울어가는 경향을 가진 육체, 하나님이 기뻐하실 어떤 행동과 생각도 하지 못하는 하나님과 원수된 육을 의미합니다.

> 육체의 소욕은 성령을 거스르고 성령은 육체를 거스르나니 이 둘이 서로 대적함으로 너희가 원하는 것을 하지 못하게 하려 함이니라
>
> 갈5:17

성경에서 몸은 영혼과 반대의 뜻입니다. 따라서 사도신경이 다루는 몸은 단순한 몸이 아니라 하나님께 대항하는 성향을 지닌 육체입니다.

그러면 왜 사도신경은 '영혼의 부활'이라 하지 않고 '육(몸)의 부활'을 고백했을까요? 예수님 당시로부터 주후 3세기경에 널리 퍼졌던 영지주의라는 이단 때문입니다[8]. 영지주의자들은 영을 선한 것으로, 육을 악한 것으로 보았습니다. 따라서 육적 인간은 절대로 구원을 받을 수 없고 영적 인간만 구원받을 수 있다고 생각했습니다.

하지만 '몸의 부활'에 대한 우리의 고백은 다릅니다. 우리의 몸은 하나님을 기쁘시게 할 수도 없고 하나님을 사랑할 수도 없지만 주님이 재림하실 때는 분명히 주님을 사랑할 수 있는 몸으로 부활할 것입니다.

당시 이방 헬라인들도 죽음 이후의 삶이 있다는 사실은 굳게 믿었습니다. 플라톤은 그 소망에 대해 감동스러운 글을 썼고, 소크라테스는 몸이라는 감옥(監獄)에서 벗어나기를 고대했습니다. 종교개혁 당시 재세례파 신자들도 이와 유사한 생각을 가졌습니다.

하지만 오늘날 자유주의 신학자들은 몸의 부활이 아니라 예수님이 가르치신 '교훈의 부활'로 부활을 설명합니다. 어떤 자유주의 신

학자는 "우리가 예수 그리스도 안에서 다 영적으로 구원 받았으면 그것으로 족하지, 그리스도인들은 왜 몸의 부활까지 하려고 욕심을 부리느냐"고 주장해서 큰 물의를 빚은 적이 있습니다. 이 분은 구원의 의미를 잘 몰라서 이런 주장을 합니다[9].

육체는 썩어 없어지기에 허망합니다. 그러나 그것이 영혼을 담는 그릇이라는 사실을 안다면 육체를 소중하게 가꾸게 되고, 그는 전인적인 존재가 됩니다. 내 몸을 정말 귀하게 사용하여 영혼을 잘 담는다면, 내 몸은 영혼을 가두는 감옥이 아니라 내 영의 귀한 옷이 됩니다[10].

몸의 부활2: 몸이 다시 살아남(resurrectionem)

신약성경에 나오는 사두개인들은 부활에 대해 오해가 있었습니다(막 12:18-27). 어떤 여자가 일곱 형제가 있는 집의 맏이에게 시집을 갔습니다. 그런데 차례대로 형제가 다 죽어 이 여인이 일곱 형제 모두의 아내가 되었다면 과연 천국에서 누구의 아내가 되는지 하는 문제였습니다. 사두개인들은 부활 이후의 삶을 이 세상과 동일한 삶이 지속되는 것으로 보았습니다. 그들에게 부활 이후는 이 세상에서의 삶과 질적으로 동일합니다[11].

그러나 성경이 가르치는 내세의 삶은 이 세상과 질적으로 같지 않습니다. 죄 사함으로 거듭난 속사람은 새 사람이며, 장차 입게 될 몸은 새 몸이고, 우리가 가게 될 나라는 새 하늘과 새 땅, 새 예루살렘입니다. 이 땅에서 잠시 만족하다가 사라지는 새로움이 아니라 항상 새롭게 다가오는 감동으로 충만한 삶입니다[12].

우리는 성경이 죽음과 죽음 이후에 대해 설명하는 그 지점까지 믿음으로 받아들여야 합니다. 성경은 우리의 생명이 끝난 후 두 가지 일이 일어난다고 말합니다. 첫째, 영혼과 육신의 분리입니다. 사람이 죽은 후에 영혼과 육신이 분리되지만 영원히 분리되지는 않습니다. 둘째, 주님이 이 땅에 오시는 날 분리되었던 영혼과 육신이 결합됩니다. 그리고 우리 영혼은 우리의 몸과 함께 영원히 삽니다. 이것을 육신의 부활과 영생이라고 부릅니다. 이렇게 육체와 영혼이 분리되었다가 다시 결합한다는 진리가 기독교 신앙에서 대단히 중요합니다[13]. 그러므로 '몸의 부활'은 철저히 기독교적 용어입니다. 오직 기독교에만 몸의 부활에 대한 분명한 가르침이 있습니다.

한편 죽음 이후부터 몸이 부활할 때까지의 기간을 '중간상태'라고 부릅니다. 로마 가톨릭에서 말하는 연옥(煉獄)과는 다릅니다. 중간상태는 개인의 종말(개인의 죽음)과 우주의 종말(예수의 재림) 사이에 사람이 존재하는 방식을 말합니다. 성경은 중간상태를 직접적으로 말하지 않기 때문에 우리가 이 부분을 자세히 알 수는 없습니다.

전통적으로 중간상태를 설명할 때에는 "신자가 죽으면 영혼이 육신과 분리된 채로 잠정적인 즐거움의 상태에 있다"고 말합니다[14]. 하지만 죽은 자들에게는 시간 개념이 없기 때문에 신자가 죽으면 시간을 초월해서 즉시 우주적 종말을 맞으며 영혼이 부활한 몸과 다시 결합하여 영원한 천국에 들어갔다고 보는 것이 옳습니다[15].

아직은 최종적 영광의 상태는 아니지만 성도의 궁극적 영광은 모든 성도들과 함께 동시에 누리게 될 것입니다. 그러므로 우리가 죽어서 하늘의 영광(heavenly glory)을 누리는 것은 성도들이 궁극적으로 바라고 소망하는 상태는 아닙니다. 우리 주 예수님이 재림하시면 우리의 영생에서 '아직 아니'라는 측면이 온전히 다 제거됩니다. 그러므로 우리는 죽어서 우리의 영혼이 '하늘'에서 그리스도와 함께 있는 것보다 우리의 몸의 부활을 소망해야 합니다. 성도의 궁극적 소망은 우리 주님의 재림 때에 입게 될 몸의 부활이며, 그것이 영생의 온전한 모습입니다[16].

성령 하나님이 우리를 완전하게 바꿔주신다

사도신경에서 "몸이 다시 산다"는 고백 역시 성령 하나님에 대한 고백 안에 위치합니다. '교회'는 '성령'에, '성도의 교제'는 '교회'에 포함되어 꼬리에 꼬리를 물고 있습니다[17].

어떤 이들은 미래에 의학과 과학이 충분히 발전하면 죽은 사람도 살릴 수 있을 것이라고 기대합니다. 하지만 몸의 부활은 인간들의 지혜와 노력, 의학의 발전으로 가능하지 않으며 오직 성령 하나님이 초자연적으로 하시는 일입니다[18]. 성령 하나님은 우리 몸의 속량, 즉 몸의 부활을 기다리십니다. 몸이 살아나는 일은 성부 하나님이 성령 하나님께 맡기신 사역입니다[19].

> 예수를 죽은 자 가운데서 살리신 이의 영이 너희 안에 거하시면 그리스도 예수를 죽은 자 가운데서 살리신 이가 너희 안에 거하시는 그의 영으로 말미암아 너희 죽을 몸도 살리시리라
>
> 롬8:11

> 그뿐 아니라 또한 우리 곧 성령의 처음 익은 열매를 받은 우리까지도 속으로 탄식하여 양자 될 것 곧 우리 몸의 속량을 기다리느니라
>
> 롬8:23

몸의 부활은 죄 사함과 깊은 관련을 맺습니다. 죄 사함의 맥락에서 육신의 부활을 읽으면 육신의 부활은 죄를 이긴 결과입니다. 그리스도께서 죄를 이기셨기 때문에 그 결과로 우리의 육신이 부활합니다[20]. 그러므로 육신의 부활의 고백은 완전한 사죄의 다른 표현입니다. 죄를 짓는 성향, 악으로 기우는 마음마저 완전히 제거하시고 예수님처럼 깨끗하고 영광스러운 몸으로 바꿔주십니다. 예수님의 부활이 예수님의 무죄 증명인 것과 같은 이치입니다. 부활하면 우리 안에서 죄가 없을 뿐 아니라 죄를 짓고 싶은 마음조차 사라집니다. 하나님이 기뻐하시는 뜻대로 살 수 있는 영광스러운 몸으로 부활합니다. 이것이 육신의 부활의 의미입니다[21].

사죄의 은혜가 교회를 통해서만 선포되듯이 사죄의 결과인 부활 역시 교회 없이는 불가능합니다. 성령이 교회를 세우시고, 그 안에서 성도의 교제가 가능하게 하셨으며, 교회가 전파하는 말씀을 통하여 죄의 용서가 일어납니다. 그리고 이러한 죄의 용서는 몸의 부활을 가

능하게 하여 영원한 생명을 누리게 합니다.

몸의 부활이 우리에게 주는 위로

하이델베르크 요리문답 제57문

"육신의 부활"은 당신에게 어떠한 위로를 줍니까?

답

이 생명이 끝나는 즉시 나의 영혼은 머리 되신 그리스도에게 올려질 것입니다. 또한 나의 이 육신도 그리스도의 능력으로 일으킴을 받아 나의 영혼과 다시 결합되어 그리스도의 영광스러운 몸과 같이 될 것입니다.

몸의 부활에 대한 하이델베르크 요리문답 제57문답의 질문은 '위로'를 강조합니다. 이 신앙고백은 죄 사함으로 인한 승리와 우리의 회복을 점진적으로 설명하며 우리에게 위로를 줍니다. 몸의 부활에 대한 위로는 크게 두 부분으로 나눌 수 있습니다.

첫째, 죽음과 함께 '즉시, 나의 영혼은' 그리스도에게 올려 집니다. 죄 사함을 받은 신자의 영혼은 죽음과 함께 즉시 하늘로, 그리고 그리스도께 올려 집니다. 여기에서 시간적 중요성은 '즉시'이고 요소적 중요성은 '영혼'입니다.

둘째, '장차, 나의 이 육신도' 영혼과 다시 결합하여 그리스도의 영

하이델베르크 요리문답 제57문답

차이점	요소	시간
	1) 영혼	1) 즉시
	2) 육신	2) 장차
공통점	영혼 육신 모두 **그리스도와 결합**	

광스러운 몸과 같이 됩니다. 이는 지금 당장 일어나는 일은 아닙니다. 하지만 장차 우리의 육신도 부활하여 그리스도와 결합하게 됩니다. 여기에서 시간적 중요성은 '장차'이고 요소적 중요성은 '육체'입니다.

죄 사함의 결과는 우리의 영혼과 육신 모두에서 나타나는데 영혼은 즉시, 그리고 육체는 장차 그렇게 된다는 차이점이 있습니다. 하지만 우리의 영혼과 육신 모두가 '그리스도와 결합'한다는 측면에서는 공통점이 있습니다.

왜 이런 시간적 이격이 생길까요? 바로 '죄' 때문입니다. 영혼과 육체가 분리되는 죽음 자체가 죄 때문이고, 그 분리된 영혼과 육체가 시간적인 차이를 두고 각각 구원을 받는 것도 역시 죄 때문입니다. 그리스도께서 우리의 전인을 구원하셨지만 하나님의 크신 뜻에 의해 시간적 이격이 생겼습니다. 우리의 영혼은 바로 구원되지만, 우리의 육신은 바로 구원되지 않고 이 땅에 살도록 내버려두십니다. 예수님이 재림하실 때 다시 결합합니다. 이 신비에 대해서는 성경에 더 자세히 나오지는 않습니다. 그러므로 우리는 그 이상의 내용을 질문하기보다 분명히 밝혀진 바를 중심으로 붙들어야 합니다[22].

이러한 시간적 격차 속에서 우리는 이 육신이 정말 영혼처럼 구속을 받을 수 있을지 어떻게 알 수 있습니까? 장차의 일을 어떻게 확신할 수 있을까요?

> 그러나 이제 그리스도께서 죽은 자 가운데서 다시 살아나사 잠자는 자들의 첫 열매가 되셨도다
>
> 고전15:20

하이델베르크 요리문답 제45문답의 세 번째 대답 역시 그리스도의 부활이 우리의 부활의 보증이라고 말합니다. 그 내용은 다음과 같습니다.

그리스도의 부활은 우리의 영광스런 부활에 대한 확실한 보증입니다.

한편 우리가 부활할 때 몇 살 때의 모습으로 부활할까요? 장애인은 여전히 장애를 지닌 채로, 병자들은 여전히 병을 가진 채로 부활할까요? 그렇지 않습니다. 우리의 몸이 부활할 때는 그리스도의 영광스러운 몸과 같이 부활합니다. 우리 주님이 십자가에서 죽으시고 우리의 모든 죄를 다 해결하셨을 때 그분의 영혼만 다시 살아나지 않고 육체로도 분명히 부활하셨습니다. 그분은 분명히 우리의 눈에 보이고 손으로 만질 수 있는 육체로 다시 살아나셨습니다.

> 그는 만물을 자기에게 복종하게 하실 수 있는 자의 역사로 우리의 낮은 몸을 자기 영광의 몸의 형체와 같이 변하게 하시리라
>
> 빌3:21

> 사랑하는 자들아 우리가 지금은 하나님의 자녀라 장래에 어떻게 될지는 아직 나타나지 아니하였으나 그가 나타나시면 우리가 그와 같을 줄을 아는 것은 그의 참모습 그대로 볼 것이기 때문이니
>
> 요일3:2

요한일서에 나타난 성경의 답은 분명합니다. 우리의 육신은 그리스도의 능력으로 일으킴을 받아 우리 영혼과 다시 결합되어 그리스도의 영광스러운 몸과 같이 됩니다[23]. 이때 우리의 육체는 죽기 전의 상태가 아니라 예수님처럼 상상 이상의 영화로운 상태로 되살아납니다. 우리의 몸은 그리스도처럼, 그리스도와 함께, 그리스도를 통해 다시 살아나게 됩니다.

하나님이 이루시는 구원은 본래 창조의 상태로 인간을 되돌려 놓는 정도가 아닙니다. 본래 창조의 상태에서 인간이 하나님께 대한 온전한 순종을 통해서 마땅히 이르러야만 하는 더 높은 상태(the higher state)로 인간을 올려놓으십니다[24]. 몸이 다시 산다는 것은 전(全) 존재, 곧 나의 일부가 아니라 전부가 하나님을 위해, 하나님과 함께 사는, 생동하며 창조적이고 죽지 않는 생명으로 회복되는 것을 의미합니다[25].

믿기 힘든 이 사실을 어떻게 확신할 수 있을까요? 여기서 우리는

구원이 무엇인지 생각해야 합니다. 구원은 본질적으로 우리의 몸과 영혼이 예수 그리스도와 연합하는 일입니다. 성령께서 우리 믿음을 통하여 그리스도와 하나 되게 하시기 때문에 어떤 상황에서도 이 영적 연합은 깨어지지 않습니다.

> 높음이나 깊음이나 다른 어떤 피조물이라도 우리를 우리 주 그리스도 예수 안에 있는 하나님의 사랑에서 끊을 수 없으리라
>
> 롬8:39

죽음이 우리의 영혼과 우리의 몸은 떼어낼 수 있어도, 우리와 그리스도를 분리시킬 수는 없습니다. 할렐루야! 그러므로 모든 창조의 원동력은 그리스도시며, 모든 창조의 지향점도 그리스도십니다.

성자 하나님이 다시 오셔서 신자의 몸이 다시 살아날 때 어떤 유익을 누리게 됩니까? 이에 대해 웨스트민스터 소요리문답 제38문답은 다음과 같이 고백합니다.

웨스트민스터 소요리문답 38문

신자가 부활할 때 그리스도로부터 무슨 유익을 받습니까?

답

신자가 부활할 때 영광중에 일으킴을 받고, 심판 날에 공개적으로 인정을 받으며, 죄 없다함을 얻고, 영원토록 하나님을 온전히 즐거워함으로 완전한 복을 누리게 될 겁니다.

몸의 부활 교리는 영혼과 육신의 두 영역으로 나눌 수 있습니다. 이렇게 구분한 것은 우리의 죄 때문인데 두 영역 모두에서 구속은 "그리스도와의 결합"을 의미합니다. 시간적으로는 영혼은 즉시, 그리고 육체는 장차 구속될 것이지만 우리는 몸의 부활을 반드시 확신합니다. 왜냐하면 주님이 "몸으로 부활"하셔서 "첫 열매"가 되셨기 때문입니다.

부활한 몸의 특징(고전 15:42-44)

죽은 자의 부활도 그와 같으니 썩을 것으로 심고 썩지 아니할 것으로 다시 살아나며 욕된 것으로 심고 영광스러운 것으로 다시 살아나며 약한 것으로 심고 강한 것으로 다시 살아나며 육의 몸으로 심고 신령한 몸으로 다시 살아나나니 육의 몸이 있은즉 또 영의 몸도 있느니라

고전15:42-44

성경은 부활체의 정확한 모습을 가르쳐 주지 않습니다. 그러나 고린도전서 15장 42-44절에서 부활체의 성격을 유추할 수 있습니다[26]. 사도 바울은 몸을 땅에 뿌리는 씨에 빗대고 있습니다. 죽은 성도는 씨로서 땅에 묻히고, 언젠가 추수할 곡식으로 자라납니다. 몸은 죽을 것으로 땅에 묻히지만 죽지 않을 것으로 다시 살아납니다[27]. 부활한 몸의 특징은 다음과 같습니다.

첫째, 부활한 몸은 썩지 아니할(ἀφθαρσίᾳ) 몸입니다(고전 15:42). 아

무리 의술이 발전해도 우리 몸이 죽지 않을 수는 없습니다. 보톡스를 아무리 맞아도 소용이 없습니다. 그러나 부활한 우리의 몸은 결코 부패하지 않습니다.

둘째, 부활한 몸은 영광스러운(δόξα) 몸입니다(고전 15:43). 현재 우리 몸은 겉을 아무리 치장해도 생각과 행동이 더러우며 냄새가 납니다. 하지만 부활한 우리 몸은 깨긋하며 정결합니다.

셋째, 부활한 몸은 강한(δυνάμις) 몸입니다(고전15:43). 우리의 몸은 약합니다. 질그릇처럼 깨어지기 쉽습니다. 약한 우리 몸은 조금만 오래 서 있어도 피곤하고 지칩니다. 나이가 들수록 사람은 걸어 다니는 병원이 됩니다. 하지만 부활한 우리의 몸은 결코 상하지 않습니다.

넷째, 부활한 몸은 신령한(σῶμα πνευματικόν) 몸입니다(고전 15:44). 새 하늘과 새 땅에 들어가서 영원히 살 몸은 더 이상 육의 몸이 아니라 완전히 새로운 몸입니다. 이 세상의 육의 몸과 대조되며, 성령의 인도하심 속에 통제되고 소유된 온전한 영혼의 사용에 적합한, 하나님의 영의 새로운 세계에 맞도록 성령에 의해 변화된 몸을 뜻합니다.

우리는 이러한 가르침에 고개를 쉽게 끄덕이지만 당시에 몸은 악하고 영은 선하다고 생각하여 인간의 몸을 천하게 여긴 사람들에게는 부활한 몸이 신령한 몸이라는 선포는 충격적이었습니다.

신령한 몸이란 신체가 없는 비물질적인 몸이 아닙니다. 부활한 몸은 결국 현재의 몸과 연속성(continuity)을 지닙니다[28]. 또한 부활의 몸은 현재의 '죽을 수 있음(可死性)'과 '썩는 성질(可滅性)', '욕됨', '연약함' 등의 성격을 배제한 몸입니다. 부활한 몸으로는 더 이상 장가가고 시집가고 하는 일이 없습니다. 자녀를 낳는 일도 없습니다. 이런 점에서 그 부활체는 지금 우리의 몸과 비연속적(discontinuity) 측면도 가집니다[29].

날마다 아침에 깨어나는 일은 부활에 대한 예행연습입니다. 이제 날마다 잠자리에 들 때마다 부활의 아침을 꿈꿀 수 있습니다. 마지막 때만 기다리는 것이 아니라 매일 몸의 부활을 누릴 수 있습니다.

몸의 부활은 성도들이 미래에 대해 가지는 참으로 위대한 소망입니다. 성도들은 예수 그리스도의 완전하고 흠이 없는 의의 옷, 하지만 그분의 고귀한 피가 배어 있는 그 옷에 감싸여서 가볍게 생명의 나라로 들려져 황홀한 체험을 할 것입니다[30].

몸의 부활, 하나님의 전능하신 능력

우리는 주일마다 사도신경을 통해서 '몸이 다시 사는 것'에 대한 믿음을 고백합니다. 이 믿음을 확실히 고백하는지 예수님이 우리에게 물어보십니다.

> 예수께서 이르시되 나는 부활이요 생명이니 나를 믿는 자는 죽어도 살겠고 무릇 살아서 나를 믿는 자는 영원히 죽지 아니하리니 이것을 네가 믿느냐
>
> 요11:25-26

오늘날 우리가 심장이나 신장 이식이 가능하다고 믿는 이유는 무엇입니까? 그런 복잡한 수술을 의사가 할 수 있다는 것을 알기 때문입니다. 사람들은 의사의 기술을 믿고 수술용 메스에 자신을 맡깁니다.

사람은 다시 죽지 않을 몸으로 살아날 수 있을까요? 답은 의외로 간단합니다. 그리스도인은 자기 몸이 다시 살아나리라는 믿음의 근거를 전능하신 하나님의 기술과 능력에 둡니다. "전능하사 천지를 만드신 하나님!" 우리가 부활을 믿지 못하는 이유는 결국 '하나님의 전능'에 대한 불신입니다[31]. 천지만물을 무에서 창조하신 전능하신 하나님, 죽은 자를 다시 살리실 수 있는 분을 영원한 아버지로 모신 우리는 이 세상에서 가장 행복하고 평안한 사람들입니다[32].

사람은 감기만 걸려도 맥을 못 춥니다. 꽃다운 청춘의 나이에 질병과 사고로 목숨을 잃는 분들을 보면서 안타까워하다가도 스스로도 죽음에 예외가 아니라는 사실을 문득 깨닫습니다. 지금도 누군가는 극렬히 타는 풀무불에서 다니엘의 세 친구처럼 각박한 상황에 놓여 있어서 답답한 마음을 느낄 수 있습니다. 그런데 왜 하나님은 사드락, 메삭, 아벳느고가 경험한 극적 능력을 우리에게 보여주시지 않을까요? 히브리서 11장 32-38절의 말씀에서 답을 찾을 수 있습니다.

> 내가 무슨 말을 더 하리요 기드온, 바락, 삼손, 입다, 다윗 및 사무엘과 선지자들의 일을 말하려면 내게 시간이 부족하리로다 그들은 믿음으로 나라들을 이기기도 하며 의를 행하기도 하며 약속을 받기도 하며 사자들의 입을 막기도 하며 불의 세력을 멸하기도 하며 칼날을 피하기

> 도 하며 연약한 가운데서 강하게 되기도 하며 전쟁에 용감하게 되어 이방 사람들의 진을 물리치기도 하며 여자들은 자기의 죽은 자들을 부활로 받아들이기도 하며 또 어떤 이들은 더 좋은 부활을 얻고자 하여 심한 고문을 받되 구차히 풀려나기를 원하지 아니하였으며 또 어떤 이들은 조롱과 채찍질뿐 아니라 결박과 옥에 갇히는 시련도 받았으며 돌로 치는 것과 톱으로 켜는 것과 시험과 칼로 죽임을 당하고 양과 염소의 가죽을 입고 유리하여 궁핍과 환난과 학대를 받았으니 (이런 사람은 세상이 감당하지 못하느니라) 그들이 광야와 산과 동굴과 토굴에 유리하였느니라
>
> 히11:32-38

이 말씀은 "불의 세력을 멸하기도" 했다는 다니엘의 세 친구의 경험과 톱에 켜서 죽임을 당한 사람들의 경험이 동일하다고 말합니다. 풀무불 속에서 타지도 상하지도 않고 걸어 나온 이들과 군인들에게 붙잡혀 톱에 켜서 죽임을 당한 일이 어떻게 동일한 무게를 지닙니까? 하지만 분명히 같습니다. 감히 그렇게 말할 수 있는 근거는 바로 이 육신의 부활 때문입니다.

우리 모두는 시간적 차이가 있을 뿐 몸의 부활을 믿고 있습니다. 또한 예수 그리스도와 결합하여 새로운 생명을 얻고 영원한 본향을 함께 바라보고 있습니다. 풀무불 속에서나 톱으로 켜는 현장 속에서도 예수 그리스도의 임재와 동행은 그들 모두에게 있었습니다. 그들은 예수의 이름을 부인할 수 없어서 "그리스도, 그리스도, 오직 그리

스도"를 외치며 불에 타 죽어 갔지만 그리스도는 그 현장 가운데도 계셨습니다.

지금도 그리스도인이 고난 중에도 믿음으로 살 수 있는 근거는 인간의 몸을 입고 이 땅에 오신 예수님이 어떤 심판과 정죄의 불에도 우리를 사르지 못하도록 하실 것이고 우리를 영원한 곳으로 인도한다는 사실입니다.

'몸이 다시 사는 것'에 대한 고백은 그저 미래의 가능성이 아닙니다. 애매모호한 교리도 아닙니다. 죽음과 마찬가지로 실제적인 사건입니다. 이 고백은 예수 그리스도와 전능하신 하나님에 대한 신앙의 고백입니다. 만일 부활이 없다면 모든 인생 중에 가장 불행한 인생이라고 사도 바울은 고백했습니다. 우리 삶의 현장이 어렵고 힘들고 지치고 답답하여도 몸의 부활에 대한 소망 때문에 새로운 용기와 힘을 얻고 진정한 위로와 참된 평화를 얻습니다. 위험도 칼도 권세도, 천사도 죽음도 그것을 막지 못합니다. 하나님의 사랑을 끊을 수 없습니다. 다 끝난 것 같아도 아직 끝나지 않았습니다. 몸의 부활, 육체 밖에서 하나님을 보는 유쾌한 멘붕을 누릴 수 있기를 바랍니다.

몸의 부활, 육체 밖에서 하나님을 보는 유쾌한 멘붕

나눔을 위한 질문 Questions for Group Sharing

1. 죽음에 대한 양극단의 잘못된 생각들은 무엇입니까? 반면 참된 신앙인들은 죽음에 대하여 어떻게 반응을 할까요? (317p)

2. 성경이 말하는 '육신', '육체', '육'은 어떤 의미를 가지고 있나요? (321-322p)

3. 성경은 우리의 생명이 끝난 후 일어날 두 가지 일이 무엇이라고 가르칩니까? (324p)

4. 몸의 부활에 대한 신앙고백이 우리에게 주는 위로는 무엇입니까? (327-328p)

5. 장차 우리가 가지게 될 부활한 몸의 특징 네 가지는 무엇입니까? (332-334p)

설교 시청 가이드 | A Guide to Sermon Video

2018년 5월 20일(주일), 사월교회당의 공예배에서 강론된 "몸의 부활, 육체 밖에서 하나님을 보는 유쾌한 멘붕"(욥19:25-26)은 대한예수교장로회 사월교회 홈페이지(www.sawolch.com)와 오른쪽의 QR코드를 통해 언제든지 시청할 수 있습니다.

미주

1) 백금산, 『만화 사도신경』(서울: 부흥과개혁사, 2008), 250-252.
죽음의 특징은 다음과 같다. "① 보편적: 인간은 누구나 다 죽는다. 죽음은 동서고금, 남녀노소, 빈부귀천을 따지지 않는다. ② 필연적: 모든 사람이 죽을 뿐만 아니라 반드시 죽는다. ③ 불시에: 죽음은 항상 어느 때라도 찾아올 수 있다. ④ 예측 불가능: 죽음은 언제 어디서 불쑥 찾아올지 모르는 불청객이다. ⑤ 이미 선고 됨: 죽음은 태어나면서부터 인간에게 선고되어 있다. ⑥ 허무함: 죽음은 산자의 모든 것을 허무하게 만든다. ⑦ 불안의 원천: 죽음은 불안의 원천이다. 인간의 모든 불안의 지하실에는 죽음이 살고 있다. 죽음 건너편의 세계는 칠흑 같은 어두움처럼 공포 그 자체이다. ⑧ 부자연스러움: 인간은 누구나 죽기를 싫어한다. 죽음은 인간을 가장 비인간적으로 만든다. ⑨ 불가항력적: 인간은 아무도 죽음을 막을 수 없다. ⑩ 하나님의 심판: 죽음은 죄에 대한 하나님의 심판이다."
2) '멘붕'(mental breakdown)은 멘탈 붕괴의 줄임말로, 2000년대 말 무렵 디시인사이드의 스타크래프트 갤러리에서 사용되기 시작해 널리 퍼져 나갔다. 게임, 커뮤니티, 실생활 등 온/오프라인에서 두루 쓰인다.
3) 백금산, 『만화 사도신경』, 252.
4) 황원하, 『하이델베르크 요리문답 해설』(평택: CNB, 2015), 286.
5) 분명 부활과 소생은 다르다. 예수님의 공생애 기간에 회당장 야이로의 열두 살 딸을 살려 주셨고, 나인성 과부의 아들을 살려 주셨으며, 마리아의 오빠 나사로도 살려 주셨다. 이들은 부활한 것이 아니라 잠시 소생했다. 죽음의 기간을 단순히 연장한 것에 불과하다.
6) 황원하, 『하이델베르크 요리문답 해설』, 289.
7) 이운연, 『성경으로 풀어낸 사도신경』(여수: 그라티아, 2016), 199.
8) J. I. Packer, *Growing in Christ*, 김진웅 역, 『(제임스 패커의 기독교 기본 진리) 사도신경』(서울: 아바서원, 2012), 129.
"육체는 무덤이다."
9) 이재철, 『성숙자반』(서울: 홍성사, 2007), 322.
10) 이재철, 『성숙자반』, 323.
11) 이상원, 『21세기 사도신경 해설』(서울: 솔로몬, 2004). 178.
12) 이상원, 『21세기 사도신경 해설』. 178.

13) 황원하, 『하이델베르크 요리문답 해설』, 288.
14) Anthony A. Hokema, *The Bible and The Future*,(Grand Rapids: Eerdmans, 1979), 89.
15) 황원하, 『하이델베르크 요리문답 해설』, 290.
16) 이승구, 『사도신경』(서울: SFC출판부, 2004), 350.
17) 윤석준, 『하이델베르크 요리문답 설교 1』(서울: 부흥과개혁사, 2016), 162-164.
"그러기에 [사도신경]은 파편적으로 흩어져 있는 각각의 항목들의 집합이 아니다. 각각의 항목들은 모두 긴밀한 연관 관계 안에서 우리에게 뚜렷한 진리를 증언하기 위해 치밀하게 구성되어 있다."
18) 황원하, 『하이델베르크 요리문답 해설』, 285.
19) 손재익, 『사도신경: 12문장에 담긴 기독교 신앙』(서울: 디다스코, 2017), 297.
20) 윤석준, 『하이델베르크 요리문답 설교 1』, 164.
21) 이운연, 『성경으로 풀어낸 사도신경』, 200.
22) 윤석준, 『하이델베르크 요리문답 설교 1』, 167.
23) 정요석, 『하이델베르크 교리문답 (상)』(서울: 새물결플러스, 2017), 483.
24) 이승구, 『사도신경』, 353.
25) J. I. Packer, Growing in Christ, 126-127.
26) 이승구, 『사도신경』, 354-358; 백금산, 『만화 사도신경』, 261-265.
27) Cornelis Neil Pronk, *Apostles' Creed*, 임정민 역, 『(하이델베르크 교리문답으로 보는)사도신경』(수원: 그책의사람들, 2013), 248-249.
28) 이승구, 『사도신경』, 356; 백금산, 『만화 사도신경』, 266.
29) 이승구, 『사도신경』, 356.
30) 이상원, 『21세기 사도신경 해설』, 176.
31) Cornelis Neil Pronk, *Apostles' Creed*, 249-250.
32) 정요석, 『하이델베르크 교리문답 (상)』, 484.

13

영생, 영원에서 순간을 누리는 지복(至福)의 삶

"또 증거는 이것이니 하나님이 우리에게 영생을 주신 것과 이 생명이 그의 아들 안에 있는 그것이니라 아들이 있는 자에게는 생명이 있고 하나님의 아들이 없는 자에게는 생명이 없느니라"

요일5:11-12

영원히 사는 것을

믿사옵나이다 아멘

영생을 믿습니다. 아멘.(새번역)

and the life everlasting. AMEN.(현대영어)

vitam aeternam. Amen.(라틴어 공인원문)

13. 영생, 영원에서 순간을 누리는 지복(至福)의 삶

또 증거는 이것이니 하나님이 우리에게 영생을 주신 것과
이 생명이 그의 아들 안에 있는 그것이니라
아들이 있는 자에게는 생명이 있고
하나님의 아들이 없는 자에게는 생명이 없느니라
요일5:11-12

영생, 질적으로 다르다?

현재 TV에서 방영되는 건강 관련 프로그램은 몇 개나 될까요? 참 많습니다. 방송국에서 몸에 좋은 음식이라고 소개하면 다음날 전국에 있는 마트가 난리가 납니다. 우리나라 사람은 정력제라면 바퀴벌레나 쥐라도 잡아먹을 만큼 몸에 좋다는 것에는 물불 가리지 않습니다.

성도들이 해외여행을 다녀올 때 DHEA, 오메가3, 키토산 등을 사오셔서 선물로 주실 때가 있습니다. 교역자들을 아끼는 마음에 주시는 것들이 시간이 지나면 다 먹지 못해 유통기한이 지날 때도 많습니다. 더 젊은 시절에는 몸에 좋은 것도 잘 먹지 않다가 어느덧 저도 눈에 보이는 대로 먹습니다. 건강은 언제나 최고의 관심사입니다.

사람들은 영생을 어떻게 이해할까요? 영생의 삶은 이 세상의 삶과

동일하게 연장되는 것일까요? 이것은 사람들이 영생을 이해할 때의 오해입니다. 영생은 질적으로 완전히 새로운 삶입니다. 영원한 삶은 인간의 이성으로 쉽게 납득할 수 있는 교리가 아닙니다. 그래서 부활만큼이나 영생에 대해 많은 오해들이 있습니다[1]. 대표적인 오해들은 다음과 같습니다.

첫째, 영생을 인간의 노력으로 죽지 않고 오래 사는 것이라고 생각하는 오해입니다. 오늘날 의학의 발전으로 평균수명이 크게 늘어났습니다. 인간이 노력하다보면 언젠가는 죽지 않고 영원히 사는 시대가 온다는 생각입니다[2]. 만약 아담과 하와가 지금까지 죽지 않고 우리와 함께 예배를 드린다면 어떨까요? 정말 비참한 일입니다. 사람이 그저 죽지 않고 단순하게 힘겨운 삶만 연장된다면 오히려 저주에 가깝습니다. 영생이란 시간의 길이로 단순히 영원히 사는 것을 의미하지 않습니다.

둘째, 영생은 죽음 이후에 영원히 사는 것이라는 오해입니다. 이들에게 영생이란 죽고 난 후의 문제이므로 미리 땅에서 생각할 필요가 없습니다. 의외로 많은 신자들이 이런 생각을 합니다[3]. 영생은 죽어서 천국에서만 누리는 것입니까? 우리가 사는 이 땅에서는 영생이 아무런 효력과 위로를 주지 못할까요?

셋째, 영생은 신자들에게만 해당된다고 보는 오해입니다. 예수님의 재림 때에는 신자들뿐만 아니라 불신자들까지 모두 몸의 부활을 합니다. 마지막 심판을 통해 신자는 영원한 생명(eternal life)을 받고(마 25:46), 새 하늘과 새 땅에서 영원히 삽니다. 불신자는 영원한 형벌(eternal punishment)을 받고 불 못에서 영원히 살게 됩니다(마25:41,46; 막 9:34; 살후 1:8-9)[4]. 신자와 불신자는 죽지 않고 영원히 산다는 점에서는 같지만, 불신자의 영원한 삶은 기쁨과 영광의 삶이 아니라 몸과 영혼이 말할 수 없는 고통의 형벌을 영원히 받는 삶입니다[5].

하나님은 우리 육신의 건강을 돕는 영양제들과는 비교할 수 없는 엄청난 선물을 준비하셨습니다. 바로 영생(eternal life)입니다. 불로장생의 약 정도가 아닙니다.

아담의 족보는 장수의 명단? 죽는 이들의 명단!

> 아담은 셋을 낳은 후 팔백 년을 지내며 자녀들을 낳았으며 그는 구백삼십 세를 살고 죽었더라 셋은 백오 세에 에노스를 낳았고 에노스를 낳은 후 팔백칠 년을 지내며 자녀들을 낳았으며 그는 구백십이 세를 살고 죽었더라
>
> 창5:4-8

우리 모두는 장수를 꿈꿉니다. 성경에는 인간이 거의 천 살까지 사는 시대가 있었습니다. 창세기 5장은 인류의 조상 아담의 족보와 그들의 수명을 기록합니다. 정말 놀라운 장수자들입니다. 하지만 성경을 자세히 보면 아담의 족보를 기록한 목적은 장수가 아니라 이들의 죽음입니다. 성경은 이들도 모두 죽었다는 사실을 강조합니다. 십년,

백년, 혹은 천년이라도 영원에 비하면 그저 눈 한 번 깜빡이는 순간에 불과합니다[6].

> 에녹이 하나님과 동행하더니 하나님이 그를 데려가시므로 세상에 있지 아니하였더라
>
> 창5:24

이러한 아담의 죽음의 족보에서 눈길을 끄는 한 사람이 있습니다. 그 당시 천년 가까이 살았던 사람들에 비하면 365년이라는 짧은 생애를 살았던 에녹입니다. 그는 '죽음'을 맛보지 않고 하나님이 데려가셨습니다. 나머지 사람들은 모두 죽었습니다.

본래 인간은 죽지 않고 영원히 살 수 있었습니다. 그런데 어떻게 그들은 사망의 그늘에서 벗어나지 못했을까요? 하나님은 인류의 조상 아담과 하와를 만드신 후 그들을 에덴동산에서 살게 했습니다. 동산 중앙에는 영생을 상징하는 생명나무와 죽음을 상징하는 선악을 알게 하는 나무가 있었습니다. 아담은 생명나무 열매로 영생을 얻기도 전에 선악을 알게 하는 나무의 열매를 따먹습니다. 그 죄의 값으로 아담뿐만 아니라 그의 후손까지 죽음이라는 형벌을 받게 되었습니다[7].

누가, 어떻게 영생을 주시는가?(요일 5:11-12)

누가 다시 그 영생의 선물을 줄 수 있을까요? 영생에 대한 약속이 가

장 풍부하게 나타나 있는 성경은 요한복음입니다. 요한복음은 '영생의 복음'이라고 말할 수 있습니다[8].

> 하나님이 세상을 이처럼 사랑하사 독생자를 주셨으니 이는 그를 믿는 자마다 멸망하지 않고 영생을 얻게 하려 하심이라
>
> 요3:16

영생은 누가 주십니까? 독생자 예수 그리스도를 믿는 자에게 하나님이 주십니다. 영생은 인간의 노력으로 단순히 '오래 사는 것'이 아니라 예수님을 믿고 구원 받은 사람에게만 주어지는 특별한 선물입니다. 그러므로 우리는 살아 있는 동안에, 오늘을 사는 동안에 예수 그리스도를 믿어야 합니다[9]. 다음 말씀에 우리의 영원한 삶이 달려있습니다.

> 예수께서 이르시되 나는 부활이요 생명이니 나를 믿는 자는 죽어도 살겠고 무릇 살아서 나를 믿는 자는 영원히 죽지 아니하리니 이것을 네가 믿느냐
>
> 요11:25-26

예수 그리스도를 영접하셨습니까? 아멘! 그렇다면 이미 영생을 얻으셨습니다. 새 하늘과 새 땅에서 삼위 하나님과 더불어, 구원받은 과거, 현재, 미래의 모든 성도들과 함께 영생의 충만한 삶을 누릴 수 있기를 바랍니다.

그러면 우리는 이 영생을 어떻게 얻을 수 있습니까?

> 또 증거는 이것이니 하나님이 우리에게 영생을 주신 것과 이 생명이 그의 아들 안에 있는 그것이니라 아들이 있는 자에게는 생명이 있고 하나님의 아들이 없는 자에게는 생명이 없느니라
>
> 요일5:11-12

위의 말씀에서 영생을 어떻게 얻는다고 말합니까? 요한은 그리스도 안에 있는 것이 영생이라고 증언합니다. 요한은 영생과 생명을 교호적(交互的)으로 씁니다. 그리고 다른 복음서에서 '하나님 나라'라고 쓰던 말을 대신하여 '영생'으로 표현합니다[10]. 여러분은 우리가 이토록 풍성한 영생을 누리고 있다는 사실을 확신하고 있습니까? 사도 요한이 요한일서와 요한복음을 쓴 목적을 서로 비교하면 성도들의 영생에 대한 믿음을 판별할 수 있습니다.

> 오직 이것을 기록함은 너희로 예수께서 하나님의 아들 그리스도이심을 믿게 하려 함이요 또 너희로 믿고 그 이름을 힘입어 생명을 얻게 하려 함이니라
>
> 요20:31

> 내가 하나님의 아들의 이름을 믿는 너희에게 이것을 쓰는 것은 너희로 하여금 너희에게 영생이 있음을 알게 하려 함이라
>
> 요일5:13

요한복음의 기록목적은 예수님을 모르는 이들에게 그가 누구신지를 전하여 구원을 받고 영생을 얻게 하려는데 있습니다. 반면 요한

일서는 하나님의 아들의 이름을 믿는 이들, 하지만 확신은 없는 이들에게 영원한 생명에 대한 확실한 정의를 해주기 위해 기록되었습니다. 안타깝게도 우리들 중에도 성경을 잘 알고, 방언도 하고, 신비적 능력도 있으며, 경건한 삶을 살고, 찬양을 열심히 부르면서도 자신이 영생을 소유했다는 사실에 확신이 없는 분들이 있습니다. 감사하게도 이런 우리들에게 예수님이 확실한 정의를 해주십니다.

> 영생은 곧 유일하신 참 하나님과 그가 보내신 자 예수 그리스도를 아는 것이니이다
>
> 요17:3

우리의 상식과 생각을 완전히 깨어 버리는 말씀입니다. 영생은 그저 누리고 즐기는 것 같은데 영생은 하나님과 예수님을 아는 것이라고 말씀합니다. 성경공부를 열심히 하라는 뜻일까요?

저는 요즘 뜨는 '방탄소년단'이라는 아이돌 가수를 잘 압니다. 어떻게 그들을 알까요? TV프로그램에서 보았기 때문입니다. 하지만 성경에서 '안다'는 말은 단순히 지식이나 정보를 안다는 의미가 아닙니다. 마치 부부가 벌거벗고 속속들이 서로를 알듯이 사람과 사람 사이 인격적인 관계 속에서 우러나오는 사랑을 뜻합니다. 지식을 넘어 가슴으로 알고 사랑하며, 더 나아가 손발로 그 사랑을 표현할 때 비로소 '안다'라고 말할 수 있습니다.

우리의 지성으로 성부 하나님을 알면 알수록 그 사랑에 감사하게 됩니다. 하나님이 왜 예수님을 보내셨는지 알고, 또 그 사랑을 기뻐

합니다. 예수님을 그리스도로, 구주로, 영원한 왕으로, 유일한 대제사장으로, 그리고 최고의 선자자로 알고 믿고 고백합니다[11].

영생을 믿습니다(vitam aeternam)

사도신경을 통해 한 걸음 더 들어가 봅시다. 라틴어 공인원문에서 'vitam'은 '산다', 'aeternam'은 '영원히'를 의미합니다. 사도신경은 영생이라는 안경을 쓰고 마칩니다. 영원이라는 안경으로 세상을 보면, 무엇이 정말 크고 작은지, 무엇이 진짜인지 가짜인지 금방 알 수 있습니다. 하지만 이 안경을 쓰지 않고 세상을 보면 바로 내일 일도 오리무중에 빠집니다[12].

이어 사도신경은 '아멘'(Amen)으로 끝맺음합니다. 우리의 고백이 입에 발린 소리로 한 번 하는 것이 아닙니다. 심장을 드릴만큼 믿으며 이 고백이 삶 속에 열매로 연결될 것을 믿습니다[13].

예배드릴 때마다 사도신경의 모든 내용을 진실하게 믿고 하나님 앞에서 고백하십니까? 진실하게 믿고 매일 반복한다면 우리의 삶은 날마다 달라질 것입니다[14]. 사도신경의 의미는 더 깊어지고 새로워질 것입니다. 지난 주와 이번 주가 다르고, 일이년 후 사도신경을 보는 눈이 달라집니다. 우리는 이것을 기대하며 궁금해 해야 합니다.

사도신경에서 영원히 사는 것을 믿는다는 고백은 성령 하나님의 마지막 사역입니다. 사죄, 몸의 부활과 마찬가지로 영생은 사람이 노력한 결과가 아니라 성령 하나님이 역사하신 결과입니다. 그리고 이러한 모든 은혜는 '교회'를 통해 이루어집니다.

영생의 위로1: 이미 누리는 위로

이어서 하이델베르크 요리문답의 고백을 봅시다. 제58문답의 질문 역시 이전과 마찬가지로 어떤 위로를 얻을 수 있는지 실제적인 질문을 합니다.

> 하이델베르크 요리문답 제58문
>
> "영원한 생명"은 당신에게 어떠한 위로를 줍니까?
>
> 답
>
> 내가 이미 지금 영원한 즐거움을 마음으로 누리기 시작한 것처럼 이 생명이 끝나면 눈으로 보지 못하고 귀로도 듣지 못하고 사람의 마음으로도 생각지 못한 완전한 복락을 얻어 하나님을 영원히 찬양할 것입니다.

요리문답은 영원한 생명을 두 가지 시제와 영역으로 나누어 설명합니다[15). 먼저 영원한 즐거움을 이미 지금 마음으로 누리고 있는 것이며, 이 생명이 끝나면 눈과 귀, 그리고 마음으로 생각할 수도 없던 완전한 복락을 얻어 하나님을 영원히 찬양할 것입니다.

먼저 영생은 우리가 지금 이미 누리고 있는 하나님의 나라입니다. 영생은 먼 미래에 하늘에서 그리스도와 영원히 함께 사는 것이라고 생각하십니까? 만약 그렇다면 영생의 고백은 현재 나의 삶에 아무런 영향을 주지 못합니다.

요리문답은 영생에 대하여 내가 이미 지금 영원한 즐거움을 마음으로 누리기 시작했다고 고백합니다. 영생과 현재의 삶은 밀접하게 연관을 가지고 있습니다.

> 내가 진실로 진실로 너희에게 이르노니 내 말을 듣고 또 나 보내신 이를 믿는 자는 영생을 얻었고 심판에 이르지 아니하나니 사망에서 생명으로 옮겼느니라
>
> 요5:24

요한은 예수님을 믿는 사람들은 이미 영생을 얻었음을 이렇게 확신시켜 줍니다. 영원한 생명은 죽음 이후가 아니라 예수 그리스도를 믿고 하나님 나라에 참여하는 순간부터 시작됩니다. 성도 개개인이 예수 그리스도를 믿는 그 순간에 영생은 이미 시작되었습니다. 지금 이것을 누리며 즐거워하는 이들이 마지막 날에도 누리게 될 것입니다. 그러면 지금 여기에서 영생을 선명히 누린다는 것이 대체 무엇입니까?

영생을 선명히 누리는 것은 하나님 나라의 예배와 성찬을 의미합니다. 우리는 매번 공예배를 통해 하나님 나라의 영생을 누립니다. 우리는 땅에 있지만 오히려 위에 있는 것을 따라 예배하도록 부름을 받았습니다.

그러므로 너희가 그리스도와 함께 다시 살리심을 받았으면 위의 것을 찾으라 거기는 그리스도께서 하나님 우편에 앉아 계시느니라 위의 것을 생각하고 땅의 것을 생각하지 말라 이는 너희가 죽었고 너희 생명이 그리스도와 함께 하나님 안에 감추어졌음이라 우리 생명이신 그리스도께서 나타나실 그 때에 너희도 그와 함께 영광 중에 나타나리라

골3:1-4

과연 우리 예배는 어디에 초점을 맞추고 있습니까? 우리 예배가 영생이라는 요소를 쏙 뺀 채 세속적인 기준으로 땅에 있는 것에 마음을 빼앗기고 있지는 않습니까? 매주 우리는 죽임을 당한 하나님의 어린양 곁으로 나가고 있습니까? 우리는 현재의 천국에서 성령의 능력과 말씀으로 예배를 드리고 있습니까? 우리는 모두 영생의 삶의 능력을 지금 이미 알고 있어야 합니다.

한 번 빛을 받고 하늘의 은사를 맛보고 성령에 참여한바 되고 하나님의 선한 말씀과 내세의 능력을 맛보고도

히6:4-5

위의 말씀에 따르면 '내세의 능력'을 맛보는 것은 오직 세례(한 번 비췸)와 성찬(하늘의 은사를 맛보고), 그리고 성령에 참예한바 됨과 선포된 말씀(선한 말씀을 맛봄)을 통해서만 가능합니다. 공예배로 모일 때마다 초대교회 성도들은 말씀과 성례를 통해 예수 그리스도를 먹고 마시고 누렸습니다[16). 우리가 이 땅에서 죄 사함을 얻고 구원을 받

음으로써 하나님이 성령을 통하여 우리에게 주시는 기쁨을 영원한 생명의 맛보기로 매주 누리고 있습니다.

이러한 영생은 영원한 기쁨이며 즐거움입니다. 세상과는 차원이 다릅니다. 성령으로 거듭나는 순간 영원이 시간 안에 들어와 영원한 삶을 살게 됩니다. 우리는 이 땅에서 죄 사함을 얻고 구원을 받았습니다. 그래서 하나님이 성령을 통해 우리에게 주시는 기쁨, 그 영원한 생명의 쾌감을 살짝 맛보았습니다. 우리가 아직 이 눈물 골짜기 같은 세상에 있다고 해도, 또한 광야를 지나가더라도 우리는 마음으로 영원한 기쁨의 시작을 느낍니다. 영원한 기쁨이 시작되는 곳에 주님에 대한 복종과 헌신이 있습니다. 여러분에게 그런 마음이 있습니까? 그렇지 않다면 여러분은 부활과 영생 교리에서 위로를 얻지 못하고 있습니다.

기쁨과 즐거움은 우리가 이 세상을 살아갈 때 꼭 필요합니다. 만약 사는 동안 기쁨이 조금도 없다면 그처럼 불행한 사람은 없습니다. 우리는 언제 기쁩니까? 예컨대 결혼, 취직, 합격의 순간들입니다. 또는 무엇을 소유했을 때, 배가 부를 때, 하고 싶은 것을 할 때입니다. 그러나 그런 기쁨들은 잠시 지속될 뿐입니다. 그러한 기쁨들이 과연 얼마나 길게 갈 수 있을까요?

하지만 영생의 기쁨은 결코 지루하지 않습니다. 프레드 호일(20세기 영국의 공상과학 소설가이자 천문학자), 버트란트 러셀과 같은 무신론자들은 장래의 영원한 삶을 생각하면 두려워진다고 말했습니다[17]. 단순하게 오래 산다면 지루하다는 물음입니다. 하지만 오히려 성도가 죽어서 하늘(heaven)에 있을 때의 상태는 기쁘고 즐거우며(시 16:10-11), 이미 안식에 들어간 좋은 상태입니다. 성도는 분명한 기쁨과 즐거움과 영생에 대한 의식을 가진 상태에 있을 것입니다[18]. 영원히 지속되는 이 삶은, 존 뉴턴이 작사한 찬송가 '나 같은 죄인 살리신' 4절에서 가장 생생하게 묘사됩니다.

♬ 거기서 우리 영원히 주님의 은혜로 해처럼 밝게 살면서 주 찬양하리라

이런 찬양이 눈물의 골짜기를 지나면서도 영생의 기쁨을 누리는 모두의 간증과 찬송이 되기를 바랍니다.

영생의 위로2: 상상하지 못하는 위로

하이델베르크 요리문답 제58문답은 이어서 영생이 사람들이 도무지 상상할 수 없는 완전한 복락이라고 소개합니다. 우리가 아무리 이 땅에서 부분적으로 맛볼지라도 궁극적인 영생은 언제나 우리의 눈과 귀, 그리고 마음으로 생각하지 못했던 복락입니다. 우리의 생명이 끝날 때 누리게 될 영생은 어떤 것인지 우리 머리로는 도무지 상상할 수 없습니다.

> 기록된 바 하나님이 자기를 사랑하는 자들을 위하여 예비하신 모든 것은 눈으로 보지 못하고 귀로 듣지 못하고 사람의 마음으로 생각하지도 못하였다 함과 같으니라
>
> 고전2:9

아무리 땅에서 성찬을 맛보아도 마지막 날 들어갈 혼인잔치의 영광을 모두 알 수 없듯이, 아무리 하나님을 실제적으로 만나도 마지막 날 친히 뵙는 것과는 비교할 수 없습니다. 우리가 이 땅에서 누리는 '영원한 생명의 조각'은 아주 작은 것에 불과합니다[19]. 이 땅에 속한 우리는 감각에 제한되어 있어서 정확히 알 수는 없지만 마지막 날 주님 곁으로 갈 때 영원한 생명을 누릴 것이고, 그때 비로소 명확하게 얼굴을 대면하여 보듯이 주님을 알게 됩니다.

우리의 생명이 끝나면 행복 끝, 불행의 시작이 아닙니다. 또한 불행 끝, 행복의 시작도 아닙니다. '행복 끝, 완전한 행복'의 시작입니다. 세상에서는 영원한 즐거움을 누리면서 살고, 이 생명이 끝나면 완전한 복락 속에서 삽니다[20]. 이에 대해 바울은 다음과 같이 설명합니다.

> 생각하건대 현재의 고난은 장차 우리에게 나타날 영광과 비교할 수 없도다
>
> 롬8:18

고난으로 점철된 이 세상과 비교할 수 없는 영광스러운 세계는 결코 우리를 실망시키지 않을 것입니다. 우리가 그 세계에 들어갈 때 비로소 우리는 그 세계가 얼마나 거룩하고 아름다우며 풍성하며 무한한지 알게 됩니다[21].

하나님 나라와 영생에 대해 말하면 우리는 내가 잘 되는 어떤 것으로 이해하는 경우가 많습니다. 그래서 이 세상에서 잘하면 금 면류

관, 적당히 잘하면 개털모자를 쓴다는 말이 유명합니다. 그러나 이는 사실이 아닙니다.

이 부분에서 요리문답은 통찰력은 대단합니다. 영생을 시간적으로 영원히 오래 사는 것으로 해석하지 않습니다. 반대로 나를 위해 상급을 얻고, 금 면류관을 쓰고, 좋은 아파트와 차를 굴리는 것으로도 이해하지 않습니다. 놀랍게도 영생에 대한 마지막 설명을 영원한 찬양으로 마칩니다. 영원한 즐거움, 완전한 행복, 그리고 영원한 찬양, 이것이 영생입니다.

하나님의 말씀을 들을 때, 삼위 하나님을 좀 더 알게 될 때 기쁨을 누리십니까? 세상에서 행복을 찾지 않고 하나님의 말씀에서 행복을 찾을 때, 이미 영생은 시작되었습니다. 이미 우리는 누리고 있습니다. 하나님을 찬양할 때 마음이 즐겁습니까? 그것이 영생의 시작입니다. 지금 영생의 기쁨을 맛보는 자들만이 오는 세상의 영생을 더욱 사모할 수 있습니다. 이것이 생명의 끝날까지 우리에게 주어지는 큰 위안입니다[22]. 할렐루야!

영원한 하나님 나라의 백성은 천국 찬양대에 동참하도록 부름을 받은 자들입니다. 마침내 우리는 "뜻이 하늘에서 이룬 것 같이 땅에서도 이루어지이다"라는 예수님의 기도가 무슨 의미인지 깨달습니다[23]. 영생의 삶 속에서 하나님은 날마다 우리에게 다가오시고, 우리의 마음은 언제나 새로운 감동으로 충만하게 될 것입니다.

또한 영생의 세계는 새로움을 특징으로 하는 세계일뿐만 아니라 삼위 하나님이 우리와 영원토록 함께 하시는 세계입니다.

> 내가 들으니 보좌에서 큰 음성이 나서 이르되 보라 하나님의 장막이 사람들과 함께 있으매 하나님이 그들과 함께 계시리니 그들은 하나님의 백성이 되고 하나님은 친히 그들과 함께 계셔서
>
> 계21:3

하나님이 함께 하시는 것이 왜 축복일까요? 이 세상에서 악한, 혹은 불편한 인간관계를 영원토록 가진다고 상상해 봅시다. 그런 영생이 행복할까요? 지금 그리고 장차에 하나님과 온전한 교제와 바른 관계성을 맺고, 유지하는 것이 바로 영생입니다.

창세 전부터 구속의 계획을 세우시고 우리를 마음에 두신 성부 하나님, 우리를 위하여 자기 몸을 십자가 위에서 대속의 제물로 바치신 성자 하나님, 그리고 우리의 심령 깊은 곳에 내주하시면서 이 세상을 살아가는 동안 우리의 길을 인도하시고 우리를 위하여 탄식하며 기도하시는 성령 하나님, 이러한 생명의 근원이신 삼위 하나님과 함께 있다는 사실이 얼마나 행복합니까? 복된 삶이 우리 앞에 놓여 있습니다.

안개처럼 빠른 인생의 시간 속에서, 수고와 슬픔, 때로는 한으로 얼룩진 인생을 살다가 죽음으로 그 인생을 마감하는 비참한 순간에도 우리는 그러한 슬픔과 허무에 결코 사로잡히지 않습니다[24). 오히려 힘차게 하나님을 찬양하며 소망을 잃지 않는 것이 영생을 누리는 삶입니다.

우리는 영생에 대한 고백과 함께 사도신경의 모든 내용을 다 믿음

으로 고백합니다. 이 모든 내용을 다 믿는 것이 우리에게 어떤 유익이 될까요?

> 하이델베르크 요리문답 제59문
>
> 이 모든 것을 믿는 것이 당신에게 지금 어떤 유익을 줍니까?
>
> 답
>
> 그리스도 안에서 나는 하나님 앞에 의롭게 되며 영원한 생명의 상속자가 됩니다.

어린 나이에 불치의 병으로 투병을 하다가 결국에는 죽음을 맞이한 한 친구가 있습니다. 이 친구가 마지막에 고백했던, 그래서 임종예배를 드리는 현장에서 우리 모두를 숙연하게 했던 한 장면을 소개합니다.

"아빠! 나에게 18년 동안 이 세상을 즐겁게 살아갈 수 있도록 생명을 주셨어요. 그뿐 아니라 아빠는 저에게 예수 그리스도를 가르쳐주셨어요. 저는 예수님 때문에 영원한 생명을 선물로 얻을 수 있게 되었어요. 아빠는 저에게 이 세상 누구도 줄 수 없는 가장 값비싼, 가장 놀라운 영원한 생명을 선물로 주신 거예요. 아빠, 사람은 누구나 다 죽지 않아요? 저는 조금 일찍 가는 것뿐이에요. 그러니 슬퍼하지 마세요. 저는 영원한 생명이 있으니까요? 아빠가 말하는 천국에 틀림없이 들어갈 수 있을 거예요."

구원의 효력과 위로를 통해 하나님을 신뢰하는가?

우리의 삶은 녹록치 않습니다. 애굽의 압제와 바벨론의 횡포, 로마의 폭압과 같은 상황을 견디고 기다려야만 할 때가 있습니다. 우리에게 죄가 있어서, 혹은 능력이 부족해서 그런 것이 아닙니다. 고난은 그저 피할 수 없는 현실인 경우가 많습니다.

병든 성도들을 만날 때 하나님이 반드시 고쳐주신다고 말하고 싶습니다. 어린 자녀들이 사망의 그늘에 앉아 있다면 하나님이 절대로 지금 당장은 데려가지 않을 것이라고 말하고 싶습니다. 부도나는 일이 없고, 모든 환난이 비켜가며, 부자가 되고, 자녀가 좋은 대학에 갈 것이라고 말하고 싶습니다. 형통의 노하우를 말해주고 싶습니다[25). 그러나 결코 정답이 아닙니다.

더 궁극적인 형통이 있습니다. 현실의 부유함이 아니라 부활의 소망과 영생의 확신을 가진 믿음, 즉 하나님을 신뢰함이 형통입니다. 이렇게 말할 수밖에 없는 목회자에게도 아픔과 슬픔이 있습니다. 하지만 그것만이 진실한 소망입니다. 세상에 있으나 세상에 속하지 않은 이들이 이 땅에서 최선을 다해 살아가는 이유입니다.

복 받아서 잘 되기 위해 하나님을 신뢰하는 것이 아닙니다. 그 아들 예수 그리스도를 통해 우리에게 영원한 생명을 주겠다고 하신 약속을 믿고 의지하는 것입니다. 구약의 모든 선지자의 대망도, 사도 요한이 보았던 환상의 결론도, 눈물로 사역하며 사모하던 대상도 하나님 나라였습니다. 영생이었습니다. 그분과 함께 거하며 누리면서 영원토록 기뻐하고 찬양합니다. 이 땅에 전쟁은 끝이 없지만 결국 그 전쟁을 끝내는 것은 더 강하고 큰 전쟁이 아니라 하나님의 나라입니다. 우리에게는 영생입니다.

우리는 이 땅에서도 영생을 살고 있습니까? 그래야 합니다. 전쟁, 환난, 남은 고난이 있지만, 낙심하지 말고 참된 영생을 믿고 누리며 살아 내자는 말입니다. 그 나라에 소망을 두고 사는 사람답게 죄와 치열하게 싸우고, 아쉽고 아깝지만 멋지게 내려놓고, 아프더라도 담담하게 여유를 보이며 살아보자는 말입니다. 그렇게 살 수 있는 근거가 꼭 복 때문이 아닙니다. 하나님 나라의 백성으로, 자녀로 부름 받았기 때문에 그렇게 삽니다. 하나님 자녀로 영생을 누리며 살면 오히려 더 성실하게 살고 죄와 치열하게 전쟁을 합니다. 강요에 의해 헌금과 봉사를 하지 않고 더 감사하는 마음으로 자발적으로 드립니다.

주님을 바라봅시다. 그분의 빛나는 얼굴과 그 형상을 바라봅시다. 천년, 만년, 억겁의 시간보다 긴 영원 속에서 하나님 나라 속에서 주님과 그의 거룩한 백성들과 더불어 삽니다. 깊은 호흡을 들이쉬세요. 우리는 영원에 잇닿아 있습니다. 영원이신 그분이 함께 하십니다. 십자가를 지나, 하늘을 지나, 심판을 지나, 새 하늘과 새 땅으로 함께 갑니다. 그분은 우리를 결단코 놓지 않습니다. 신실하신 주님이 우리와 함께 하시기로 하셨고, 우리는 이미 영원을 살고 있습니다. 이제 이 땅의 삶은 '살아갈 날들'이 아니라 '남은 날들'입니다. 영원의 관점에서 볼 때 '아직 남은 날들'입니다. 남김없이 주께 드려도 아깝지 않은 날들입니다. 성도는 순간에서 영원으로 살지 않습니다. 영원에서 순간으로 삽니다. 이 땅의 날들을 영원의 관점에서 살 수 있기를 바랍니다[26]. 영원에서 순간을 누리는 지복의 삶으로 영생의 충만한 삶을 누릴 수 있기를 바랍니다.

영생, 영원에서 순간을 누리는 지복의 삶

나눔을 위한 질문 Questions for Group Sharing

1. 영생에 대한 일반적인 세 가지 오해를 정리해 봅시다. (344-345p)

2. 영생이라는 놀라운 선물을 얻는 방법은 무엇일까요? (346-350p)

3. 영생에 대한 신앙고백이 우리에게 주는 위로는 무엇입니까? (351-359p)

4. 성도들이 경험해야 할 '진정한 형통'이 무엇일까요? (360-362p)

설교 시청 가이드 | A Guide to Sermon Video

2018년 5월 27일(주일), 사월교회당의 공예배에서 강론된 "영생, 영원에서 순간을 누리는 지복의 삶"(요일5:11-12)은 대한예수교장로회 사월교회 홈페이지(www.sawolch.com)와 오른쪽의 QR코드를 통해 언제든지 시청할 수 있습니다.

미주

1) 이상원, 『21세기 사도신경 해설』(서울: 솔로몬, 2004). 177-178.
그 가운데 세 가지의 대표적 이론이 있다. ① 생물학적 불멸설- "한 인간의 생명은 생물학적 번식을 통해서 연장된다." 예컨대 결혼을 해서 아들이나 딸이 태어나면 이 아들이나 딸은 부모의 생명을 부여받은 자들로 생명이 연장이다. ② 사회학적 불멸설 - "인간은 사회적 동물로서 살았을 때에 대인 및 대사회적 관계를 맺는 가운데 알게 되고 사귐을 가졌던 친지나 동료들이나 제자들의 기억에 남게 된다." ③ 형이상학적 불멸설 - "인간이 향락이나 행복을 억제하고, 국가, 민족, 주의, 이념, 사상 등 보다 큰 대의를 위하여 살다가 죽는다면 그 대의 안에 그의 정신이 계승되고 있으므로 불멸한다." 이런 이론들은 생명의 연장은 개인 사이의 독립성과 몸의 부활을 이야기하는 성경과는 전혀 다른 주장이다.
2) 황원하, 『하이델베르크 요리문답 해설』(평택: CNB, 2015), 291.
3) 손재익, 『사도신경: 12문장에 담긴 기독교 신앙』(서울: 디다스코, 2017), 308.
"제7일 안식일 예수 재림교회는 영원한 멸망을 믿지 않는다. 죄의 양과 질에 따라 형벌의 고통기간이 있고, 그 이후에는 소멸된다고 본다. . 이러한 가르침은 성경적이지 않다."
4) 백금산, 『만화 사도신경』(서울: 부흥과개혁사, 2008), 276.
5) 이승구, 『사도신경』(서울: SFC출판부, 2004), 357.
6) 백금산, 『만화 사도신경』, 272-273.
7) 백금산, 『만화 사도신경』, 274-275.
8) 이상원, 『21세기 사도신경 해설』, 176.
9) 이승구, 『사도신경』, 347.
"이미 구원함을 받았고 영생에 참여한 우리도 죽기까지 항상 우리의 죄를 자백하며 회개하여 계속해서 죄 용서함을 받아가야만 한다. 그러므로 우리는 이 세상에서 완전한 성결이나 온전한 성화에 이를 수 있다고 말하는 완전주의(perfectionism)를 말할 수 없다."
10) 이승구, 『사도신경』, 344.
11) 이운연, 『성경으로 풀어낸 사도신경』(여수: 그라티아, 2016), 209.
12) 이재철, 『성숙자반』(서울: 홍성사, 2007), 323.
13) D. Bruce Lockerbie, *(The) Apostles' creed*, 문석호 역, 『사도신경 강해』(서울: 생명의말씀사, 1985), 153.

'아멘'은 세 가지의 뜻을 갖고 있다. ① '진실로, 확실히'이라는 뜻으로 지나간 것을 확신하는 거다. ② '그와 같이 되게 하소서.' 혹은 '그렇습니다.' 그리고 '모두 참되다.' ③ 끝으로 '아멘'이라는 말은 주 예수 그리스도께서 자기자신의 신분을 밝히신 이름 중 하나이다.

14) 이재철, 『성숙자반』, 324.
15) 윤석준, 『하이델베르크 요리문답 설교 1』(서울: 부흥과개혁사, 2016), 172.
16) Michael Scott Horton, *We believe: recovering the essentials of the Apostles' creed*, 윤석인 역, 『(사도신경의 렌즈를 통해서 보는)기독교의 핵심』(서울: 부흥과개혁사, 2005), 306-307.
17) J. I. Packer, *Growing in Christ*, 김진웅 역, 『(제임스 패커의 기독교 기본 진리) 사도신경』(서울: 아바서원, 2012), 133.
18) 손재익, 『사도신경: 12문장에 담긴 기독교 신앙』, 303.
19) 윤석준, 『하이델베르크 요리문답 설교 1』, 173.
20) 이성호, 『특강 하이델베르크 요리문답 (상)』(안산: 흑곰북스, 2011), 227.
21) 이상원, 『21세기 사도신경 해설』. 180.
22) 이성호, 『특강 하이델베르크 요리문답 (상)』, 228.
23) Michael Scott Horton, *We believe: recovering the essentials of the Apostles' creed*, 297
24) 이상원, 『21세기 사도신경 해설』, 181.
25) 노진준, 『노진준 목사의 다니엘서』(서울: 지혜의샘, 2015), 263-264.
26) 채영삼, 『삶으로 내리는 뿌리』(서울: 이레서원, 2015), 300.

참고문헌(Bibliography)

1. 국내 서적

김민호. 『사도신경 강해: 참된 성도의 신앙고백』. 서울: 푸른섬, 2010.
김영재. 『기독교 신앙고백』. 수원: 영음사, 2011.
김의환. 『개혁주의 신앙 고백집』. 서울: 생명의 말씀사, 1984.
김진흥. 『교리문답으로 배우는 장로교 신앙』. 서울: 생명의양식, 2017.
김헌수. 『하이델베르크 요리문답 강해Ⅱ : 높아지신 그리스도와 성신 하나님의 위로』. 서울: 성약출판사, 2010.
노진준. 『노진준 목사의 다니엘서』. 서울: 지혜의샘, 2015.
문병호. 『기독론 : 중보자 그리스도의 인격과 사역』. 서울: 생명의말씀사, 2016.
문병호. 『30주제로 풀어 쓴 기독교 강요』. 서울: 생명의말씀사, 2011.
박양규. 『청소년을 위한 하이델베르크 교리문답』. 서울: 새물결플러스, 2016.
박일민. 『개혁교회의 신조』. 서울: 성광문화사, 1998.
박지웅. 『믿음의 눈을 뜨라』. 서울: 생명의말씀사, 2014.
백금산. 『만화 사도신경』. 서울: 부흥과개혁사, 2008.
손재익. 『사도신경: 12문장에 담긴 기독교 신앙』. 서울: 디다스코, 2017.
유해무. 『개혁교의학』. 서울: 크리스챤다이제스트, 1998.
윤석준. 『하이델베르크 요리문답 설교 1』. 서울: 부흥과개혁사, 2016.
이상원. 『21세기 사도신경 해설』. 서울: 솔로몬, 2004.
이성호. 『특강 하이델베르크 요리문답 (상)』. 안산: 흑곰북스, 2011.
이승구. 『사도신경』. 서울: SFC출판부, 2004.
이운연. 『성경으로 풀어낸 사도신경』. 여수: 그라티아, 2016.
이재철. 『성숙자반』. 서울: 홍성사, 2007.
이찬수. 『에클레시아: 부르심을 받은 자들』. 서울: 규장, 2017.
정요석. 『하이델베르크 교리문답 (상)』. 서울: 새물결플러스, 2017.
채영삼. 『삶으로 내리는 뿌리』. 서울: 이레서원, 2015.
한병수. 『미러링』. 서울: 세움북스, 2014.
황원하. 『요한복음』. 서울: SFC출판부, 2017.
_____. 『응답하라 신약성경』. 서울: 세움북스, 2016.
_____. 『하이델베르크 요리문답 해설』. 평택: CNB, 2015.

2. 번역본

Albert M. Wolters, Michael W. Goheen. *Creation regained : biblical basics for a reformational worldview*. 양성만 역. 『창조 타락 구속』. 서울: IVP, 2007.

Bobby Jamieson, *Sound doctrine: how a church grows in the love and holiness of God*. 김태곤 역. 『건전한 교리: 하나님의 사랑과 거룩 안에서 자라는 교회』. 서울: 부흥과개혁사, 2015.

Cornelis Neil Pronk. *Apostles' Creed*. 임정민 역. 『사도신경: 하이델베르크 교리문답으로 보는』. 수원: 그책의사람들, 2013.

D. Bruce Lockerbie. *(The) Apostles' creed*. 문석호 역. 『사도신경 강해』. 서울: 생명의말씀사, 1985.

Edwin H. Palmer. *(The) Holy Spirit*. 최낙재 역. 『감동적인 성경적 성령론』. 서울: 개혁주의신행협회, 2009.

Harold O. J Brown. *Heresies: heresy and Orthodoxy in the history of the church*. 라은성 역. 『(교회사 안에 나타난) 이단과 정통』. 서울: 그리심, 2001.

J. I. Packer. *Growing in Christ*. 김진웅 역. 『(제임스 패커의 기독교 기본 진리) 사도신경』. 서울: 아바서원, 2012.

Jean Calvin. *Catechismus ecclesiae Genevensis*. 조용석, 박위근 역. 『(요한네스 칼빈의) 제네바 교회의 교리문답』. 서울: 한들출판사, 2010.

_____ . *The Christian Institute*. 김종흡, 신복윤, 이종성, 한철하 역. 『기독교강요 (상)』. 서울: 생명의말씀사, 1988.

John MacArthur. *(The) God who loves*. 조계광 역. 『우리를 사랑하시는 하나님』. 서울: 생명의말씀사, 2003.

Louis Berkhof. *Intriduction to systematic theology; Systematic theology*. 권수경, 이상원 역. 서울: 크리스찬다이제스트, 2001.

Martin Luther. *Deudsch Catechismus: Deutsch Deutscher Katechismus Große Katechismus*. 최주훈 역. 『(마르틴 루터) 대교리문답』. 서울: 복있는사람, 2017.

Michael Scott Horton. *We believe: recovering the essentials of the Apostles' Creed*. 윤석인 역. 『(사도신경의 렌즈를 통해서 보는)기독교의 핵심』. 서울: 부흥과개혁사, 2005.

Philip Schaff. *Creeds of Christendom*. 박일민 역. 『신조학』. 서울: 기독교문서선교회, 1984.

Timothy J. Keller, *(The) Prodigal God*. 윤종석 역, 『탕부 하나님』. 서울: 두란노, 2016.

3. 외국 서적

Anthony A. Hokema, *The Bible and The Future*. Grand Rapids: Eerdmans, 1979.

저자소개 : 최영인 목사

목회자의 소명을 받아 총신대학교에서 신학대학원 (M.div)을 졸업한 후, 논문 “김남준 목사 설교에 대한 연구: 설교학적”으로 동 대학 신학석사(Th.M) 를, 논문 “성경플롯을 드러내는 성경적 이야기식 설교 연구: 창세기를 중심으로”로 동 대학 신학박사(Ph.D)를 취득하였습니다.

2015년부터 담임목사로 섬기고 있는 사월교회는 성경에 정확무오한 하나님 말씀의 권위를 두고 역사전통적 신앙고백을 가르치고 고백하는 개혁 교회를 추구하며, “All 바른: 바른 말씀, 바른 목양, 바른 신앙”이라는 표어아래, 인본주의적 신학과 목회가 범람하는 현대사회에 하나님 중심의 신앙을 회복하고자 노력하고 있습니다.

공식 홈페이지 http://www.sawolch.com/

공식 페이스북 https://www.facebook.com/sawol.church

설교영상 시청 유튜브에서 “사월교회” 또는 “최영인 목사” 검색

역사속에 숨겨진 보물

사도신경

지은이 최영인
편낸이 김동현
펴낸곳 민영사 임프린트 예사람
펴낸날 2019년 3월 5일 초판

주소 서울시 성동구 독서당로 39길 43 1층
전화 (02)711-1224, 711-1225
팩스 (02)711-1226
등록 2014년 1월 1일 제2014-000001호
Home http://www.minyoungsa.com
E-mail myspub@hanmail.net

ISBN 979-11-86378-31-1 03230
정가 12,000원

※ **예사람**은 예수 닮기 소망하는 사람들이라는 뜻으로 문서 선교를 위한 **민영사**의 기독교 임프린트입니다.